现代汽车技术丛书

汽车自动变速器原理与检修
第 3 版

胡光辉　仇雅莉　编著

机械工业出版社

本书从工作实践的角度出发，结合作者多年从事教学、实践的经验，系统介绍了汽车自动变速器的基本组成、工作原理、自动变速器控制系统以及自动变速器的故障诊断和检修方法。本书根据职业岗位群所需的知识结构，以培养技术能力为主线，力求不雷同于同类型图书，做到通俗易懂，使学习过程变得轻松。

本书适合于汽车维修人员自学，同时也可作为高职、中专教材使用。

图书在版编目（CIP）数据

汽车自动变速器原理与检修/胡光辉，仇雅莉编著．—3版．—北京：机械工业出版社，2012.7（2019.10重印）
（现代汽车技术丛书）
ISBN 978-7-111-38386-4

Ⅰ.①汽… Ⅱ.①胡…②仇… Ⅲ.①汽车-自动变速装置-理论②汽车-自动变速装置-检修 Ⅳ.①U463.212

中国版本图书馆 CIP 数据核字（2012）第 099145 号

机械工业出版社（北京市百万庄大街22号 邮政编码100037）
策划编辑：徐 巍 责任编辑：徐 巍 刘 煊
封面设计：鞠 杨 责任校对：李锦莉
责任印制：常天培
北京京丰印刷厂印刷
2019年10月第3版·第7次印刷
184mm×260mm·12.5印张·6插页·324千字
13 901—15 400 册
标准书号：ISBN 978-7-111-38386-4
定价：38.00元

凡购本书，如有缺页、倒页、脱页，由本社发行部调换

电话服务 网络服务
服务咨询热线：010-88379833 机 工 官 网：www.cmpbook.com
读者购书热线：010-68326294 机 工 官 博：weibo.com/cmp1952
教育服务网：www.cmpedu.com
封面无防伪标均为盗版 金 书 网：www.golden-book.com

前 言

汽车上采用的自动变速器主要有液力自动变速器（AT）、机械式自动变速器（AMT）、无级变速器（CVT）和双离合器变速器（DCT）等。《汽车自动变速器原理与检修》自出版以来，一版再版，均得到了广大汽车爱好者的肯定，使读者多了一个了解自动变速器构造、原理与检修的途径。改版后的这本书籍删除了使用较少的纯液压控制自动变速器部分，增加了电子控制自动变速器内容，继承了第1、2版通俗易懂，使学习复杂的自动变速器过程变得轻松的特点。

本书共分为八章。第一章为自动变速器概述，简要介绍了自动变速器的发展历史、类型、识别方法和优缺点；第二、三、四章为自动变速器的基本理论部分，包括液压供给系统部件的工作原理、液力偶合器和液力变矩器、行星齿轮变速器等几个部分，介绍自动变速器基本结构和原理；第五章为自动变速器换档控制系统的组成和工作原理，介绍电子控制装置和液压换档系统工作回路；第六章为自动变速器基本检查与试验，简要介绍了自动变速器的基本检查和试验方法；第七章为自动变速器的故障诊断，详细讲解了故障诊断的基本流程和常用的测试方法，包括故障码诊断；第八章为自动变速器的检修，详细介绍自动变速器总成部件的基本拆解步骤和维修要点。为了便于理解，在编写时主要以丰田、大众、别克等自动变速器为例，对实际维修操作具有重要的指导意义。

在编写过程中参考了国内外有关学术论文、技术资料，在此对原作者表示衷心感谢。由于作者水平有限，书中疏漏之处或差错在所难免，敬请广大读者批评指正。

编 者

目 录

前言
第一章　自动变速器概述 ········· 1
第一节　自动变速器的发展及应用 ······ 1
一、自动变速器的发展概况 ······· 1
二、不同类型自动变速器的特点 ····· 2
三、自动变速器的应用 ········· 4
第二节　自动变速器的基本组成和工作
过程 ················ 5
一、自动变速器的基本组成 ······· 5
二、自动变速器的工作过程 ······· 5
第三节　自动变速器的类型和优缺点 ···· 6
一、自动变速器的类型 ········· 6
二、自动变速器的优点 ········· 8
三、自动变速器的缺点 ········· 9
第四节　自动变速器的正确使用 ······ 10
一、变速杆的正确使用 ········ 10
二、各控制开关的使用 ········ 12
三、变速杆状态及模式指示装置 ···· 14
四、自动变速器的正确使用 ······ 14
第五节　自动变速器的型号识别方法 ··· 16
一、自动变速器型号含义 ······· 16
二、自动变速器的主要识别方法 ··· 18
第二章　液压供给系统部件的工作
原理 ················ 20
第一节　油泵 ·············· 20
一、内啮合式齿轮油泵 ········ 20
二、转子式油泵 ············ 21
三、叶片式油泵 ············ 21
第二节　控制阀 ············· 22
一、压力控制阀 ············ 22
二、方向控制阀 ············ 24
三、流量控制阀 ············ 26
四、比例阀 ··············· 26
第三节　辅助装置 ············ 26
一、油箱 ················· 26
二、滤清器 ··············· 27
三、冷却系统 ·············· 27

第三章　液力偶合器和液力变矩器 ······ 29
第一节　液力偶合器 ·········· 29
一、液力偶合器的结构 ········ 29
二、液力偶合器的工作原理 ····· 30
三、液力偶合器的传动效率 ····· 31
第二节　液力变矩器 ·········· 31
一、液力变矩器的结构 ········ 31
二、液力变矩器工作及增矩原理 ··· 33
三、液力变矩器的传动效率 ····· 35
四、双导轮液力变矩器 ········ 36
五、带锁止离合器的液力变矩器 ··· 37
第四章　行星齿轮变速器 ·········· 40
第一节　行星齿轮传动原理 ······· 40
一、行星齿轮机构的组成 ······· 40
二、行星齿轮机构变速原理 ····· 40
三、单排行星齿轮机构传动方案 ··· 41
第二节　辛普森行星齿轮机构 ····· 42
一、辛普森行星齿轮机构的组成 ··· 42
二、辛普森行星齿轮机构传动原理 ·· 43
三、改进型四档辛普森行星齿轮机构
传动原理 ··············· 49
第三节　拉维娜行星齿轮机构 ····· 56
一、三档拉维娜行星齿轮机构传动
原理 ················· 56
二、四档拉维娜行星齿轮机构传动
原理 ················· 58
三、大众01M四档拉维娜行星齿轮变速
器传动原理 ············· 63
第四节　换档执行机构 ········· 66
一、离合器的结构和工作原理 ···· 66
二、制动器的结构和工作原理 ···· 68
三、单向离合器的结构和工作原理 ·· 70
第五章　自动变速器换档控制系统的
组成和工作原理 ············ 72
第一节　自动变速器换档控制系统的类
型 ·················· 72
一、液压控制换档系统 ········ 72

二、电子控制换档系统 ………………… 73
第二节　电子控制换档系统的组成和工作
　　　　原理 …………………………………… 74
　　一、换档电子控制系统 …………………… 74
　　二、换档电子控制系统输入装置
　　　　及功能 ………………………………… 76
　　三、电子控制装置及控制内容 …………… 81
　　四、换档电子控制系统执行器 …………… 84
　　五、换档系统液压控制装置的组成及
　　　　工作原理 ……………………………… 85
第三节　电子控制换档系统液压控制回路
　　　　分析 …………………………………… 92
　　一、丰田 A140E 电子控制变速器液压控
　　　　制回路分析 …………………………… 92
　　二、大众 01M 电子控制变速器液压控制
　　　　回路分析 ……………………………… 99

第六章　自动变速器基本检查与试验 …… 106
第一节　基本检查 ………………………………… 106
　　一、节气门及拉索的检查 ………………… 106
　　二、怠速的检查 …………………………… 109
　　三、自动变速器油的检查 ………………… 109
　　四、自动变速器控制开关的检查 ………… 113
　　五、电子控制自动变速器传感器
　　　　的检查 ………………………………… 119
　　六、电子控制自动变速器控制电磁阀
　　　　的检查 ………………………………… 121
第二节　自动变速器试验 ………………………… 123
　　一、手动换档试验 ………………………… 123
　　二、失速试验 ……………………………… 124
　　三、时滞试验 ……………………………… 125
　　四、油压试验 ……………………………… 126
　　五、道路试验 ……………………………… 129

第七章　自动变速器故障诊断 ……………… 134
第一节　自动变速器常见故障的诊断与排
　　　　除 ……………………………………… 134
　　一、汽车不能行驶 ………………………… 134
　　二、自动变速器打滑 ……………………… 135
　　三、换档冲击大 …………………………… 137
　　四、升档过迟 ……………………………… 137
　　五、不能升档 ……………………………… 139
　　六、无超速档 ……………………………… 140
　　七、无前进档 ……………………………… 141
　　八、无倒档 ………………………………… 141

　　九、频繁跳档 ……………………………… 142
　　十、挂档后发动机怠速熄火 ……………… 142
　　十一、无发动机制动 ……………………… 143
　　十二、不能强制降档 ……………………… 145
　　十三、自动变速器异响 …………………… 145
　　十四、自动变速器油易变质 ……………… 147
第二节　电子控制自动变速器故障诊断原则
　　　　和程序 ………………………………… 148
　　一、故障诊断原则 ………………………… 148
　　二、故障诊断程序 ………………………… 148
　　三、检修注意事项 ………………………… 149
第三节　电子控制自动变速器故障诊断
　　　　举例 …………………………………… 150
　　一、丰田车系自动变速器故障自诊断 …… 152
　　二、通用轿车自动变速器故障自诊断 …… 154
　　三、奥迪轿车自动变速器故障自诊断 …… 157
　　四、现代轿车自动变速器故障自诊断 …… 159
第四节　电子控制自动变速器故障的仪器
　　　　诊断 …………………………………… 160
　　一、用元征 431ME 电眼睛读取自动变速
　　　　器故障码 ……………………………… 160
　　二、用大众 V. A. G1552 型故障诊断仪
　　　　读取自动变速器故障码 ……………… 164
　　三、用元征 ADC 2000 汽车诊断解码器读
　　　　取自动变速器故障码 ………………… 166
　　四、用 X-431 汽车故障诊断仪读取自动
　　　　变速器故障码 ………………………… 168

第八章　自动变速器的检修 ………………… 172
第一节　自动变速器的拆卸与分解 …………… 172
　　一、拆卸自动变速器前后壳体、油底壳及
　　　　阀体 …………………………………… 172
　　二、拆卸油泵总成 ………………………… 174
　　三、分解行星齿轮变速机构 ……………… 175
第二节　液力变矩器的检修 …………………… 175
　　一、变矩器的检查 ………………………… 175
　　二、变矩器的清洗 ………………………… 176
第三节　油泵的检修 …………………………… 176
　　一、油泵的分解 …………………………… 176
　　二、油泵零件的检查 ……………………… 177
　　三、油泵的组装 …………………………… 177
第四节　离合器、制动器的检修 ……………… 178
　　一、离合器、制动器的分解 ……………… 178
　　二、离合器、制动器的检修 ……………… 183

三、离合器、制动器的装配……………… 183
第五节 行星排、单向离合器的检修……… 184
　一、行星排、单向离合器的分解………… 184
　二、行星排、单向离合器的检验………… 185
　三、行星排、单向离合器的装配………… 186
第六节 液压控制系统的检修……………… 186
　一、阀体的分解…………………………… 186
　二、阀体零件检修………………………… 187
　三、阀体的装配…………………………… 188
　四、检修阀体时的注意事项……………… 188
　五、自动变速器壳体的检修……………… 190
第七节 自动变速器的组装………………… 190
　一、行星齿轮变速机构的组装…………… 190
　二、阀体、油底壳及前后壳体的组装…… 194
　三、自动变速器的安装及调整…………… 195

第一章 自动变速器概述

本章要点：
- 自动变速器的发展及应用
- 自动变速器的基本组成和工作原理
- 自动变速器的分类和优缺点
- 如何识别各种自动变速器

现代汽车上广泛采用活塞式内燃发动机，由于发动机的转矩变化范围较小，不能适应汽车在复杂的使用条件下，牵引力和车速需要在相当大范围内变化的要求，因此在汽车传动系中，采用了可以改变转速比和传动转矩比的装置，即变速器。变速器不但可以扩大发动机传到驱动车轮上的转矩和转速的变化范围，以适应汽车在各种条件下行驶的需要；而且能在保持发动机转动方向不变的情况下，实现倒车；还能利用空档暂时地切断发动机与传动系统的动力传递，使发动机处于怠速运转状态。虽然手动变速器有上述优点，但变速器在操纵轻便性、经济性、动力性方面仍存在缺陷。随着科学技术的不断进步，液压技术和电子技术不断在汽车上得到运用。在变速器发展方面，为提高驾驶操作的轻便性，减轻驾驶人的疲劳程度，提高汽车的动力性和经济性，人们在改进变速器的结构和换档方法上作了很大的努力，液力控制自动变速器、电控液力自动变速器、电子控制机械自动变速器和机械无级自动变速器等便是人们改进手动变速器的结果。

第一节 自动变速器的发展及应用

一、自动变速器的发展概况

自动变速器主要由液力变矩器、行星齿轮变速机构、换档操纵机构等组成，其中液力变矩器、行星齿轮变速机构和换档操纵机构经过了如图1-1所示的发展历程。

1904年，美国福特（Ford）汽车采用了二档行星齿轮变速器，通用汽车公司的凯迪拉克（Cadillac）汽车采用了手操纵的三档行星齿轮变速器。1977年，日本丰田汽车公司成功研制了具有超速档的四档液力自动变速器。1983年，日产汽车公司成功研制了四档液力自动变速器用的行星齿轮机构，其最大特点是结构紧凑，从而为液力自动变速器的多档化提供了条件。1989年，日产汽车公司开发了五档液力自动变速器。这种变速器是在原四档液力自动变速器的基础上，加装一组行星变速齿

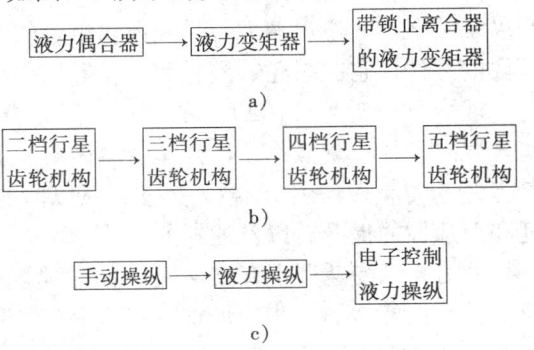

图1-1 自动变速器主要组成机构发展过程
a）液力变矩器 b）行星齿轮机构 c）操纵方式

轮机构而形成的。1991年，美国通用汽车公司在前轮驱动的轿车上装用4T60—E型电控液力自动变速器。同年，福特汽车公司也在两种前轮驱动的轿车上装用了AXOD—E型四档电控液力自动变速器，其电子控制装置并入福特EC—Ⅳ型发动机的中央控制系统。

1938年美国克莱斯勒汽车公司采用了液力偶合器，并在1939年，首先成功地研制了由液力偶合器和行星齿轮变速器组成的四档液力变速器，并装于该公司生产的奥兹莫尔比轿车（Oldsmobile）上。该变速器是批量生产的美国汽车上最早采用的全自动变速器，被认为是自动变速器的代表，是当今自动变速器的原始形式。1948年，别克（Buick）公司为坦克开发了液力变矩器，这种液力变矩器与其他部件结合成为液力变速器，进而定型为现在通用的自动变速器。1949年，帕卡德（Packard）的超自动传动装置（Ultramtic）采用了带锁止离合器的液力变矩器。1977年，美国克莱斯勒汽车公司在变矩器上装用由液力控制的带减振器的锁止离合器，使锁止装置进入了成熟期。锁止离合器通常仅在最高档位使用。后来，为了减少滑转损失，1982年起在其他档位上也开始使用。由于在变速过程中进行锁止会产生较大的冲击，故需要在变速时暂将其解除，而在变速后再进行锁止，即换档前使锁止离合器自动分离，换档后使锁止离合器自动结合。为此，多种控制方式被研制出来，其中以电控方式效果较好。锁止离合器的实用化已有十几年历史，目前已非常普遍。

1904年美国通用汽车公司的凯迪拉克汽车采用了手动操纵的三档行星齿轮变速器。1969年，法国雷诺汽车公司首先采用了电控液力自动变速器。其控制方式是由计算机依据检测到的车辆速度和节气门开度的电信号，来判断变速的时机，并确定变速程序。进入20世纪80年代，随着电子技术的发展和计算机的进一步微型化，变速器的控制功能和可靠性得到提高，而且成本也大为降低。

在我国，应用液力传动装置始于20世纪50年代，当时成功地研制了"红旗"高级轿车液力自动变速器。在20世纪70年代，液力传动已被应用于一系列的重型矿用汽车上，如SH380型32t矿用自卸车、CA390型60t矿用自卸车等。

二、不同类型自动变速器的特点

汽车上采用的自动变速器有液力自动变速器（AT）、机械式自动变速器（AMT）、无级变速器（CVT）和双离合变速器（DCT）。

1. 液力自动变速器

液力自动变速器（AT，Automatic Transmission）由液力变矩器、行星齿轮变速器和液压操纵系统组成，通过液力传递和齿轮组合的方式来达到变速变矩。其中液力变矩器是AT最重要的部件，它由泵轮、涡轮和导轮等构件组成，兼有传递转矩和离合的作用。

液力自动变速器（AT）的特点：液力自动变速器免除了手动变速器繁杂的换档和脚踩离合器踏板的频繁操作，使开车变得简单、省力，而且经过多年发展，AT的生产成本已经相当低。当前AT的档位越来越多，从以前的4速发展到现在的8速，随之改变的是换档速度和舒适性的提升，以及油耗的改善。

液力自动变速器也存在不足，如对速度变化反应较慢，换档顿挫感明显，相对耗油高等。虽然档位增加（齿轮增加）可以减轻AT的天生缺陷，不过，档位的增多也意味着体积和重量的增大，因此AT在未来档位增加上有局限性。

目前，多数自动变速器车型都采用AT，国内主流AT车型都是5速AT，4速AT的车型越来越少，有部分中级车和中高档车搭载6速甚至7速AT，而像雷克萨斯、宝马、奥迪和奔驰等高档进口车型，已经用上8速AT。可以预见，随着生产成本降低，更多档位的AT将被装配到更多车型上，而且由于技术成熟和成本优势，AT在未来很长时间里都将是自动变速器车型的主流技术。

2. 机械式自动变速器

机械式自动变速器（AMT，Automated Mechanical Transmission）通常是在手动变速器和离合器上配备一套电子控制的液压操纵系统，以达到自动变换档位目的。AMT核心技术是微机系统，电子控制技术将直接决定AMT的性能与运行质量。

机械式自动变速器（AMT）的特点：AMT在性价比、节能环保等方面堪与AT、CVT产品媲美，而且解决了手动变速器车辆的驾驶乐趣和自动变速器车辆的安全方便之间的矛盾，AMT在四类自动变速器中，技术难度相对较低，由于实质上还是手动变速器，AMT在省油方面也继续了手动变速器的优势。但AMT在行车过程中，因档位变动引起的顿挫感较强，舒适性较差，换档过程中有可能出现动力中断。

目前，在国内乘用车当中，AMT只应用于一些较低级别的车型，AMT在商用车上的普及速度比乘用车快。虽然AMT能在现生产的手动变速器基础上进行改造，生产继承性好，投入的费用也较低，容易被生产厂接受，但目前大部分厂家都有自己的AT供应商，加上AMT的舒适性和传动效率一般，AMT局限应用在经济型轿车之上，推广难度较大。AMT代表车型有奇瑞QQ、威志、两厢新赛欧等。

3. 无级变速器

无级变速器（CVT，Continuous Variable Transmission），顾名思义就是没有明确具体的档位，操作上类似自动变速器，但是传动比的变化却不同于自动变速器的换档过程，而是连续的。CVT采用传动带和可变槽宽的棘轮进行动力传递，即当棘轮变化槽宽时，相应改变驱动轮与从动轮上传动带的接触半径进行变速，传动带一般用非金属带、金属带和金属链等。

无级变速器（CVT）的特点：CVT由于没有了一般自动变速器的传动齿轮，也就没有了自动变速器的换档过程，由此带来的换档顿挫感也随之消失，因此CVT变速器的动力输出是连续的，在实际驾驶中非常平顺。CVT传动系统理论上档位可以无限多，档位设定更为自由，传统传动系统中的传动比、性能、耗油、废气排放平衡都更容易达到，CVT还有重量轻、体积小、零件少的优点。相比传统自动变速器而言，CVT变速器制造成本要略高，并且如果操作不当的话，出故障的概率较高。目前，无论国内还是国外，CVT变速器很多情况下还无法维修，只能整体更换。CVT的钢制传动带能够承受的力量有限，一般而言3.0L排量或者300N·m以上的转矩是它的上限，不过随着技术的不断发展，目前已经打破了这个上限，但是由于构造原理和机械磨损的不可逆性，钢制传动带的使用寿命始终无法完美解决，尤其是在用户喜欢激情驾驶的情况下，可靠性得不到充分的保证。

CVT技术的发展，已经有了一百多年的历史，德国奔驰公司是在汽车上采用CVT技术的鼻祖，日产和本田也是CVT的创新者，博世是最新CVT变速器的发明和生产者。

在中国市场上应用CVT最多的整车企业主要是东风日产和本田，在轩逸、逍客、新天籁以及思域混合动力等车型上都有CVT，名爵的MG3 SW 1.8L、奇瑞旗云、奥迪A6L/A4L的Multitronic也都采用了CVT技术。

4. 双离合器变速器

双离合器变速器（DCT，Double Clutch Transmission）技术最早为大众公司所采用，将其称为DSG（Direct-Shift Gearbox）。其实，除了这两种叫法，还有很多名称，比如三菱的SST，保时捷的PDK，宝马的DKG，福特、沃尔沃的Powershift，奥迪的S-Tronic等等。DCT分湿式和干式两种，湿式用的变速器油比较多，体积较大，可以承受较大的转矩；干式用的变速器油较少，体积更小，更紧凑，效率更高，适合小型车，但能承受的转矩不如湿式大。

双离合器变速器（DCT）的特点：DCT在效率和成本上都显示出许多优势，与传统的自动变速器相比，该系统换档的舒适性更高，而且能满足消费者对驾驶运动感和车辆节油的双重要求。同时，双离合器的使用，可以使变速器同时有两个档位啮合，换档速度不到0.2s，比专业车手的手动变速还快。从技术角度上DCT对所有档次的车都非常适合，比其他变速器具有更高的燃油经济性。

目前DCT面临的主要问题是制造加工的精度要求很高，导致成本也相对较高。另外，DCT依靠离合器来传递动力，在城市路况下，驾驶人通常要在较慢的速度下驾驶车辆，此时，DCT的离合器经常处于半离合状态，在较拥堵的城市路况下，长时间处于半离合状态的离合器容易过热，因此温度传感器会感知温度过高，从而使变速器停机。目前已知的DSG变速器停机案例多半发生在市区行驶过程中。

DSG双离合器变速器是以大众集团为首的欧洲车系主推的一款新型自动变速器。由于大众和一汽、上汽的合作，在我国拥有广泛的市场基础，由此DCT变速器拥有广阔的推广平台。除了大众车系大力普及DSG外，2008年底，在国家发改委推动下，由12家（一汽、上汽、东风、长安、奇瑞、华晨、江淮、长丰、吉利、广汽、中顺、长城）中国车企联合成立的中发联实业有限公司，联合全球顶级自动变速器企业博格华纳成立合资公司，生产和开发双离合器自动变速器中的核心产品：双离合器模块、扭振减振器模块和控制模块。博格华纳相关人士预计，到2020年，中发联的12家股东厂商生产的自动变速器车型中，将有80%采用DCT。

目前，除大众的车型外，国产车型方面，主要是沃尔沃S40 2.0L Powershift，福特的新一代福克斯和嘉年华搭载DCT变速器，进口车方面，保时捷Panamera、宝马M3、法拉利、三菱EVO、日产GT-R、奔驰部分AMG车型都采用DCT技术。

三、自动变速器的应用

1. 国外自动变速器的应用情况

根据世界最大的手动变速器制造商德国采埃孚（ZF）公司预测，到2012年北美市场出售的汽车中将只有6%是手动变速器。而2002年在美国和加拿大市场出售的汽车中，还有10%配备的是手动变速器。同样的情况也发生在欧洲市场，原本是手动变速器的市场，不断被自动变速器占领。欧洲汽车制造商和经销商协会日前统计的数据显示，在英国，现在装配自动变速器的汽车占汽车总量的15%，而5年前这个数字是13.5%。据预测，2013年欧洲变速器市场上，配备手动变速器（MT）的汽车将占52%，配备机械式自动变速器（AMT）的将占10%，配备无级变速器（CVT）的将占2%，配备双离合器变速器（DCT）的将占16%，配备液力自动变速器（AT）的将占20%。另有报告显示，在重型商用车上，自动变速器的比例也在增加。从1996年到2006年的10年里，重型商用车中自动变速器的比例已经从5%上升到18%。目前国际上高档乘用车装配自动变速器已占到90%、中档和低档乘用车分别接近60%和40%。

2. 国内自动变速器的应用情况

有数据统计，目前国内乘用车中手动变速器、自动变速器的比例是 6:4，其中，在高档乘用车上装配自动变速器的比例为 39%，中档和经济型家庭乘用车的比例分别为 40% 和 10%。事实上，从 2005 年至 2009 年，我国乘用车装配自动变速器的比例每年都有近 6% 的提升，与北美汽车市场相比，国内高档乘用车的自动变速器装配比例已经相当接近，而中档和经济型乘用车的自动变速器装配比例仍有较大提升空间。据专家预测，到 2015 年，我国乘用车自动变速器的配备率将达到 35%～40%，这意味着大概有 500 万辆轿车将装配自动变速器。

第二节 自动变速器的基本组成和工作过程

一、自动变速器的基本组成

自动变速器的厂牌型号很多，外部形状和内部结构也有所不同，但它们的组成基本相同，都是由液力变矩器和齿轮式自动变速器组合而成的。自动变速器常见的组成部分有液力变矩器、行星齿轮变速器、离合器、制动器、油泵、滤清器、管道、各种控制阀等，按照这些部件的功能，可将它们分成液力供给系统、液力变矩器、变速齿轮机构、液力控制自动换档系统或电子控制自动换档系统等四大部分。

各部分功能见表 1-1，各组成部分位置见图 1-2。

表 1-1 自动变速器的组成及各部分功用

组　成	功　用	组成零部件
液力供给系统	为自动变速器中的液力变矩器锁止机构、换档执行机构、液力控制自动换档系统等部分提供一定压力、流量的液压油	油泵、油箱、滤清器、调压阀、冷油器、管道等
液力变矩器	利用油液循环流动过程中动能的变化将发动机的动力传递给自动变速器的输入轴，并能根据汽车行驶阻力的变化，在一定范围内自动地、无级地改变传动比和转矩比	泵轮、涡轮、导轮等
变速齿轮机构	实现变速的机构，改变动力传递的方向和速比	行星齿轮机构、离合器、制动器、单向离合器等
液力控制自动换档系统	根据手动阀的位置及节气门开度、车速、控制开关的状态等因素，利用液力自动控制原理，按照一定的规律控制行星齿轮变速器中的换档执行机构的工作，实现自动换档	液力控制的各种控制阀及油路
电子控制自动换档系统	通过电磁阀，控制换档执行机构工作，实现自动换档功能，若这些电磁阀是由电子计算机根据某些传感器信号进行控制的，则成为电子控制的换档系统	自动变速器控制电脑、各种传感器、电磁阀等

二、自动变速器的工作过程

自动变速器之所以能够实现自动换档是因为工作中驾驶人踩下加速踏板的位置（发动机进气歧管的真空度）和汽车的行驶速度能指挥自动换档系统工作，自动换档系统中各控制阀不同的工作状态将控制变速齿轮机构中离合器的分离与结合和制动器的制动与释放，以改变变速齿轮机构的动力传递路线，实现变速器档位的变换。

传统的液力自动变速器根据汽车的行驶速度和节气门开度的变化，自动变换档位。其换档控制方式是将节气门开度信号和车速信号转换成控制油压，并将该油压加到换档阀的两端（节气门油压信号加到换档阀上端，车速油压信号加到换档阀下端），以控制换档阀的位置，从而改变换档执行元件（离合器和制动器）的油路。这样，工作液压油进入相应的执行元件，使离合器结合或分离，制动器制动或松开，控制行星齿轮变速器的升档或降档，从而实现自动变速。其工作过程如图1-3所示。

电控液力自动变速器是在液力自动变速器基础上增设电子控制系统而形成的。它通过各种传感器和开关监测汽车和发动机的运行状态，接受驾驶人的指令，并将所获得的信息转换成电信号输入到自动变速器电子控制单元。电子控制单元根据这些信号，通过电磁阀控制液力控制装置的换档阀，使其打开或关闭通往换档离合器和制动器的油路，从而控制换档时刻和档位的变换，以实现自动变速。其工作过程如图1-4所示。

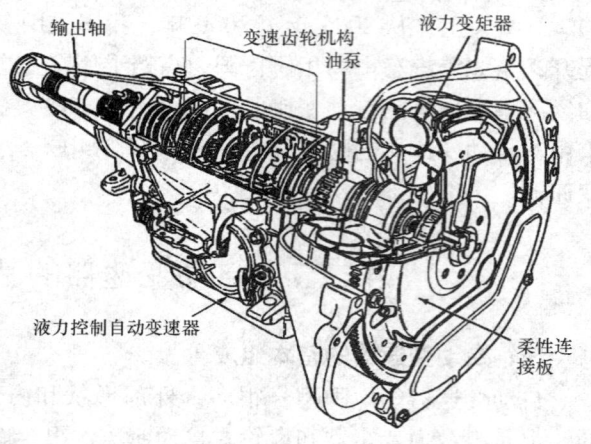

图1-2　自动变速器各组成部分位置

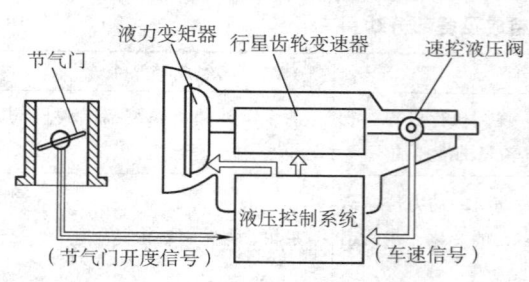

图1-3　液力自动变速器工作过程框图

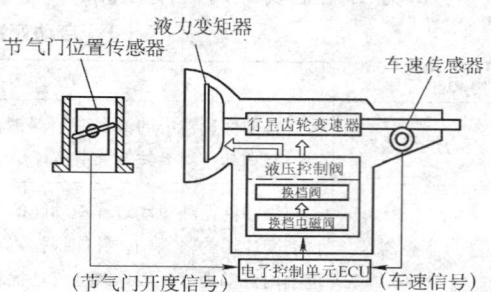

图1-4　电控自动变速器工作过程框图

第三节　自动变速器的类型和优缺点

一、自动变速器的类型

不同车型所装用的自动变速器在形式、结构上往往有很大的差异，常见的分类方法和类型如下：

1. 按变速方式分类

汽车自动变速器按变速方式的不同，可分为有级变速器和无级变速器两种。

有级变速器是具有有限几个定值传动比（一般有3～5个前进档和1个倒档）的变速器。无级变速器是能使传动比在一定范围内连续变化的变速器，无级变速器目前在汽车上应用较少。

2. 按汽车驱动方式分类

自动变速器按照汽车驱动方式的不同，可分为后驱动自动变速器和前驱动自动变速器两种。这两种自动变速器在结构和布置上有很大的不同，如图1-5所示。

后驱动自动变速器的变矩器和齿轮变速器的输入轴及输出轴在同一轴线上，发动机的动力经变矩器、自动变速器、传动轴、后驱动桥的主减速器、差速器和半轴传给左右两个后轮。这种发动机前置，后轮驱动的布置形式，其发动机和自动变速器都是纵置的，因此轴向尺寸较大，在小型客车上布置比较困难。

前驱动自动变速器除了具有与后驱动自动变速器相同的组成部分外，在自动变速器的壳体内还装有差速器。前驱动汽车的发动机有纵置和横置两种。纵置发动机的前驱动自动变速器的结构和布置与后驱动自动变速器基本相同，只是在后端增加了一个差速器。横置发动机前驱动自动变速器由于汽车横向尺寸的限制，要求有较小

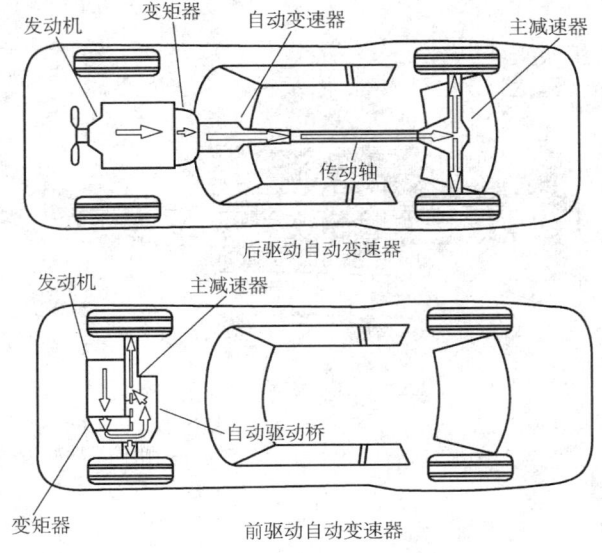

图1-5　自动变速器汽车驱动方式

的轴向尺寸，因此通常将输入轴和输出轴设计成两个轴线的方式；变矩器和变速器输入轴布置在上方，输出轴布置在下方。这样的布置减少了变速器总体的轴向尺寸，但增加了变速器的高度，因此常将阀板总成布置在变速器的侧面或上方，以保证汽车有足够的最小离地间隙。

3. 按自动变速器前进档的档位数不同分类

自动变速器按前进档的档位数不同，可分为2个前进档、3个前进档、4个前进档、5个前进档四种。早期的自动变速器通常为2个前进档或3个前进档，这两种自动变速器都没有超速档，其最高档为直接档。目前轿车装用的自动变速器基本上都是4个前进档或5个前进档，即设有超速档。这种设计虽然使自动变速器的构造更加复杂，但由于设有超速档，大大改善了汽车的燃油经济性。

4. 按变速器齿轮的类型分类

自动变速器按齿轮变速器的类型不同，可分为普通齿轮式和行星齿轮式两种，如图1-6所示。普通齿轮式自动变速器体积较大，最大传动比较小，只有少数几种车型使用（如本田ACCORD轿车）。行星齿轮式自动变速器结构紧凑，能获得较大的传动比，为绝大多数轿车采用。

5. 按变矩器的类型分类

轿车自动变速器基本上都是采用结构简单的单级三元件综合式液力变矩器。这种变矩器又分为有锁止离合器和无锁止离合器两种，如图1-7所示。

早期的变矩器中没有锁止离合器，在任何工况下都是以液力的方式来传递发动机动力，因此传动效率较低。新型轿车自动变速器大都采用带锁止离合器的变矩器，这样当汽车达到一定车速时，控制系统使锁止离合器结合，液力变矩器输入部分和输出部分连成一体，发动机动力以机械传递的方式直接传入齿轮变速器，从而提高了传动效率，降低了汽车的燃油消耗量。

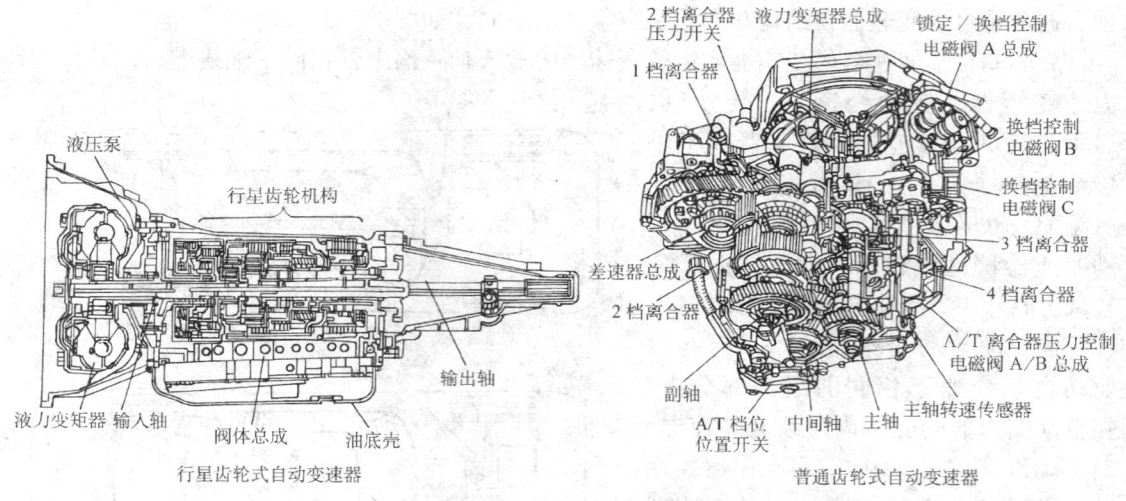

图 1-6 采用不同类型齿轮的自动变速器

6. 按控制方式分类

自动变速器按控制方式不同，可分为液力控制自动变速器和电子控制自动变速器两种。液力控制自动变速器是通过机械的手段，将汽车行驶时的车速和节气门开度两个参数转变为液压控制信号。控制阀板总成中的各个控制阀根据这些液压控制信号的大小，按照设定的换档规律，通过控制换档执行机构动作，实现自动换档。电子控制自动变速器是通过各种传感器，将发动机转速、节气门开度、车速、发动机冷却液温度、自动变速器液压油温度等参数转变为电信号，并输入电脑。电脑根据这些电信号，按照设定的换档规律，向换档电磁阀、油压电磁阀等发出控制信号。换档电磁阀和油压电磁阀根据电脑发出的控制信号接通或切断不同的油路，改变控制阀板总成中各个控制阀的位置，使控制换档的执行机构动作，从而实现自动换档。

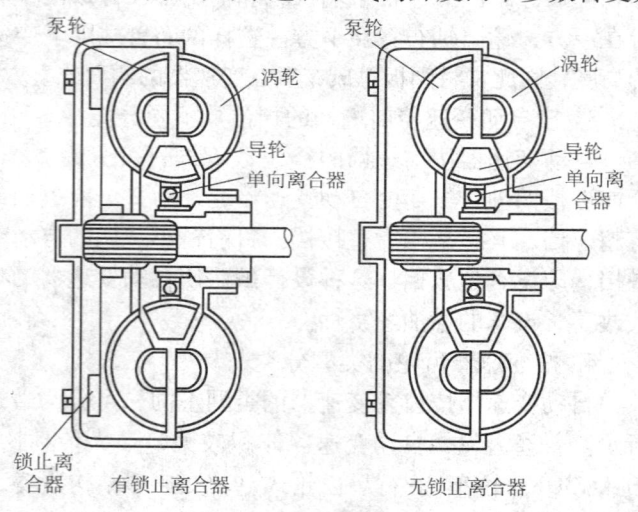

图 1-7 有或无锁止离合器的自动变速器

二、自动变速器的优点

机械齿轮变速器由于其机械效率高，工作可靠，结构比较简单等优点，仍被广泛地应用在各种汽车上。但由于其换档过程过于复杂，换档中不但易造成零部件损坏，而且驾驶人也容易疲劳。目前装用自动变速器的车辆越来越多。装用自动变速器的车辆具有下列显著的优点：

1. 发动机和传动系统寿命高

采取液力自动变速器的汽车与采用机械变速器的汽车对比试验表明：前者发动机的寿命可提高85%，变速器的寿命提高12倍，传动轴和驱动半轴的寿命可提高75%~100%。

液力自动变速器汽车的发动机与传动系，由液体工作介质"软"性连接。液力传动起一定的吸收、衰减和缓冲的作用，大大减少了冲击和动载荷。例如，当负荷突然增大时，可防止发动机过载和突燃熄火。汽车在起步、换档或制动时，能减少发动机和传动系所承受的冲击及动载荷，因而提高了有关零部件的使用寿命。

2. 驾驶性能好

汽车驾驶性能的好坏，除与汽车本身的结构有关外，还取决于正确的控制和操纵。自动变速器能通过系统的设计，使整车自动去完成这些使用要求，以获得最佳的燃料经济性和动力性，使得驾驶性能与驾驶人的技术水平关系不大，因而特别适合于非职业驾驶人驾驶。

装备液力自动变速器的汽车，采用液力操纵或电子控制，使换档实现自动化。在变换变速杆位置时，只需操纵液力控制的滑阀，这比普通机械变速器用拨叉拨动滑动齿轮实现换档要简单轻松得多。而且，它的换档齿轮组一般都采用行星齿轮组，是常啮合齿轮组，这就降低或消除了换档时的齿轮冲击，可以不要离合器，大大减轻了驾驶人的劳动强度。

3. 行驶性能好

采用液力自动变速器的汽车，在起步时，驱动轮上的驱动转矩是逐渐增加的，它可以防止产生很大的振动，并减少车轮的打滑，使起步容易，且更加平稳。

自动变速装置的档位变换不但快而且平稳，且可提高汽车的乘坐舒适性。通过液体传动或微电脑控制换档，可以消除或降低动力传动系统中的冲击和动载荷。这对在地形复杂、路面条件恶劣的情况下作业的工程车辆、军用车辆尤其重要。

4. 安全性好

在车辆行驶过程中，驾驶人必须根据道路、交通条件的变化，对车辆的行驶方向和速度进行改变和调节。以城市大客车为例，平均每分钟换档3~5次，且每次换档有6~10个手脚协调动作。正是由于这种连续不断的频繁操作，使驾驶人的注意力被分散，而且易产生疲劳，造成交通事故增加；而如果是以减少换档，操纵加速踏板代替换档变速，那样又会牺牲燃油经济性。自动变速的车辆，取消了离合器踏板和变速杆，只要控制加速踏板，就能自动变速，从而改善了驾驶人的劳动强度，使行车事故率降低，平均车速提高。

5. 降低废气排放

发动机在怠速和高速运行时，排放的废气中CO或HC的质量分数较高。而自动变速器的应用，可使发动机经常处于经济转速区域内运转，也就是在较小污染排放的转速范围内工作，从而降低了排气污染。

三、自动变速器的缺点

从目前的情况来看，自动变速还存在着两方面的缺点：

1. 结构较复杂，重量有所增加

与手动变速器相比，自动变速器结构较复杂，零件加工难度大，生产成本较高，修理也较麻烦。同时，操纵机构较手动变速器复杂，重量较手动变速器大。

2. 效率不够高

自动变速器的效率约为86%~90%。通过实施动力传动控制一体化、液力变矩器闭锁、增加档位数等措施，可使自动变速接近手动变速的效率水平。

3. 维修要求有较高的技术水平

自动变速器结构复杂,零件繁多,各种控制阀配合精密,装配工艺要求高,因而在维修时要求有较高的技术水平。

第四节 自动变速器的正确使用

一、变速杆的正确使用

驾驶人通过变速杆和一些控制开关来操控自动变速器,自动变速器变速杆的位置和含义与手动变速器有较大不同,变速杆所处的位置和变速器内部的档位是两个完全不同的概念。自动变速器的变速杆用来控制手动阀在自动变速器控制阀板中的位置(手动变速器的变速杆直接控制变速器中换档齿轮的啮合位置),而变速器内部啮合的档位是由变速机构的状态决定的,档位除了取决于手动阀的位置外,还取决于车速及节气门开度等信号。

1. 变速杆各位置的含义及正确使用

图1-8是典型的自动变速器变速杆位置图,自动变速器变速杆一般有6个或7个位置,分别标为P、R、N、D(或D_4)、S(或2)、L(或1)或P、R、N、D、3、2、1。一般装备自动变速器的车辆,起动发动机或接通点火开关,踩下制动踏板,提起释放爪,可将变速杆移到P、R、D、3、2、1位置。图1-8中自动变速器采用阶梯式换档控制,它没有变速杆锁止/解除按钮,移动变速杆时需要先将其拨向一侧或按下手柄才能拨动变速杆,在特定档位之间换档时,需要在换档的同时将变速杆推向乘客侧,其目的是在车辆移动时阻止变速杆朝前或朝后移动,以防止意外改变选择的档位。

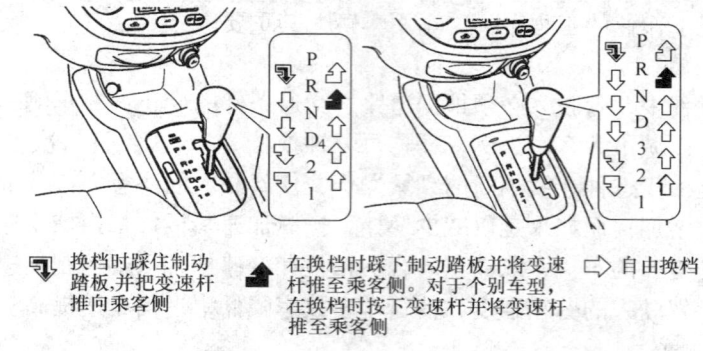

图1-8 自动变速器变速杆位置

(1) P位 变速杆置于P位时,处于驻车档,自动变速器内部驻车锁止机构将输出轴锁死,以防止车辆移动,但有些自动变速器驻车锁止机构设置在差速器前部,故不能防止两只车轮反方向转动,当在斜坡上停车时特别危险。出于安全性的考虑,P位不能代替驻车制动使用。只有在汽车停稳后方可挂入P位,否则会损坏变速器内部驻车锁止机构。对一般自动变速器而言,需要接通点火开关,踩下制动踏板,按下操纵手柄旁的变速杆锁止/解除按钮后,变速杆才能移出P位。变速杆位于P位时,变速器内部行星齿轮机构处于自由空转状态。另外,只有变速杆位于P或N位时,起动机电路才接通,方可起动发动机。

(2) R位 变速杆置于R位时,处于倒档,用于倒车。只有在车辆静止时,才可将变速杆移入R位。

(3) N位 变速杆置于N位时,处于空档,变速器内部行星齿轮机构处于自由空转状态。汽车行驶时，无论发动机是否运转，一般都不应使用 N 位。在遇交通堵塞时，可将变速杆置于 N 位，但应同时使用制动器。在 N 位时允许起动发动机，如果在车辆行驶时发动机熄火并想立即起动发动机，那么将变速杆挂入 N 位，即可起动发动机。汽车被牵引时也应使用 N 位。

(4) D（D_4 或 O/D）位　变速杆置于 D（D_4 或 O/D）位时，处于前进档，用于所有正常行驶状态，自动变速器会在 1 档至最高档间自动变换。变速器在高速档行驶时，发动机转速、油耗和噪声都会减小。

(5) 3 位　变速杆置于 3 位时，变速器实际档位只在 1~3 档间变换，用于在城市路况或不良路面上行驶。在交通繁忙的城市或山区行驶时，如果变速杆在 D 位，会使变速器经常在 3、4 档间频繁跳档，使变速器内部磨损加速。将变速杆置于 3 位，变速器在 1~3 档间变换。

(6) 2 或 S 位　变速杆置于 2 或 S 位时，变速器实际档位只在 1、2 档间变换，不能升入更高档，用于颠簸崎岖的路面需要发动机制动的情况。变速杆位于 2 或 S 位时，有的自动变速器是固定在 2 档，不升档也不降档，如本田轿车和蒙迪欧 2.0 轿车等。

(7) 1 或 L 位　变速杆置于 1 或 L 位时，自动变速器锁定在 1 档，不能升入更高档，用于上陡坡或下陡坡需要发动机制动的情况。

2. 发动机制动说明

自动变速器变速杆位于不同位置时或自动变速器处于某档位时，是否有发动机制动应视不同型号的变速器而定，一般情况，变速杆位于 2（S）或 1（L）位时，可利用变速器逆向传力，获得较强的发动机制动。为增大变速器的输出转矩，变速杆位于 2（S）或 1（L）位时，由离合器或制动器直接驱动或制动行星齿轮机构，而不是只由单向离合器控制行星齿轮机构。

3. 紧急情况释放变速杆

装备自动变速器的车辆拥有制动换档互锁（BTSI）系统，变速杆移出 P 位的时候，点火开关必须处于接通位置，而且必须踩下制动踏板。在紧急情况下，如 BTSI 系统有故障或蓄电池无电但需要移动车辆时，可以在点火开关关闭，且不踩制动踏板的情况下将变速杆从 P 位移出。如图 1-9 所示，将点火开关关闭并拔掉钥匙，踩下制动踏板并保持不动（以确保车辆不会自行移动），将点火钥匙插入制动换档互锁槽，换至 N 位置，将点火钥匙从制动换档互锁槽上拔下，起动发动机并转换到想要的档位，可应急将车辆开到修理厂，尽快使车辆得到维修。

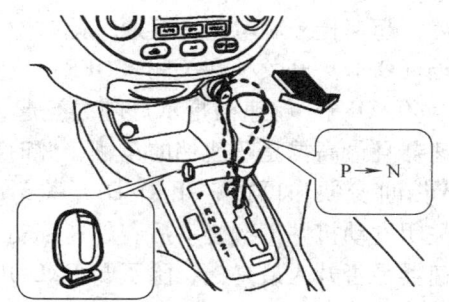

图 1-9　解除制动换档互锁

4. 手动/自动一体化换档操作

为增加驾驶乐趣，有些装备自动变速器的车辆设置了手动换档模式，手动/自动一体化换档操作变速杆布置如图 1-10 所示，此功能还可增强驾驶人对变速器的操作控制。使用此功能时，将变速杆移到变速器手动操作档（M）位置，变速杆会自动弹到右侧，通过向前（+）或向后（-）推动手柄或通过转向盘换档按钮来进行加/减档的操作，组合仪表上的档位显示屏将显示要求的档位变化。自动变速器的手动换档操作和手动变速器的换档操作在原理上完全不同，对手动/自动一体化换档操作的自动变速器而言，推动变速杆只是给自动变速器控制单元一个换档信号，自动变速器控制单元收到此信号后，结合当前车辆的运行状态向自动变速器发出适当的换档指令。为避免因不当操作损坏车辆，不同车型采取了不同的控制策略。当驾驶人向自动变速器控制单元发出不恰当的手动换档信号时，自动变速器控制单元可能拒绝执行相应的操作，以保护动力系统。

二、各控制开关的使用

不同的自动变速器有不同的控制开关，以适应不同的道路条件和驾驶风格。同一功能的控制开关在不同的变速器上可能有不同的名称。控制开关主要用来选择自动变速器的工作模式，常见的控制开关及作用如下。

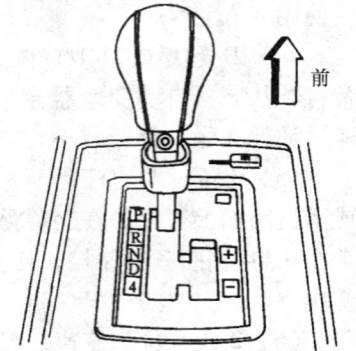

图1-10 手动/自动一体化变速杆布置

1. 变速杆锁止/解除按钮

变速杆在由P位置换至其他任何位置或由其他位置换入P位置、或由任何位置换入R位置时，必须按下变速杆上的锁止/解除按钮（图1-11），否则变速杆将不能移动。

2. 超速档（O/D）开关

超速档开关通常安装在自动变速器变速杆上，如图1-11所示。超速档开关用来控制自动变速器的超速档，它一般安装在变速杆或仪表板上。对于四个前进档的自动变速器而言，4档通常是传动比小于1的超速档。变速杆在D位，汽车行驶在平坦的高速公路上使用超速档时，发动机的转速较低，不但可以减小发动机噪声，而且可以减少零件磨损和降低燃油消耗。当把超速档（O/D）开关打开后，超速档控制电路被接通，此时即为超速档；当超速档（O/D）开关处在关闭（OFF）位置时，仪表板上的"O/D OFF"超速档指示灯随之亮起，对于4速自动变速器且最高档是超速档的车辆，此时变速器只能在1~3档间变换。再按一下O/D开关，超速档功能恢复。关闭发动机并再次起动后，超速档功能自动被选择。变速器是否升入最高档，除了与O/D开关的状态有关外，还与车速、节气门开度、发动机冷却液温度等有关。

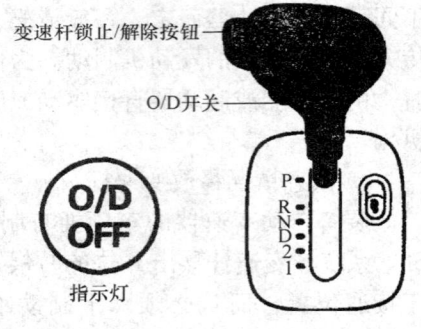

图1-11 锁止/解除按钮、O/D开关

在坡道上行驶时，应视情况及时关闭O/D开关，否则，汽车以4档（超速档）上坡时，若坡道阻力大于驱动力，则会导致车速下降，车速降到一定值时变速器会降到3档。降到3档后又因驱动力大于坡道阻力，汽车被加速，当车速达到一定值后又升到4档。坡道较长时重复上述过程，造成变速器循环跳档现象，使自动变速器内部摩擦片及阀体磨损加剧。此时关闭O/D开关，限制使用超速档，汽车会以1~3档行驶。若坡道较长，则自动变速器可能会在3~2档间循环跳档，如果把变速杆置于2位，那么自动变速器会以2档稳定行驶。

3. 经济模式开关

这种控制模式是以汽车获得最佳的燃油经济性为目标来设计换档规律的，当接通经济（ECONOMY）模式时，自动变速器的换档规律能使发动机在汽车行驶过程中经常处于经济转速范围内运转，因此燃油经济性好。这是因为在使用经济模式时，相同的节气门开度，升档车速较低，液力变矩器锁止离合器工作范围宽，在较低档位上实现直接传动。由于液力变矩器锁止离合器的接合，使液力变矩器的涡轮和泵轮接合起来直接传动，减少了液力损失，提高了传动效率，发动机的燃油经济性也就得到了提高。一般情况下，每次起动发动机并将变速杆移入 D 位时，变速器自动进入经济模式，平稳、轻顺地踩下加速踏板，变速器会自动选择并变换到适当、省油的档位，以经济方式来运行。

4. 动力模式开关

这种控制模式是以汽车获得最大的动力性为目标来设计换档规律的。当车辆在上坡或在山路上行驶或希望发动机在高转速下工作时，可选择动力（POWER）模式。这时自动变速器的换档规律能使发动机在车辆运行过程中经常处在大功率范围运转，可大大发挥它的动力性和爬坡能力。汽车在动力模式下行驶，它的加速能力很强。只有发动机转速较高时，才能换入高档，即延迟升档，提前降档。赛欧和欧宝轿车 AF13 自动变速器模式开关设置在变速杆的顶端，按压一次，仪表盘上的运动模式/故障指示灯点亮，指示变速器处于运动模式，再按一次，运动模式/故障指示灯熄灭，解除动力模式。如果变速器进入雪地模式时，那么动力模式被自动取消。

5. 雪地模式开关

这种控制模式是以汽车获得最大的转矩为目标来设计换档规律的。在冰雪或湿地起步时，可能出现车轮打滑而不能前进的情况。有的自动变速器在变速杆旁有一个雪地（SNOW）模式开关，按下此开关，自动变速器在雪地模式下运行。对于 AF13 自动变速器，按雪地模式按钮，按钮本身由暗亮变为高亮，指示进入雪地模式，在此模式下，自动变速器以 3 档起步。再次按下雪地模式按钮，解除雪地模式。当变速器 ECU 检测到以下条件时，雪地模式关闭。

1）起动运动模式触点开关。
2）改变变速杆位置。
3）全加速开关打开，且持续时间超过 2s。
4）点火开关关闭。
5）车速超过 80km/h。
6）变速器油温超标。
7）在备用程序下行驶。

6. 保持模式开关

在大宇、日产、马自达、福特等轿车上有一个保持（HOLD）模式开关，一般位于变速杆旁。当 HOLD 模式开关断开（未按下）时，变速器按正常程序换档。按下 HOLD 模式开关后，仪表盘上的 HOLD 指示灯点亮，自动变速器将按 HOLD 模式换档。再次按下 HOLD 模式开关，返回正常模式。在 HOLD 模式下，一般情况下，变速杆位于 D 位时，自动变速器固定在 3 档；变速杆位于 3 时，自动变速器固定在 2 档；变速杆位于 L 时，自动变速器固定在 1 档。凯越 1.8 轿车 4HP16 自动变速器 HOLD 模式实际档位见表 1-2。不同车型 HOLD 模式的控制方式可能不同。在雨雪天气较滑的路面上起步时，按下 HOLD 模式按钮，变速器直接以 3 档起步，降低了输出转矩，大大降低了轮胎与地面打滑的可能性。在 4 档行驶，当超车急需动力时，按下 HOLD 模式按钮，自动变速器降为 3 档，以提供更大的加速能力。

表 1-2 凯越 1.8 轿车 4HP16 自动变速器 HOLD 模式实际档位

变速杆位置	D	3	2	1
实际档位	2、3、4	2、3	2	2

三、变速杆状态及模式指示装置

1. 变速杆位置指示

通常采用二种方式指示自动变速器变速杆位置：一种方式是在变速杆旁用字母和数字指示自动变速器变速杆位置，另一种方式是在仪表盘上用指示灯指示自动变速器变速杆位置。

2. 模式指示

模式指示可分为二种，一种是在模式开关上利用指示灯指示。在按下模式开关时，指示灯点亮或由暗亮变为高亮，如赛欧轿车 AF13 自动变速器的雪地模式指示灯。另一种是在仪表盘上利用指示灯指示，如嘉年华轿车 O/D OFF 指示灯和赛欧轿车动力模式指示灯。

3. 故障指示

当电控自动变速器出现故障后，变速器 ECU 将控制仪表盘上的某个指示灯点亮或闪亮，指示自动变速器有故障，尽快检修。自动变速器故障指示灯可以专用，也可以与其他指示灯合用。别克君威轿车自动变速器故障指示灯和发动机故障指示灯共用一个动力系统故障指示灯。对于赛欧轿车 AF13 自动变速器，仪表盘上 S 指示灯点亮，表示自动变速器工作在运动模式；仪表盘上 S 指示灯闪亮，表示自动变速器电控系统有故障。对于凯越轿车 4HP16 自动变速器，仪表盘上 HOLD 指示灯点亮，表示自动变速器工作在 HOLD 模式；仪表盘上 HOLD 指示灯闪亮，表示自动变速器电控系统有故障。对于嘉年华轿车和日产汽车，仪表盘上的 O/D OFF 指示灯点亮，表示自动变速器工作在超速档关闭状态；仪表盘上的 O/D OFF 指示灯闪亮时，表示自动变速器电控系统有故障。一般，液控自动变速器和个别电控自动变速器没有故障指示灯。

四、自动变速器的正确使用

1. 起动发动机

1) 正常起动。起动发动机时，应拉紧驻车制动器或踩下制动踏板，将变速杆置于 P 位或 N 位，此时将点火开关转至起动档，起动机带动发动机运转。自动变速器变速杆位于 P、N 以外的任何位置时，起动机都不工作。

2) 汽车行驶中发动机熄火后起动。装有自动变速器的车辆在行驶中发动机熄火时，变速杆仍位于行驶位置，若此时转动点火开关起动发动机，则起动机不工作。可先将变速杆拨至 N 位，再起动发动机，也可使车辆减速，等汽车完全停止后，将变速杆拨到 P 位或 N 位，再起动发动机。注意：车辆未完全停止前，禁止将变速杆拨至 P 位，以防损坏变速器内部驻车锁止机构。

2. 汽车起步

1) 虽然目前的汽车使用手册中已不再强调热车后再行驶，但是在低温下起动发动机后，不宜立即急加速行驶，应等发动机及变速器升温后再正常行驶，以免造成变速器内部换档执行元件和密封件损坏。

2) 起步时应先踩下制动踏板，将变速杆拨到驱动档位，查看档位指示器并确认档位正确后松开驻车制动器，抬起制动踏板，缓慢踩下加速踏板起步。

3) 起步时，必须先挂档后松开加速踏板，严禁在移动变速杆的同时松开加速踏板，这样起步时会造成车辆窜动冲击，扳坏变速器内部换档执行元件。

4) 对于装有自动变速器的汽车，发动机怠速要调好，若怠速转速过高，则起步时汽车会有窜动冲击；若怠速转速过低，则在坡道上起步时，松开制动踏板后没有及时加油会造成发动机熄火或车辆下滑，增加坡道起步难度。

3. 一般道路行驶

1) 通常情况。自动变速器的换档规律都是根据节气门开度和车速预先设定好的，因此，在一般道路上行驶时，只要将变速杆置于 D 位并打开超速档（O/D）开关，自动变速器就会根据车速和节气门开度等自动升档或降档，选择最合适的档位。

2) 特殊情况。在驾驶装有自动变速器的汽车时，往往会遇到一些特殊情况，这就要求驾驶人根据其预先设定好的换档原理灵活操作。例如，为了节省燃油，应将模式开关置于经济模式，平稳地踩下加速踏板，尽量使节气门保持较小的开度，也可采用提前升档的方法，即车辆起步后，先将汽车加速到一定的车速（一般为 20~30km/h，因车型而异），然后轻抬加速踏板，这时变速器会升入 2 档。当感觉到升档后发动机运转有力，车速仍可升高时，可用同样的方法让变速器升入 2 档、3 档和 4 档等。采用这种方法能节省燃油，同时还能减少发动机磨损和噪声。有些新型的搭载自动变速器的汽车，取消了各种模式开关，这可理解为在自动变速器的经济模式和动力模式换档曲线之间有无数条换档曲线，是选择偏向经济性还是动力性换档曲线，取决于驾驶人踩加速踏板的操作。若变速器 ECU 检测到急踩加速踏板及较大的节气门开度，则会选择偏向动力性换档曲线；若变速器 ECU 检测到缓缓踩下加速踏板且较小的节气门开度，则会选择偏向经济性换档曲线。再如，为了提高汽车的动力性，可将模式开关设置在动力模式。在急加速超车时，还可采用强制降档的操作方法，即将加速踏板迅速踩到底，触动强制降档开关，变速器会降低一个档位，使汽车获得突然加速的效果。强制降档一般在高速超车时使用，在这种情况下换档离合器和制动器交替工作，摩擦发热严重，摩擦片容易碎裂。在行驶中若非紧急超车情况，尽量少用强制降档。

3) 汽车在一般道路上行驶时的注意事项。在汽车行驶时，欲将自动变速器变速杆从高档位换到低档位（如 D 位→2 位→1 位）时，必须先将车速降至相应的车速后才能进行。如果由高档位换至低档位时的车速过高，那么尽管有部分自动变速器能由高至低顺序降档，但这种人为地手动强制降低档位会使汽车受到强烈制动，有可能使低档元件因剧烈磨损而损坏或发动机转速过高。在换入低档后，不要猛踩加速踏板，否则容易使发动机转速过高，加速变速器内部元件的磨损。在驾驶时，如无特殊需要，不要将变速杆在 D、S（2）或 L（1）之间来回拨动。

4. 坡道行驶

1) 在较长且陡的坡道上行驶时，应视坡度将变速杆置于 S（2）或 L（1）位，以防因高速档动力不足，变速器内部循环跳档，造成变速器内部执行元件加速磨损及单向离合器损坏。

2) 汽车下坡时，如果完全松开加速踏板车速仍然很高，那么可将变速杆置于 S（2）或 L（1）位，以充分利用发动机的怠速运转阻力使汽车减速，这种情况称为发动机制动。注意：当车速较高时，应先用行车制动器降低车速，再把变速杆移至于 S（2）或 L（1）位。

5. 雪地或泥泞路面行驶

汽车在雪地或泥泞路面行驶时，当变速杆置于 D 位，驱动轮打滑时，可按下雪地（SNOW）模式开关或按下保持（HOLD）模式开关并将变速杆置于合适的档位，变速器一般会在 2 档或 3 档起步，可有效防止驱动轮打滑。

6. 倒车

倒车时一定要让汽车停住后再将变速杆移至 R 位。目前，有部分自动变速器有倒档保护功能，在前进中将变速杆移到 R 位，当车速高于某值时，倒档齿轮不会啮合。许多自动变速器没有此功能，所以在将变速杆移至 R 位之前，一定要先让汽车停稳。若在前进时将变速杆移至 R 位，则可能会严重损坏变速器内部换档执行元件中的离合器摩擦片和制动片，甚至损坏行星齿轮机构。

7. 停车

1）短时间临时停车。汽车因遇红绿灯等原因短暂停车时，可让变速杆保持在 D 位，只用行车制动器保持停车，起步时只需放松制动踏板，汽车就可以重新起步。若停车时间稍长，则也可使变速杆保持在 D 位，但应同时使用行车制动器和驻车制动器，以免不小心松开制动踏板时汽车前冲而发生意外。在停车时间稍长时，最好将变速杆放至 N 位或 P 位，以节约燃油并避免自动变速器油温升高。如果是放在 N 位，那么应拉紧驻车制动器或使用行车制动器，以防止溜车。

2）驻车停留。应先使用行车制动器将汽车停稳，再将变速杆移到 P 位，然后拉紧驻车制动器，关闭点火开关，使发动机熄火。

第五节 自动变速器的型号识别方法

一种变速器可能被用在多个公司不同款式的汽车上，而同一种车型根据其使用的地区和用途不同，也可能装备不同型号的变速器。如果对自动变速器的型号不了解，在使用、维修中就会对资料查找、故障分析、零配件采购等造成障碍。目前有很多维修人员对自动变速器的型号不熟悉、不重视，以至于在维修中出现了很多问题。下面分别介绍世界各国自动变速器制造企业，为我国乘用车配套生产自动变速器的企业及配套车型，自动变速器型号的含义，常见自动变速器的主要识别方法。

一、自动变速器型号含义

自动变速器的型号主要代表了如下内容：

1）变速器的性质。主要指是自动变速器还是手动变速器。一般用字母"A"表示自动变速器，用字母"M"表示手动变速器。

2）自动变速器的生产公司。例如，德国 ZF 公司生产的自动变速器，其型号前面大多为"ZF"字样。

3）驱动方式。主要标明是前驱动还是后驱动。一般用字母"F"表示前驱动，字母"R"表示后驱动；但也有特别情况，如丰田公司则用数字表示驱动方式（前驱：1、2、5，后驱：3、4），一部分四轮驱动车辆在型号后面附字母"H"或"F"表示。

4）前进档变速档位数。主要是表示自动变速器前进档的变速比的个数，用数字表示。

5）控制类型。主要说明变速器是电控、液控、还是电液控制，电控一般用字母"E"表示，液控一般用"L"表示，电液控制用"EH"表示。

6）改进序号。表示自动变速器是否在原变速器的基础上做过改进。

7）额定驱动转矩。在通用与宝马等公司自动变速器型号中有此参数。

下面对几个公司的自动变速器型号作具体说明。

①日本爱信 AW 公司生产的自动变速器。

日本爱信 AW 公司为通用、欧宝、大宇等汽车厂家配套，编号含义见图 1-12。

②日本丰田公司生产的自动变速器。

日本丰田自动变速器的型号可分为两大类：一类型号为两位阿拉伯数字和字母组成，另一类型号为 3 位阿拉伯数字和字母组成。其识别方法见图 1-13。

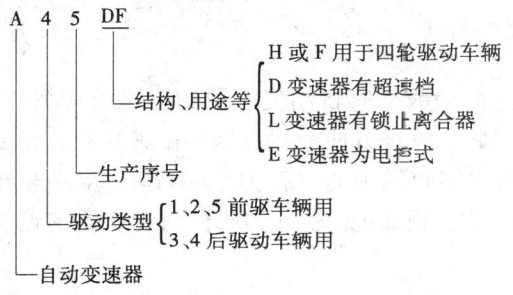
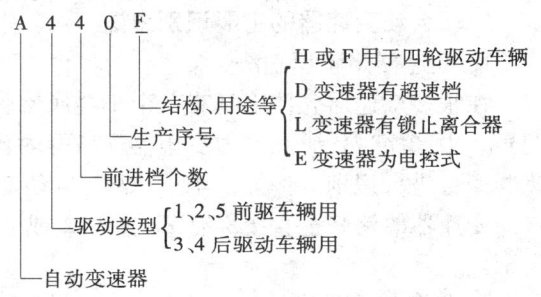

图 1-12 日本爱信 AW 公司自动变速器编号含义

图 1-13 丰田 2 字母和 3 字母自动变速器编号含义

丰田自动变速器编号中，有些后面均省略了"E"，均为电控自动变速器，带锁止离合器，如 A340H、A340F、A540H。有些后面均省略了"L"，但均带有锁止离合器，如 A241H、A440F、45DF。

若改进后的自动变速器，只增加了锁止离合器或增加了驱动轮的个数，其余未作改动，则只在原型号后加注"L"或"F"、"H"，原型号不变。

③采埃孚（ZF）公司生产的自动变速器。

凯越（1.8L）和雪佛兰景程（2.0L）配备的 4HP-16；宝马配备的 ZF4HP-22EH 等编号含义见图 1-14。

④戴姆勒克莱斯勒生产的自动变速器。

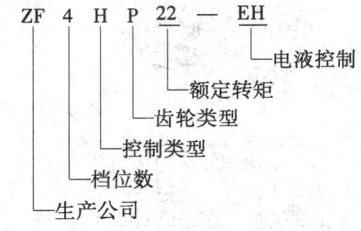

图 1-14 采埃孚（ZF）自动变速器编号含义

1992 年，克莱斯勒公司开始执行一套新的自动变速器识别型号；这套系统是由 4 个字母组成的识别系统，每个字母代表变速器的一个特性。第一个字母代表变速器前进档档数。第二个字母代表输入转矩容量。从 0～2（从轻负荷至重负荷）是乘用车用的，从 0～7 是货车用的。第三个字母表示车辆是前轮驱动还是后轮驱动，以及发动机在驱动系中的位置，具体的："R"代表后轮驱动车辆，"T"代表发动机横置的前轮驱动车辆，"L"代表发动机纵置的前轮驱动车辆，"A"表示四轮驱动车辆。第四个字母代表变速器的控制类型。"E"表示电控，"H"表示液压控制。在这以后的几年，克莱斯勒公司的变速器既可以根据旧型号识别，也可以根据新的型号识别。

⑤通用公司生产的自动变速器。

通用公司自动变速器的型号主要有 4T60E、4L60E 等，从型号上我们便可以知道此变速器的一些特点。第一位阿拉伯数字表示前进档传动比的个数。如上面的 4 表示四速，即有 4 个前进传动比。第二位字母表示驱动方式。上面的"T"表示变速器为横置（Transverse），"L"表示变速器为纵置。第三、四位数字表示变速器的额定驱动转矩。第五位字母表示控制类型。"E"表示变速器为电子控制。

⑥日本三菱公司生产的自动变速器。

日本三菱公司生产的自动变速器型号主要有 F4A33、W4A32 和 W4A33 等，其编号含义见图 1-15。

速比类型有：21——轻型速比；22——标准速比；23——重型速比；32——新设计标准速比；33——新设计重型速比；41——轻型低功率应用；42——重型高功率应用。

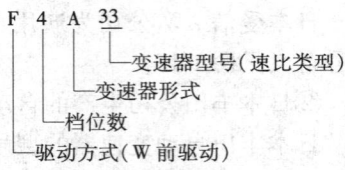

图 1-15 三菱公司自动变速器编号含义

二、自动变速器的主要识别方法

1. 变速器铭牌识别法

在很多变速器壳体上都有一个小金属铭牌，上面一般标有自动变速器的生产公司名称、型号、生产序号代码和液力变矩器规格等内容，因此，可很方便地通过这一铭牌来对自动变速器型号进行识别。例如，丰田 A341 自动变速器在铭牌栏中的字符为 03-41LE，宝马轿车自动变速器的铭牌上直接标有 ZF4HP-22 或 ZF5HP-18。图 1-16 为 4L30E 自动变速器的铭牌识别。

2. 汽车铭牌识别法

一部分汽车在发动机室内、驾驶室内、门柱等位置有汽车铭牌，这些铭牌上一般有生产厂商名称、汽车型号、车身型号、底盘型号、发动机型号、变速器型号、出厂编号等内容。通过汽车铭牌上的内容可对自动变速器的型号进行识别，见图 1-17。

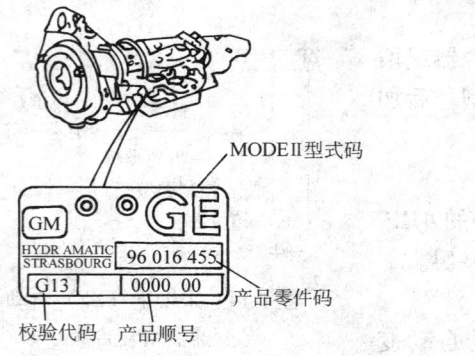

图 1-16 通过变速器铭牌识别自动变速器

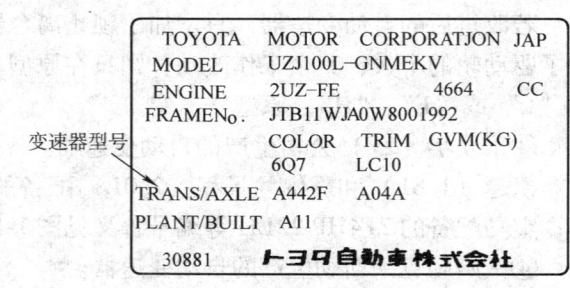

图 1-17 通过汽车铭牌识别自动变速器

3. 壳体标号识别法

一部分变速器的壳体和油底壳等部位，在生产时将其型号留在上面，因此我们便可以很直观地识别出自动变速器的型号。例如，福特公司的 AXOD 自动变速器，在其端部的阀体油底壳上冲压有很大的"AXOD"字符。

4. 奔驰自动变速器型号识别法

奔驰汽车的自动变速器为其下属公司生产，其型号以数字代码的形式表示。其号码刻在变速器壳体侧部、油底壳接合面上面一点的部位。在这个部位有一长串字符号，其中"722

×××"的6位字符即为自动变速器的型号。

5. 零部件特征识别法

自动变速器的型号就像人的名字,在交流中用来代表该物。人们常用一些外号来代指某人,因此在汽车工程中也常用一些有特征的部件来代指某一装置。为了区分与识别一些自动变速器的型号,常用其具有特殊形状及特征的集滤器、油底壳、油底壳密封垫、电磁阀个数及导线端子数等进行区分与识别,见图1-18。

6. 变速器结构特征识别法

除了可以用上述的零部件特征对自动变速器进行识别区分外,还可以根据自动变速器的一些独特的结构特征来对自动变速器进行识别区分。比如油底壳在上方的日产千里马 FE4F04A 自动变速器,有一大一小两个油底壳的宝马或欧宝4L30E 自动变速器,有加长壳体的奔驰 S320 轿车的 722.502 五速自动变速器,外部有电磁阀阀体的克莱斯勒 4LTE(A604)自动变速器,油底壳在前侧的马自达 626 轿车 GF4A-EL 自动变速器等。

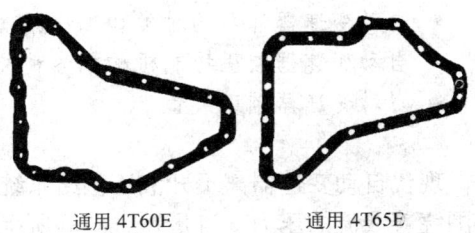

通用 4T60E   通用 4T65E

图1-18 通过自动变速器零件形状识别

复习思考题

一、填空

1. 自动变速器主要由(　　)、(　　)、(　　)等组成。
2. 传统的液力自动变速器根据汽车的(　　)和(　　)的变化,自动变换档位。
3. 自动变速器按照汽车驱动方式的不同,可分为(　　)和(　　)两种。
4. 自动变速器按照液力变矩器的形式可分为(　　)和(　　)两种。
5. 目前世界各国的自动变速器制造企业主要有(　　)、(　　)、(　　)、(　　)、(　　)、(　　)等。

二、简答

1. 自动变速器由哪些部分组成?
2. 自动变速器的组成部分各起什么作用?
3. 电控自动变速器是怎样工作的?
4. 常用的自动变速器分类方法有哪些?
5. 自动变速器有哪些优缺点?

第二章 液压供给系统部件的工作原理

本章要点：
- 自动变速器油泵的种类和工作原理
- 自动变速器液压控制机构中各种控制阀的工作原理
- 自动变速器辅助装置

现代自动变速器离不开液压供给系统，而一个液压供给系统，不论其复杂程度如何，总是围绕着液流的压力、流量及方向等所组成的基本回路，而回路又由各种液压元件组成。自动变速器液压供给系统主要由产生液压的液压油泵，对液流的压力、流量和流动方向进行控制的各种控制阀，以及对油液进行储存、冷却、滤清的辅助装置等组成。

第一节 油 泵

油泵是自动变速器中最重要的总成之一。自动变速器就是靠油泵推动自动变速器油循环，并且提供施力装置需要的油压力。由此可见，油泵是自动变速器所有油流的动力源，是将发动机的机械能转换成液体压力能的动力元件。

在自动变速器的液压供给系统中，常用的油泵有内啮合齿轮油泵、转子式油泵和叶片式油泵。由于自动变速器的液压供给系统属于低压系统，其工作油压通常不超过2MPa，所以应用最广泛的是齿轮泵。

一、内啮合式齿轮油泵

内啮合式齿轮油泵也称月牙形齿轮泵，主要由外齿齿轮（主动齿轮）、内齿齿轮（从动齿轮）、月牙形隔板、泵壳、泵盖等部件组成（图2-1）。

油泵的齿轮紧密地装在泵体的内腔里，月牙形隔板将外齿齿轮与内齿齿轮隔开，内齿和外齿轮紧靠着月牙形隔板，但不接触，有微小间隙。月牙形隔板将内、外齿轮之间空出来的容积分隔成两部分。

油泵的内齿齿轮转动时，内齿齿轮与外齿齿轮的轮齿在隔板一侧不断地脱离啮合，在另一侧轮齿则进入啮合。在齿轮脱离啮合一侧，轮齿之间的容积增大，从而在月牙形入口侧产生真空，油液被大气压力推入月牙形入口侧直到充满整个容积。

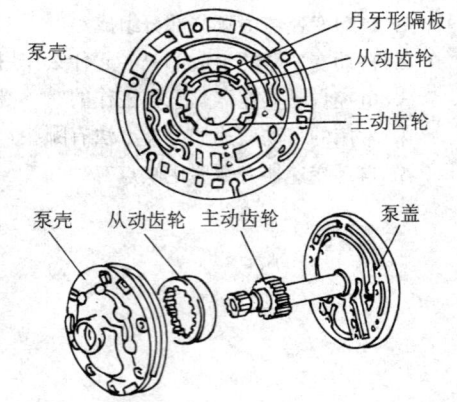

图2-1 内啮合式齿轮油泵结构示意图

随着齿轮的转动，在齿槽和月牙形隔离板之间将充满了油液，并且油液将沿着泵壳向出口运送。轮齿接近出口时开始进入啮合，轮齿之间的间隙逐渐变小，不断变小的间隙挤压油液，直到轮齿完全啮合。因此油液通过出口进入液压回路。

内啮合式齿轮油泵属于容积型泵，齿轮每转动一圈，输出的油量相同。其输出油量取决于外齿轮的齿数、模数及齿宽。油泵的实际泵油量会略小于理论泵油量，因为油泵的各密封间隙处有一定的泄漏。

内啮合式齿轮油泵是自动变速器中应用最广泛的一种油泵，它具有结构紧凑、尺寸小、重量轻、自吸能力强、流量波动小、噪声低等特点。

二、转子式油泵

转子式油泵是齿轮式油泵的变型，主要由内转子、外转子、泵壳、泵盖等组成，如图2-2所示。

内转子与外转子相啮合，内转子齿廓曲线为外摆线，外转子齿廓曲线为圆弧曲线。内外转子的旋转中心不同，两者之间有偏心距e。一般内转子的齿数为4个、6个、8个、10个，而外转子比内转子多一个齿。内转子的齿数越多，出口油压的脉动就越小。

油泵工作时，内外转子朝相同方向旋转，内转子为主动齿，外转子为从动齿。内外转子的齿廓是一对共轭曲线，它可以保证油泵在旋转时，不论内外转子转到什么位置，各齿均处于啮合状态，即内转子每个齿的齿廓

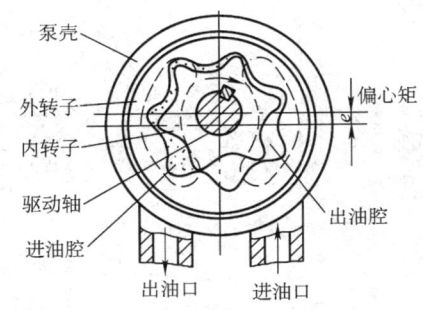

图2-2 转子式油泵结构示意图

曲线点和外转子的齿廓曲线相接触，从而在内、外转子之间形成与内转子齿数相同的工作腔。当工作腔从进油孔侧转过时，容积增大，产生真空，油液便在大气压力的作用下经进油孔吸入。当内转子齿滑入外转子齿凹面时，转子齿间凹面处的油液被挤向出口，油液被挤出。

转子式油泵的输出油量取决于内转子的齿数、齿形、齿宽及内外转子的偏心距。齿数越多，齿形、齿宽及偏心距越大，输出油量越多。

转子式油泵具有结构简单、尺寸紧凑、噪声小、运转平稳、高速性能好的优点；其缺点是输出脉动大，加工精度要求高。

三、叶片式油泵

叶片式油泵由定子、转子、叶片、配油盘、壳体、泵盖等组成，如图2-3所示。

定子内表面为圆柱形，转子上有均匀分布的径向狭槽，矩形叶片安装在槽内，并可在槽内滑动。转子与定子偏心距为e。在定子和转子的两端装有配油盘，盘上开有吸油腔和排油腔，分别与进出油口相通。

转子转动时，叶片被离心力向外甩出紧贴在滑座的内壁上。当这些叶片沿着滑座的轮廓滑动时，在叶片与滑座内壁之间形成月牙形的工作腔，容积不断地增大和减小。在工作腔容积逐渐增大的一侧，形成真空，油液经配油盘进油口吸入油泵。在工作腔容积开始逐渐减小的一侧，油液经配油盘出油口压出。

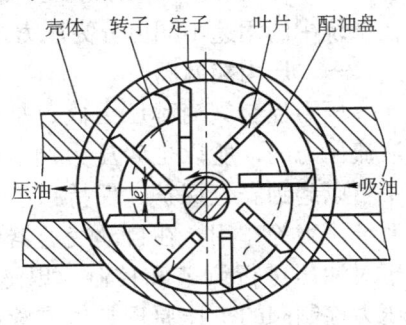

图2-3 叶片泵结构示意图

叶片泵的排量取决于转子直径、转子宽度及转子与定子之间的偏心距。转子直径、宽度

越大，转子与定子偏心距越大，叶片泵的排量越大。

叶片泵具有运转平稳、噪声小、泵油量均匀、容积效率高等优点，但它结构复杂，对油的污染比较敏感。图2-4为典型叶片式油泵。

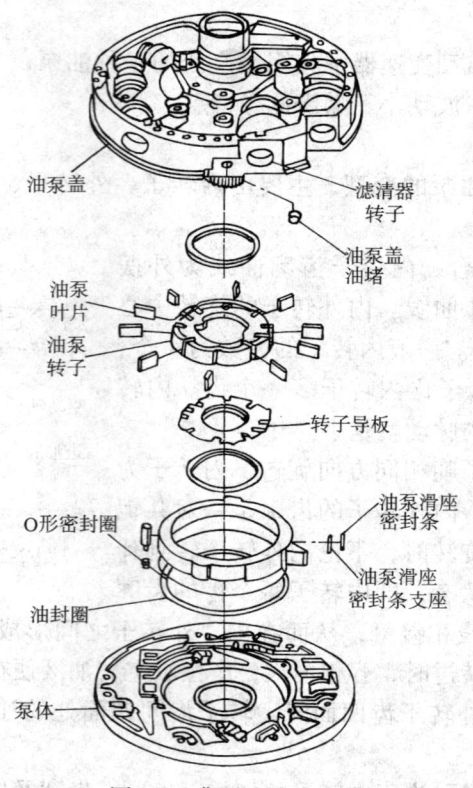

图 2-4 典型叶片式油泵

第二节 控 制 阀

在液压供给系统中能够控制系统液流的压力、流量和流动方向的装置称为液压控制阀。它是用来控制和调节液压系统中油液的压力、流量和流动方向的控制元件。根据液压控制阀在系统中的用途不同可分为压力控制阀、方向控制阀、流量控制阀和比例控制阀四大类。

一、压力控制阀

压力控制阀简称压力阀，是用来控制油路中液流压力的，所以也叫压力调节阀。在液压系统中可以起到安全保护、保持系统压力一定及调节系统压力等作用。在自动变速器中压力控制阀用于对油压进行调节和控制，以适应工作的需求。压力控制阀的工作原理是依靠液体压力和弹簧力平衡的原理来实现压力控制的，常分为球阀、活塞阀和滑阀三种。

1. 球阀

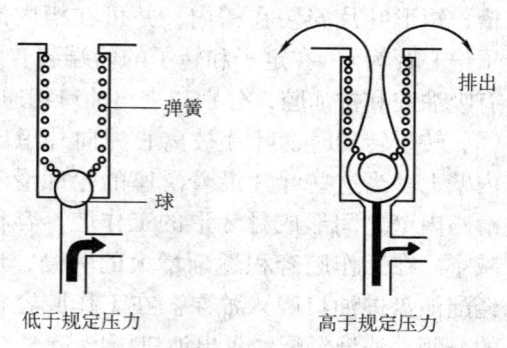

图 2-5 球阀的结构与工作图

图2-5为球阀式压力控制阀工作的示意图，当管路液压超出系统规定压力时，球阀在液流压力的作用下克服弹簧弹力上升，从管路中排出油液以降低压力，保证系统压力不超过规定值，起到安全保护和稳定系统压力的作用，即球阀式压力控制阀常常用作限压阀。

在自动变速器的液压系统中机油泵是与发动机同步旋转的，在发动机转速很高的时候，机油泵的出口油压也会很高，如果没有起限压作用的球阀工作，油道内的油压将超过极限值。这样不仅增加对发动机功率的消耗，油压过高还容易引起油液的渗漏。

2. 活塞阀

图2-6为活塞式压力控制阀的工作示意图，该种调节阀工作原理同球阀，只不过把球阀换成了活塞。与球阀状态一样，当液压超出系统规定压力时，则活塞下移。当活塞向下移动至规定位置时，泄油口开启，工作液从系统中排出，主油道内的液压得到控制，不会超出规定值。

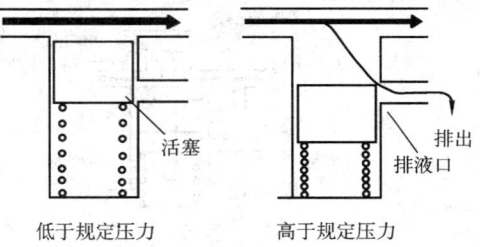

图2-6 活塞阀的结构与工作原理

对于上面两种调节阀，可以通过改变球阀或活塞弹簧的张力来调节系统的工作油压。增加弹簧张力可以使系统油压升高，减小弹簧张力则可以使系统油压降低。

3. 滑阀式压力调节阀

滑阀式压力调节阀的调节原理如图2-7所示，当系统油压力正好与弹簧弹力平衡时，泄油口封闭。系统油压过高时，此时较大的油压力会推动阀芯下移，打开泄油口，使系统油压降低；当油压降低后阀芯会上移，逐渐关闭泄油口。系统油压则保持在规定数值范围内。

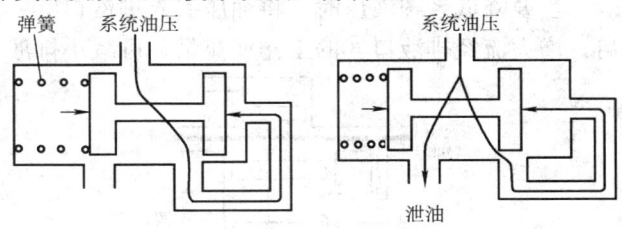

图2-7 滑阀式压力调节阀

常见的滑阀式压力调节阀结构如图2-8所示，当油压低于规定值时，作用在端面A上的力F_1小于作用在端面B上的力F_2，使泄油口关闭，此时油压不变。当油压超出规定值时，液压将滑阀推下，开启泄油口，以此来调节油压。

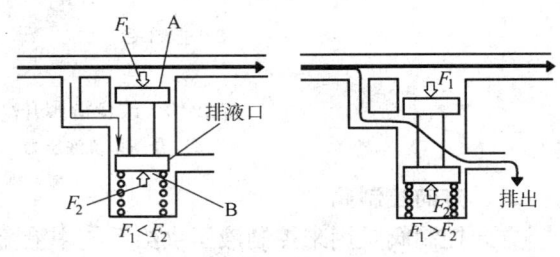

图2-8 滑阀式压力调节阀

对上述滑阀上进行如图2-9所示的改进，在滑阀的各端面施加两个独立油压，根据外压力升高或降低来操纵油压，可获得更好的调节效果。

来自油泵的工作液从进液口①进入，将油压作用在端面A和B上，因为端面B大于A，相当于有等效的液压力F_1作用在端面B上。因为在滑阀底部有向上作用的弹簧力F_2，在液压低于系统规定压力时，液压力F_1小于弹簧弹力F_2，使排液口③保持关闭。因此，工作液通过排液口②流出而压力不变。

当被调节的油压超出系统规定压力时，油压力F_1>弹簧弹力F_2，将滑阀推下并开启排液口③，部分工作液从排液口③排出，从排液口②排出的油压力比从进液口①流入的油压力低。

滑阀的两端还可以通过进液口④和进液口⑤引入两个互相独立的液压，根据外压力暂时升高或降低系统液压可以改变排液口②的液压。

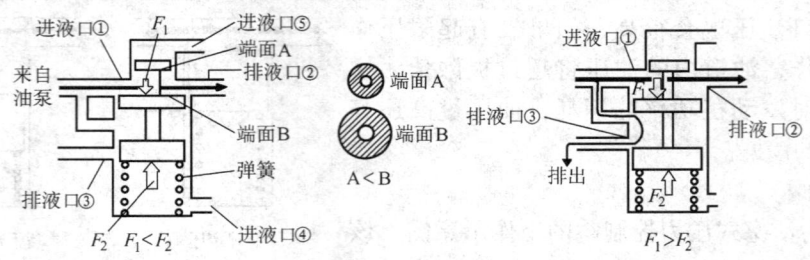

图 2-9 改进滑阀式调节阀

当要升高系统液压时，将油压引入进液口④增加油压力 F_3，如图 2-10a，F_3 加上弹簧弹力 F_2，这种合力将滑阀向上推，减少了排液口③的面积和流经排液口③工作液的流量，使得排油口②排出的工作油液压力升高。

当要降低系统液压时，将油压引入进液口⑤，见图 2-10b，将滑阀推下，使排液口③开启，增大流经排液口③的工作液流量，可减小排液口②的出口液压。

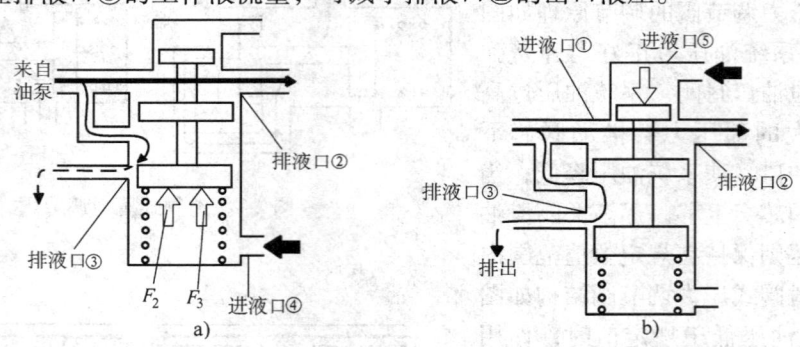

图 2-10 改良滑阀升高、降低液压示意图
a) 升高系统油压力　b) 降低系统油压

二、方向控制阀

方向控制阀是用来控制液压供给系统中液流方向和流经通道的，用来改变执行机构的运动方向和工作顺序。在自动变速器中，方向控制阀将液压油引导到相应的换档执行元件，改变自动变速器传动比。常见的方向控制阀有单向阀和换向阀。

1. 单向阀

单向阀的作用是只允许油液向一个方向流动，不能反向流动。图 2-11a 和图 2-11b 所示为两种不同形式的单向阀。

在自动变速器中单向阀常用于控制换档执行元件的充油速度。如果离合器或制动器的充油速度过快，会形成较大的换档冲击，在油路中增加单向阀（图 2-12）可以有效地降低换档冲击。

在执行升档动作时，工作液从进排液口①流向进排液口②，油压将单向阀压在阀座上，油液只能通过一个节流孔流进离合器或制动器，油压增加比较慢，有效地缓和了换档冲击。而在降档时，油液流动的方向相反，使离合器或制动器中的油液快速排出，以便顺利进入其他档位。

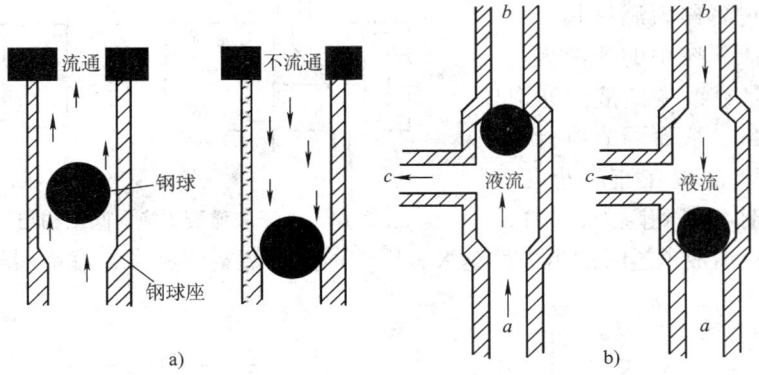

图 2-11 单向阀工作原理

2. 换向阀

在液压系统中如果需要同时控制数个油道的接通或封闭来改变液流时，就要采用换向阀，在自动变速器中也称作换档控制阀（简称换档阀）。换向阀的作用是利用阀芯和阀体间的相对运动来变换油液流动的方向以及接通或关闭油路，换向阀有转阀式和滑阀式。自动变速器中常用滑阀式换向阀，也叫线轮式滑阀。

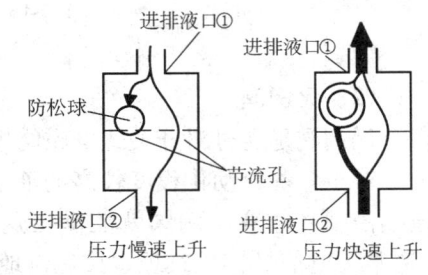

图 2-12 单向阀的应用

（1）手控式换向阀 手控式换向阀如图 2-13 所示。此种换向阀通过人工方法直接操作阀芯的移动来实现油路的转换。自动变速器中变速杆的操作就属于手控式。借助连杆或缆绳用手控方式水平移动滑阀，实现油路转换，进而实现档位的设定。

（2）液压和弹簧式换向阀 液压和弹簧式换向阀的结构如图 2-14 所示。此种换向阀是利用液压和弹簧弹力的相互作用导致阀芯的移动来完成油路转换的，常用作自动操作的机构。滑阀的一端只被弹簧推动或同时受弹簧和油压作用，而另一端则受到油压作用。在需要对工作液实现管路转换时，可通过升高或减小油压使阀芯作水平移动来实现，自动变速器的换档阀和锁止换向阀均属于此类。

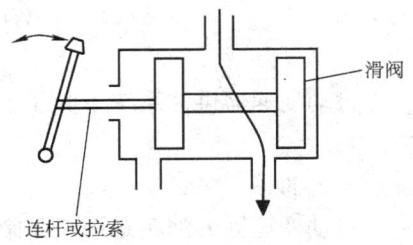

图 2-13 手控式换向阀

通过改进后的液压和弹簧式换向阀结构如图 2-15 所示。油压力 F_1 从进油口①将滑阀推至右端，使工作油液流向油路 A。从进油口②施加相同的油压，使滑阀两端所受的油压力相等，此时滑阀在弹簧力 F_2 的作用下被推至左端，工作油液流向从 A 转换至油路 B。

（3）电磁换向阀 用电磁铁操纵阀芯移动换向的换向阀叫电磁换向阀，这种电磁阀也叫开关式电磁阀。电磁换向阀操纵方便，布置灵活，易于实现动作转换的自动化，应用广泛。当需要阀芯移动时，可接通电磁铁的线圈，通电的线圈产生磁力，该磁力可吸拉阀芯，实现阀芯的移动。当切断线圈的电源时，磁力消失，阀芯在复位弹簧的作用下恢复原位。

三、流量控制阀

流量控制阀简称为流量阀，它是用来控制液压系统中的油液流量的阀。流量阀是靠改变油液的通道面积来调节流量，从而调节执行机构的运动速度。油液在流经小孔、狭缝或毛细管时会遇到阻力，阀口通道面积越小，油液通过时的阻力就越大，因而通过的流量就越少，流量阀就是利用这个原理做成的。

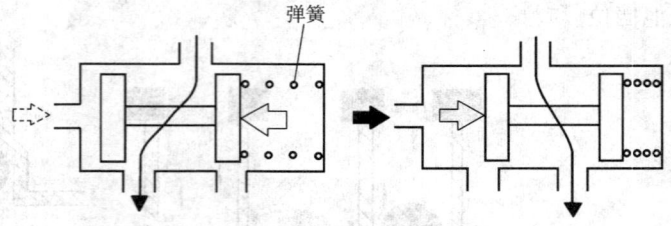

图 2-14　液压和弹簧式换向阀结构与工作原理

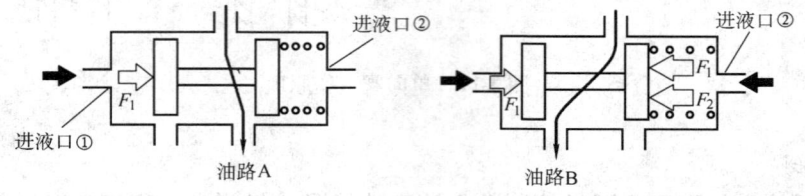

图 2-15　改进后的液压和弹簧式换向阀

四、比例阀

比例阀是通过对开关式电磁阀进行改造后得到的。

对于一些自动化程度较高的液压设备，往往要求对系统的参数（如压力、流量）进行连续控制，电液比例阀就能满足这种要求。电液比例阀简称比例阀，是一种按输入信号（通常为电信号）连续地、按比例地控制液压系统中的流量、压力和方向。

第三节　辅 助 装 置

自动变速器供油系统中除了油泵及各种流量控制阀外，还包括油箱、滤清器等辅助装置。

一、油箱

自动变速器的油箱是用来存储自动变速器油的，常见的形式有总体式和分离式两类。前者与自动变速器连成一体，直接把变速器的油底壳作为油箱使用；后者则分开独立布置，由管道与变速器连通。分离式油箱在布置上比较自由，允许有足够的容量而不增加变速器的高度。通常油箱都有可靠的密封，以防油液泄漏和杂质进入，有时还可采用充压密封式油箱，以改善油泵的吸油效果。对于某些工程车辆和重型车辆的综合传动箱，还可根据箱体结构分隔成两个或多个互通的油池，以保证可行的油液循环。

在一定条件下，油箱高度取决于油箱尺寸的大小。在正常油箱温度条件下工作时，油箱液面应保持正确的高度。油面过低，则油泵在吸油时可能吸入空气。空气的可压缩性会导致控制系统难以正常工作，并且使换档过程中出现打滑和接合延迟现象，使得变速器机件发热和加速磨损。反之，若油面过高，则会因为齿轮等零件搅拌而形成泡沫层，同样也会产生过热和打滑，加速油液的氧化。正确的液面高度应根据冷态和热态时不同的标尺刻度进行检查。泵的吸油口应低于最低油面高度，以防吸入空气。

此外，一般油箱还应有个通气孔，以保证油箱内能保持正常的大气压。

二、滤清器

自动变速器由于液压系统零件的高精密度及工作性能的灵敏度，对油液的清洁程度要求极高。经过长期使用后，由于油液变质、零件磨损、摩擦衬面剥落、密封件磨损脱落，空气中的尘埃以及其他污染物都可能使油液污染，而导致各种故障的发生，如滑阀卡滞、节流孔堵塞等，因此，应采用多种措施对油液进行严格过滤。

在自动变速器供油系统中，通常设有三种形式的滤油装置。

1. 粗滤器

粗滤器通常装在油泵的吸油口端，用以防止大颗粒或纤维杂物进入供油系统。为了避免出现吸油气穴现象，一般采用 $80\sim110\mu m$ 的金属丝网或毛织物作为滤清材料，以保证不产生过大的降压。

2. 精滤器

精滤器通常设置在回油管道或油泵的输出管道上，它的作用是滤去油液中的各种微小颗粒，提高油液的清洁度，避免颗粒杂物进入控制系统。因此，要求精滤器有较高的过滤精度。例如有的重型自动变速器的精滤器的过滤精度为 $40\mu m$，可保证大于 0.04mm 的颗粒杂物不得进入控制系统。这样，油液必须在压力状态下通过精滤器，并产生一定的压降。在某些复杂的重型车辆和工程车辆中，常设计有专用的旁路式精滤器，用一个专用的油泵来驱使油液通过精滤器。

3. 阀前专用滤清器

有些自动变速器的控制系统常在一些关键而精密的控制阀前（例如双向节流的参数调压阀前的油路中）串接设置专用的阀前滤清器，以防止杂质进入节流孔隙造成调压阀失灵而影响整个控制系统的工作。这种阀前滤清器应尽量设置在接近被保护的控制阀处，并且只为该阀所专用。通常，由于它要求通过的流量不大，这种滤清器的尺寸都做得很小，过滤材料用多层的金属丝或微孔滤纸。

三、冷却系统

液力变矩器工作时，有部分能量转化成热量，使变速器油温度升高。为提高变矩器效率，保证变速器正常工作，应把变速器油温度控制在一定范围内，这部分工作是由冷却系统完成的。变矩器的部分油液从涡轮与导轮间的间隙流出，经过管路进入冷却器（图2-16），然后回到油底壳或进入润滑油道。

自动变速器油冷却器有管状和盘状两种类型。管状冷却器大多安装在发动机散热器出水腔内（图2-17），采用水冷却方式。变速器油进入冷却器中心的油道，其热量被外围的冷却液吸收。由于贴近管壁的油液冷却速度较快，因而流速降低，"粘"在管壁上。管道中心的油液温度降低较慢，快速流出冷却器，所以冷却效果不理想。

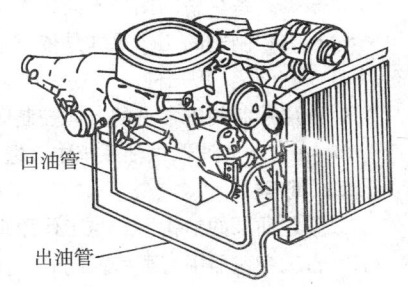

图2-16 冷却系统

许多冷却器在中心管道内设置了导流片。油液在流经导流片时产生涡流，从而得到充分混合，使冷却效果大大提高。

除此之外，在冷却回路中串联一个辅助冷却器也能改善冷却效果。如图2-18所示，辅助冷却器多采用空气冷却方式，通常安装在通风良好的位置，如发动机散热器前方。油液在冷却过程中依次经过辅助冷却器和主冷却器。当油液温度较高时，辅助冷却器可进行预冷，确保冷却效果；若油液温度较低，主冷却器通过控制最终冷却温度防止油液过冷，保证变速器可靠工作。

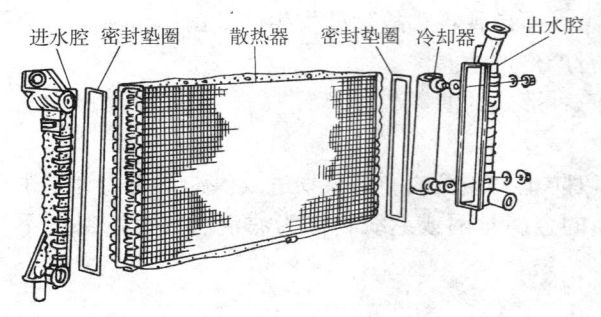
图 2-17 冷却器

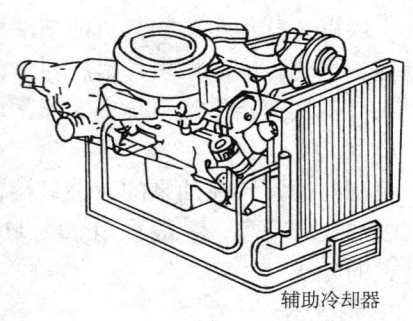
图 2-18 带有辅助冷却器的冷却系统

变速器油液中常带有各种杂质，容易堵塞冷却器。目前，许多生产商提供安装于冷却回路中的滤清器，可在油液进入冷却器之前将杂质滤出。

复习思考题

一、填空

1. 现代自动变速器的液压供给系统，不论其复杂程度如何，总是围绕着液流的（　　）、（　　）及（　　）等所组成的基本回路。
2. 自动变速器的液压供给系统属于低压系统，其工作油压通常不超过（　　）MPa，所以应用最广泛的是（　　）。
3. 自动变速器中常见的液压油泵有（　　）、（　　）、（　　）。
4. 内啮合式齿轮油泵也称月牙形齿轮泵，主要由（　　）、（　　）、（　　）、（　　）、泵盖等部件组成。
5. 转子式油泵是齿轮式油泵的变形，主要由（　　）、（　　）、（　　）、泵盖等组成。
6. 叶片式油泵由（　　）、（　　）、（　　）、（　　）、（　　）、泵盖等组成。
7. 根据在系统中的用途不同，液压控制阀可分为（　　）、（　　）、（　　）和（　　）四大类。
8. 压力控制阀的工作原理是依靠液体压力和弹簧力平衡的原理来实现压力控制的，常分为（　　）、（　　）和（　　）三种。
9. 液压控制阀中常见的方向控制阀有（　　）和（　　）。
10. 在自动变速器供油系统中，通常设有三种形式的滤油装置，它们是（　　）、（　　）、（　　）。

二、简答

1. 叙述油泵的结构形式与工作原理。
2. 自动变速器中有哪些控制阀？在油路中各起何作用？
3. 试述改进滑阀式调节阀的工作原理。
4. 试述冷却系统组成和工作原理。

第三章　液力偶合器和液力变矩器

本章要点：
- 液力偶合器的结构和工作原理
- 液力变矩器的结构和工作原理
- 液力变矩器的增矩原理
- 锁止离合器的工作原理及控制油路

汽车上采用的液力传动装置通常有液力偶合器和液力变矩器两种，二者均是利用液体在循环流动过程中动能的变化来传递动力的。在早期的自动变速器中，多数采用液力偶合器，如20世纪60年代初期英国的罗尔斯轿车、美国的奥兹莫比尔轿车上都装用过液力偶合器。由于液力偶合器只能传递转矩，不能改变转矩，所以现代轿车基本上不采用液力偶合器，而是采用液力变矩器。

第一节　液力偶合器

一、液力偶合器的结构

液力偶合器安装在汽车发动机和机械变速装置之间，在不考虑机械损失的情况下，输出力矩与输入力矩相等，因此又称为液力联轴器。它的主要功能有两个方面，一是防止发动机过载，二是调节工作机构的转速。液力偶合器主要由泵轮、涡轮、外壳三部分组成，如图3-1所示。

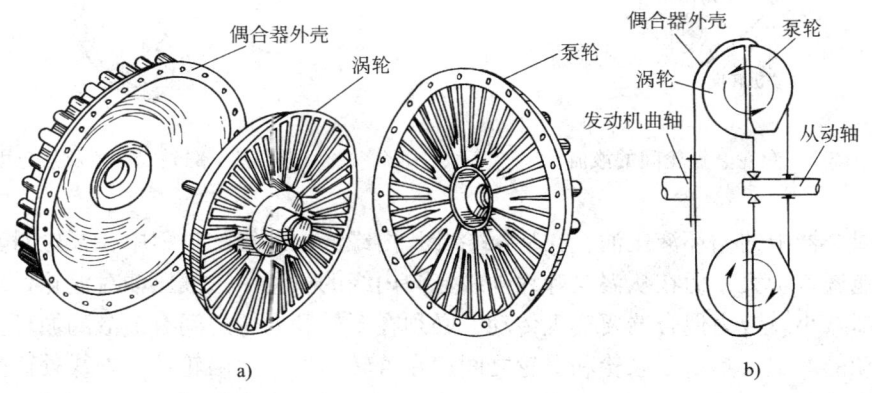

图3-1　液力偶合器结构示意图
a）零件分解图　b）侧向示意图

液力偶合器外壳固定安装在发动机曲轴的凸缘上，泵轮与外壳制成一体与发动机一起旋转，是液力偶合器的主动元件。涡轮与从动轴用花键联接，是液力偶合器的从动元件。泵轮中沿半径放射状径向排列着许多平直叶片，涡轮中沿半径放射状径向排列着许多弧形叶片。泵轮和涡轮相对安装，中间留有约 3~4mm 间隙。

二、液力偶合器的工作原理

发动机运转时，曲轴带动液力偶合器的壳体和泵轮一同转动，泵轮叶片内的液压油在泵轮的带动下随之一同旋转；在离心力的作用下，液压油从泵轮中靠近旋转轴线的内缘，沿泵轮叶片向远离旋转轴线的外缘流动，并在叶片外缘处冲向涡轮叶片，使涡轮在液压冲击力的作用下旋转；冲向涡轮叶片的液压油沿涡轮叶片向内缘流动，并返回泵轮内缘；返回到泵轮内缘的液压油，又被泵轮再次甩向外缘，如此循环。液压油从泵轮流向涡轮，又从涡轮返回到泵轮而在两者表面形成循环的液流，称为涡流。

除了涡流外，油液在液力偶合器中，还发生沿另一条路径的流动，即环流。所谓环流，是油液在泵轮转动时，被其带动沿围绕发动机曲轴和变速器输入轴轴线的环形路径的流动，如图3-2所示。

在液力偶合器中，当泵轮和涡轮之间有较大的转速差时，将产生阻碍油液循环流动的紊流。为有效地引导泵轮与涡轮之间油液的流动，减少因无规则的紊流而产生的传动过程能量损失，通常在液力偶合器中，加入一如图3-3所示的剖分式导环。由图可见，导环的一半与泵轮叶片相连，而另一半则与涡轮的叶片相连。

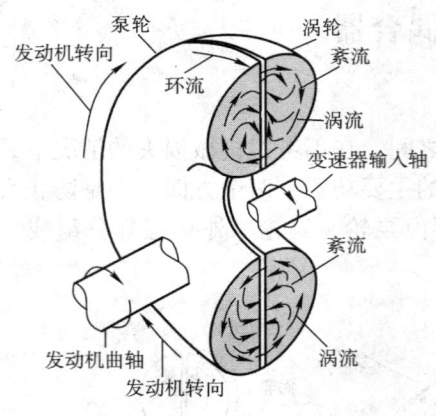
图3-2 泵轮、涡轮间的液流

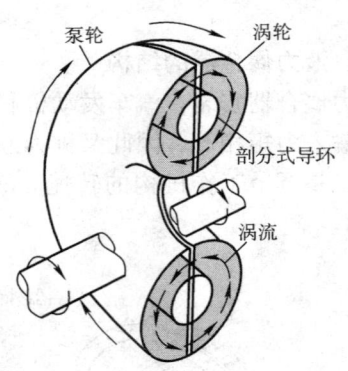
图3-3 剖分式导环及其作用

液力偶合器中的循环液压油，在从泵轮叶片内缘流向外缘的过程中，泵轮对其作功，其速度和动能逐渐增大；而在从涡轮叶片外缘流向内缘的过程中，液压油对涡轮作功，其速度和动能逐渐减小。液力偶合器要实现传动，必须在泵轮和涡轮之间有油液的循环流动。而油液循环流动的产生，是由于泵轮和涡轮之间存在着转速差，使两轮叶片外缘处产生压力差所致。如果泵轮和涡轮的转速相等，则液力偶合器不起传动作用。因此，液力偶合器工作时，发动机的动能通过泵轮传给液压油，液压油在循环流动的过程中又将动能传给涡轮输出。由于在液力偶合器内只有泵轮和涡轮两个工作轮，液压油在循环流动的过程中，除了受泵轮和涡轮之间的作用力之外，没有受到其他任何附加的外力。根据作用力与反作用力相等的原理，液压油作用在涡轮上的转矩应等于泵轮作用在液压油上的转矩，即发动机传给泵轮的转矩与涡轮上输出的转矩相等，而不改变转矩的大小，这就是液力偶合器的传动特点。

三、液力偶合器的传动效率

设泵轮转速为 n_B，涡轮转速为 n_W，$\dfrac{n_W}{n_B}$ 为液力偶合器的转速比 i，则偶合器的传动效率为

$$\eta = \frac{P_W}{P_B} = \frac{M_W n_W}{M_B n_B}$$

式中　η——传动效率；
　　　P_B——泵轮输入功率；
　　　P_W——涡轮输出功率；
　　　M_B——泵轮输入转矩；
　　　M_W——涡轮输出转矩。

因作用在偶合器上的泵轮和涡轮的转矩相同，即 $M_B = M_W$，则

$$\eta = \frac{n_W}{n_B} = i$$

也就是说，液力偶合器的传动效率等于其转速比。涡轮与泵轮的转速差越大，转速比越小，传动效率就越低。反之，转速比越大，传动效率越高。起动发动机并挂上档，汽车尚未起步时，发动机处于怠速运转，泵轮不足以驱动涡轮，涡轮转速为0，此时偶合器的效率为0。汽车起步时，随发动机转速升高，从泵轮甩出的工作液冲击力增加，涡轮开始转动，此时涡轮转速低，车速低，传动效率也低。随着汽车加速，涡轮转速逐渐提高，涡轮对泵轮的转速比增大，偶合器的传动效率也随之增高。当涡轮的转速接近泵轮转速时，工作液的环流强度增加速度减慢，涡轮转速升高速度也随之变慢，最后涡轮转速达到最大值，这时偶合器效率也达到最大值。理论上说，当涡轮转速等于泵轮转速时，效率为100%。实际上，如涡轮转速等于泵轮转速，则涡轮与泵轮叶片外缘处的液压力将相等，从而使得偶合器内的循环流动停止，泵轮与涡轮间不再有能量传递，传动效率为0。一般而言，液力偶合器的最高效率可达97%左右。

第二节　液力变矩器

众所周知，汽车上广泛采用的活塞式内燃机，其转矩和转速的变化范围较小，而复杂的使用条件则要求汽车的牵引力和车速能在相当大的范围内变化。为解决这一矛盾，改变、尤其是增大发动机的转矩很重要，此时可将导轮置于泵轮与涡轮之间，从而将液力偶合器改变成为液力变矩器。

一、液力变矩器的结构

液力变矩器是为了改善液力偶合器的性能而在其基础上发展起来的，液力变矩器不但可以传递来自发动机的转矩，而且能将转矩成倍增大后传给变速器。液力变矩器除了采用液力偶合器的泵轮和涡轮以外，在泵轮与涡轮之间增加了导轮，其结构如图3-4所示。

1. 泵轮

泵轮与变矩器壳体连成一体，变矩器壳体用螺栓固定安装在飞轮上，因为飞轮与曲轴相连，所以泵轮总是和曲轴一起转动。泵轮内部沿径向装有许多较平直的叶片，叶片内缘装有让变速器油平滑流过的导环，其结构如图3-5所示。当发动机运转时，泵轮内的工作液依靠离心力的作用从泵轮外缘向外喷出而进入涡轮。随着发动机转速升高，工作液所受离心力增大，从泵轮向外喷射工作液的速度也随之升高。

2. 涡轮

涡轮与变速器输入轴用花键联接。与泵轮一样，涡轮也装有许多叶片（图3-6），叶片呈曲线形状，方向与泵轮叶片的弯曲方向相反。涡轮叶片与泵轮叶片相对放置，中间留有一很小的间隙。

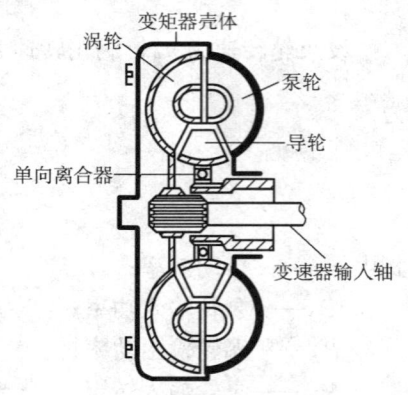

图3-4 液力变矩器结构

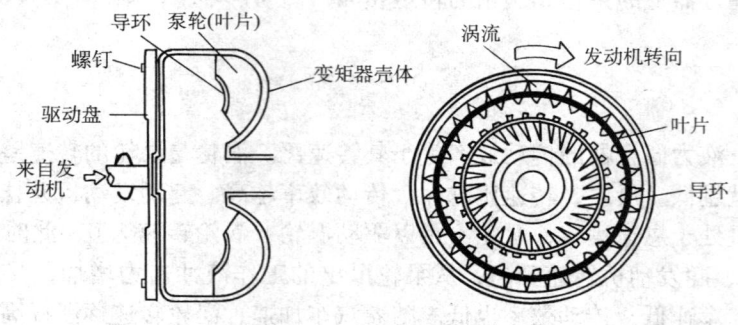

图3-5 泵轮结构示意图

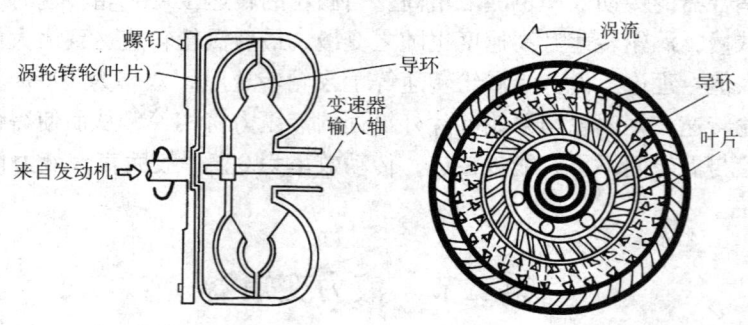

图3-6 涡轮结构示意图

在变速器置于R、D、2、L档位，车辆行驶时，涡轮与变速器输入轴一起转动；车辆停驶，在变速器变速杆置于P、N位时，由于发动机输出功率小，涡轮不转动。

3. 导轮

导轮位于泵轮与涡轮之间，通过单向离合器安装于固定在变速器壳体的导轮轴上。导轮叶片截住离开涡轮的变速器油液，改变其方向，使其冲击泵轮叶片背面，给泵轮一个额外的"助推力"。

4. 单向离合器

单向离合器的外座圈与导轮叶片固定连接在一起，内座圈用花键与变速器壳体上的导轮轴联接，而导轮轴与变速器机油泵盖联接。因为机油泵盖固定在变速器壳体上，所以单向离合器内座圈不能转动，如图 3-7 所示。

常见的单向离合器如图 3-8 所示，在单向离合器内、外座圈之间装有楔块，定位弹簧使楔块总是朝着锁止外座圈的方向略微倾斜。当外座圈按图中 A 方向转动时，由于摩擦力的作用，会推动楔块顺时针方向转动而倾斜，由于 $l_1 < l$，外座圈可以旋转。但是，外座圈按图中 B 方向旋转时，楔块会由于摩擦力的作用而逆时针方向转动，此时因为 $l_2 > l$，其结果是楔块顶住外座圈，使其不能转动。

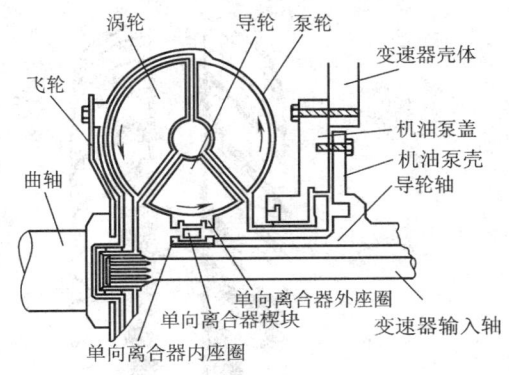

图 3-7 单向离合器的结构

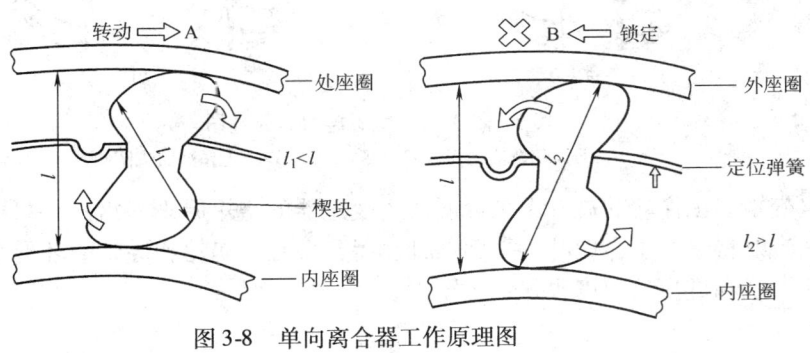

图 3-8 单向离合器工作原理图

二、液力变矩器工作及增矩原理

1. 工作原理

液力变矩器工作原理如图 3-9 所示。

泵轮被发动机带动旋转时，泵轮叶片内的油液在离心力的作用下，从靠近轴线的内缘向外缘流动，在泵轮叶片的外缘处冲向涡轮叶片。油液将动力传给涡轮叶片后，沿涡轮叶片流向涡轮内缘并在内缘处冲向单向离合器叶片。单向离合器叶片使油液改变方向后再流回泵轮内缘，如此循环。

2. 增矩原理

液力变矩器之所以能起到增矩作用，是因为导轮在油液从涡轮流回泵轮时改变了方向。当没有导轮时，液体流出涡轮返回泵轮时，其冲击方向与泵轮的旋转方向相反，起阻碍泵轮转动的作用，如图 3-10a 所示，这就是偶合器为什么没有增矩作用的原因。增设导轮后，液体流出涡轮时，

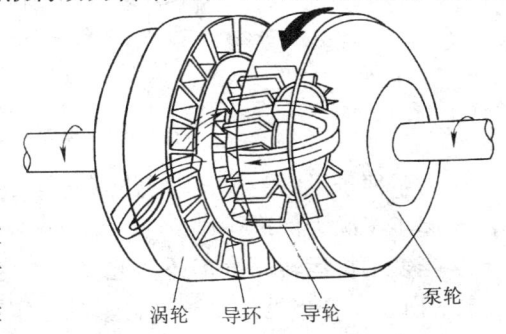

图 3-9 液力变矩器中液体的流动

首先冲击在导轮叶片上,由于单向离合器的作用,导轮不能转动,这时液流改变方向,返回泵轮时液流方向与泵轮旋转方向相同,如图 3-10b 所示,因而起到了增加泵轮转矩的作用。

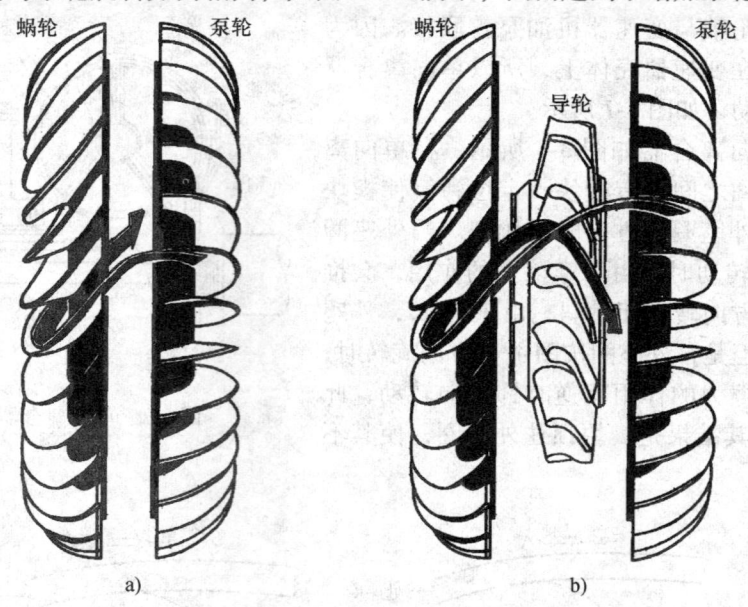

图 3-10 变矩器增矩原理图
a) 偶合器工作液回流图 b) 变矩器工作液回流图

现以变矩器工作轮的展开图来说明液力变矩器的增矩原理。沿图 3-11a 所示的工作轮循环圆中间流线将三个工作轮叶片平面展开,得到泵轮、涡轮和导轮的环形平面如图 3-11b 所示。各轮形状和进出口角度也显示于图中。

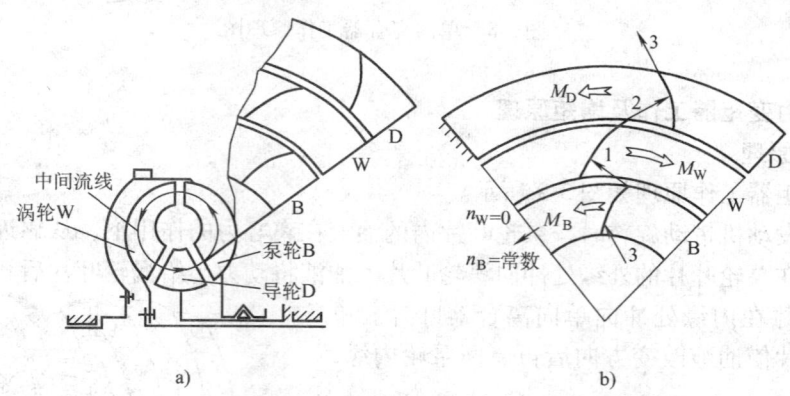

图 3-11 液力变矩器工作轮展开及变矩原理图

为了便于说明,设发动机负荷不变,即变矩器泵轮的转速 n_B 及转矩 M_B 为常数。先以汽车起步工况为例进行讨论。

当发动机运转而汽车还尚起步时,考查变速器油受力情况。这时涡轮转速为零,如图 3-11b 所示。变速器油受到来自于泵轮作用的转矩 M_B,并以一定的绝对速度沿图中箭头 1 的方向冲向涡轮叶片,力图使涡轮转动。因此时涡轮静止不动,故而涡轮给变速器油一反向作用转矩 M_W,液流则沿着涡轮叶片流出涡轮,并沿箭头 2 的方向冲向导轮。此时由于单向离合器作用，导轮也静止不动，导轮叶片也会给变速器油一反向作用转矩 M_D，随后液流改变方向，沿箭头 3 回到泵轮。

根据液流受力平衡条件，泵轮、涡轮和导轮三者给变速器油液转矩的代数和应为零，即 $M_W - M_B - M_D = 0$（$M_W = M_B + M_D$），显然，此时涡轮转矩 M_W 大于泵轮转矩 M_B，即液力变矩器起到了增大转矩的作用。

当液力变矩器输出的转矩，经传动系统传递到驱动轮上所产生的牵引力足以克服汽车起步阻力时，汽车即起步并加速，与之相连的涡轮的转速 n_W 也从零开始逐渐增加。我们定义液流沿叶片方向流动（涡流）的速度为相对速度 w，在叶轮的作用下所具有的沿圆周方向运动（环流）的速度为牵连速度 u，二者的矢量和为绝对速度 v。涡轮转速 n_W 不为零时，液流在涡轮出口处不仅具有相对速度 w，而且具有牵连速度 u，故冲向导轮叶片的液流的绝对速度 v 为两者的合成速度，如图 3-12 所示。因设泵轮转速不变，即液流循环流量基本不变，故涡轮出口处相对速度 w 不变，变化的只是涡轮转速 n_W，即牵连速度 u 发生变化。

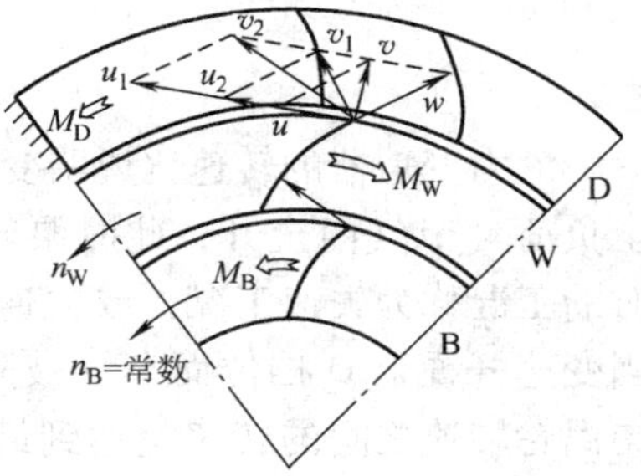

图 3-12 涡轮出口液流速度变化图

由图 3-12 可见，冲向导轮叶片的液流的绝对速度 v 将随牵连速度 u 的增加而逐渐向左倾斜，使导轮所受转矩值逐渐减小。

当涡轮转速增大到一定值时，自涡轮流出的液流（v_1）正好沿导轮叶片的切线方向冲向导轮，由于液体流经导轮时方向不改变，故导轮转矩 M_D 为零，即涡轮转矩与泵轮转矩相等，$M_W = M_B$。

若涡轮转速 n_W 继续增大，液流绝对速度 v 的方向继续向左倾斜（v_2 的方向），液流将冲击导轮叶片背面，导轮转矩方向与泵轮转矩方向相反，则涡轮转矩为前二者转矩之差（$M_W = M_B - M_D$），这时变矩器输出转矩反而比输入转矩小。

当涡轮转速 n_W 增大到与泵轮转速 n_B 相等时，工作液在循环圆内的循环流动停止。

三、液力变矩器的传动效率

1. 转矩比 K

液力变矩器的转矩比是涡轮输出转矩 M_W 与泵轮输入转矩 M_B 之比，用 K 表示，即

$$K = \frac{M_W}{M_B} = \frac{M_B \pm M_D}{M_B}$$

液力变矩器的转矩比说明变矩器输出转矩增大的倍数。当涡轮转速为零时，转矩比达到最大值。随着涡轮转速升高，转矩比逐渐减小，当涡轮与泵轮的转速比达到某一定值时，涡流变得最小，因而转矩比几乎为 1:1，这一点称为偶合器工作点，此时由于从涡轮流出的液流将冲击导轮叶片背面，导轮转矩方向与泵轮转矩方向相反，为防止这一现象的发生，单向离合器就使导轮与泵轮同向转动。换言之，变矩器在偶合工作点时，开始起一台液力偶合器的作用，防止转矩比降至 1 以下。因此变矩器的工作可分为两个区域，如图 3-13 所

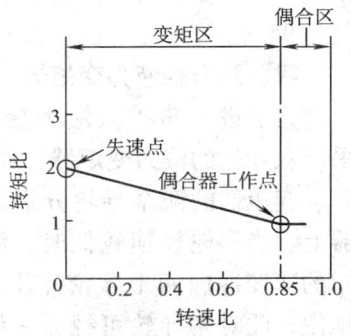

图 3-13 液力变矩器的转矩比

示:一个是变矩区,转矩成倍放大;另一个是偶合区,只传递转矩而无转矩放大。偶合器工作点就是这两个区域的分界线。

2. 转速比 i

液力变矩器的转速比是指涡轮转速 n_W 与泵轮转速 n_B 之比,用 i 表示,即

$$i = \frac{n_\mathrm{W}}{n_\mathrm{B}} \leqslant 1$$

液力变矩器的转速比说明变矩器输出转速降低的倍数。当涡轮转速为零,而发动机处于全负荷(节气门全开,此时泵轮转速达到最大值)时的工况称为失速工况,或失速点。在失速点(如当变速杆置于 D 档位而车辆被阻止前进时),泵轮与涡轮转速之间的转速差达到最大值。变矩器的最大转矩比就在失速点,通常在 1.7~2.5 之间。

3. 传动效率 η

变矩器的传动效率是指泵轮得到的能量传递至涡轮的效率,用 η 表示,即

$$\eta = \frac{M_\mathrm{W} n_\mathrm{W}}{M_\mathrm{B} n_\mathrm{B}} = K \cdot i$$

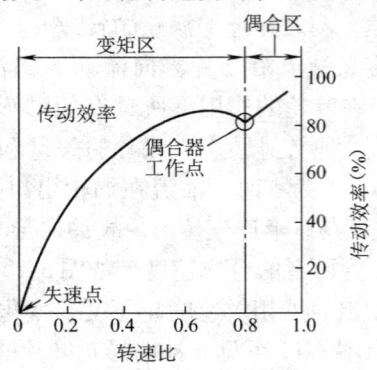

图 3-14 变矩器传动效率与转速比的关系

上式表明,变矩器的传动效率与转矩比和传动比的乘积成正比,其曲线如图 3-14 所示。

在失速点时,泵轮转动而涡轮静止,这时传到涡轮的转矩最大,但传动比为零,传动效率为零。

当涡轮开始转动时,随其转速升高,涡轮输出的转速与转矩成正比,传动效率急剧上升,传动效率在传动比达到偶合器工作点前达到最大值。其后又开始下降,这是因为从涡轮流出的部分油液开始冲击导轮叶片的背面,传动效率下降。在偶合器工作点时,从涡轮流出的大部分油液冲向导轮的背面,为防止传动效率进一步下降,导轮开始转动,液力变矩器变成液力偶合器,其传动效率与传动比成正比直线上升。

由于液力变矩器借助液体传递能量,泵轮和涡轮之间必须存在转速差,否则工作液就不会循环,也不会产生动力传递。另外,由于摩擦和冲击使工作液温度升高,液流循环也造成能量损失,所以变矩器的传动效率达不到 100%,通常仅为 95%。

四、双导轮液力变矩器

为了进一步扩大液力变矩器的高效率范围,采用双导轮的液力变矩器,如图 3-15 所示。

变矩器的两个导轮分别装在各自的单向离合器上。当涡轮转速较低时,涡轮出口处的液流以 v_1 的速度冲向两个导轮叶片的凹面,两导轮均被锁住,此时两导轮可视为一体,构成一个较大的叶片,变速器按变矩工况工作。当涡轮转速增加

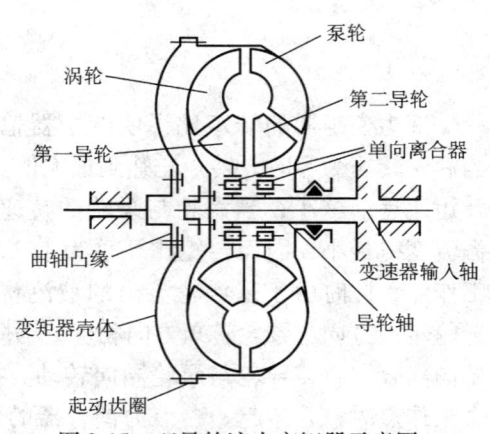

图 3-15 双导轮液力变矩器示意图

到使液流以 v_2 的速度冲向第一导轮叶片的背面时，第一导轮便因其单向离合器解脱而与泵轮同向转动，此时第二导轮仍起变矩作用；当涡轮转速增加到使液流的速度达到 v_3 时，第二导轮叶片的背面也受到液流的冲击而与泵轮及第一导轮同向转动，于是变矩器全部转入偶合工况，如图 3-16 所示。从而构成了具有两个变矩器和一个偶合器特性的四元件单级三相液力变矩器。

图 3-17 为该类变矩器的特性曲线。在传动比 $i=0\sim i_1$ 区段，两导轮均锁住不动，组成一个弯曲较大的叶片，以保证在低传动比工况下获得足够大的变矩比以减小液流冲击；在传动比 $i=i_1\sim i_2$ 区段，第一导轮解脱而自由转动，变矩器只有第二导轮起作用，由于第二导轮叶片的弯曲较小，故该段的效率较三元件单级二相变矩器略有提高；当传动比 $i>i_2$ 时，变矩器完全转入偶合工况，效率曲线按线性规律增长。

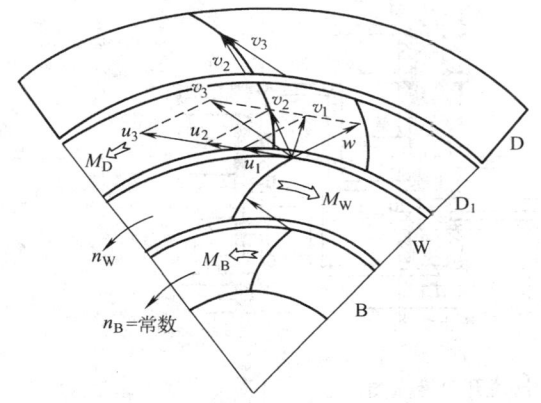

图 3-16　双导轮变矩器液流示意图

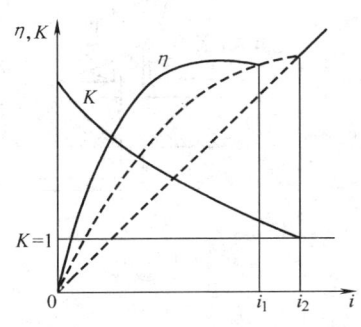

图 3-17　四元件液力变矩器特性图

四元件综合式变矩器比三元件综合式变矩器的高效率区范围宽，但由于两个导轮，结构复杂，液力损失较大，其最高效率较低。

五、带锁止离合器的液力变矩器

在偶合区（即没有转矩成倍放大的情况），变矩器以接近 1∶1 的比例将来自发动机的输入转矩传递至变速器。但在泵轮与涡轮之间存在着至少 4%～5% 的转速差，所以，变矩器并不是将发动机的动力 100% 地传递至变速器，而是有一定的能量损失。

为了防止这种能量损失现象的发生，也为了降低油耗，当车速在大于 60km/h 时，锁止离合器会通过机械机构将泵轮与涡轮相连接。这样，使发动机产生的动力几乎 100% 地传递至变速器。

如图 3-18 所示，锁止活塞装在涡轮转轴上，位于涡轮前端。减振组件在离合器接合时，吸收转力，防止产生振动。在变矩器壳

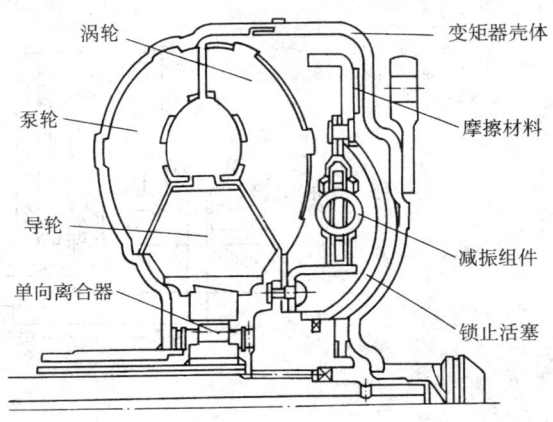

图 3-18　变矩器锁止离合器结构图

体或变矩器锁止活塞上粘有一种摩擦材料,用以防止离合器接合时打滑。

锁止离合器的接合和分离由变矩器中的液压油的流向变化来决定,其工作过程如下:

1. 离合器分离时

当车辆低速行驶时,由锁止继动阀控制的油液流动方向如图 3-19 所示。加压油液流至锁止离合器的前端,锁止离合器前端及后端的压力就变得一样,锁止离合器处于脱开状态。这时由于变矩器内油液因涡流产生大量热量,流出变矩器的油液要经冷却器冷却后再送回变速器。

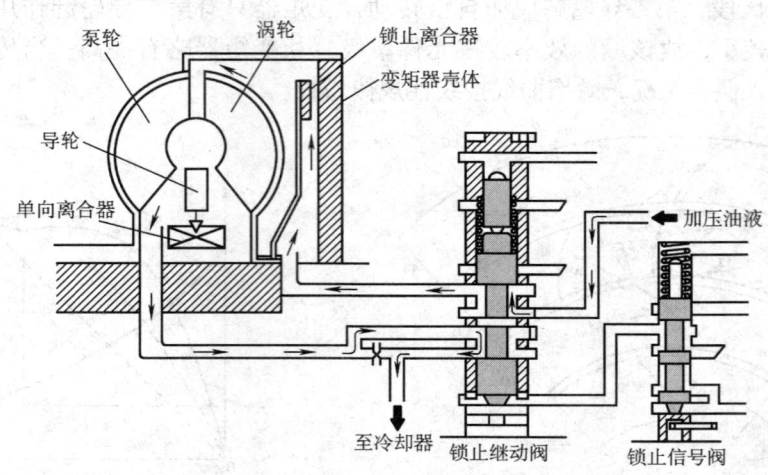

图 3-19　锁止离合器脱开时液流图

2. 离合器接合时

当车辆以中高速(≥50km/h)行驶时,锁止继动阀控制的油液流动方向如图 3-20 所示,加压油液流至锁止离合器的后端。这时,变矩器壳体受到锁止活塞挤压,从而使锁止离合器和前盖一起转动,即锁止离合器接合。由于这时泵轮与涡轮转速差为零,没有涡流产生,因而油液在变矩器内产生的热量很小,流出变矩器的油液不需要冷却,直接流回变速器。

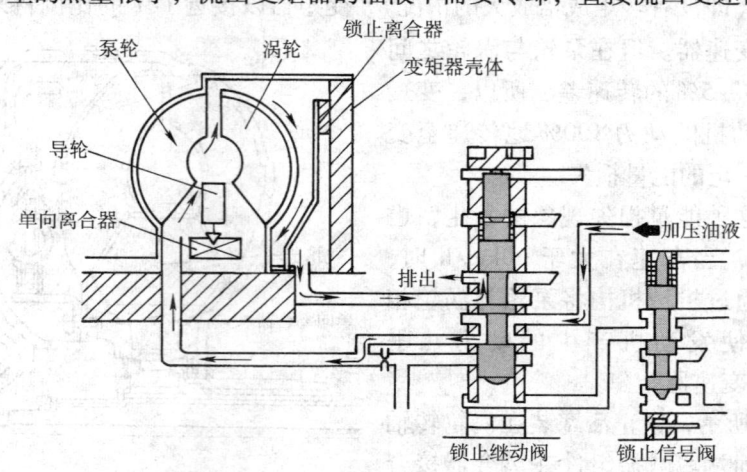

图 3-20　锁止离合器接合时液流图

锁止离合器分离或接合时的动力传输过程框图如图3-21。

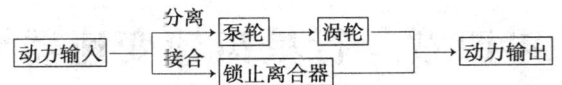

图 3-21　液力变矩器动力传输过程图

复习思考题

一、填空

1. 汽车上采用的液力传动装置通常有（　　）和（　　）两种，二者均是利用液体在循环流动过程中动能的变化来传递动力的。
2. 液力偶合器的主要功能有两个方面，一是（　　），二是（　　）。其结构主要由（　　）、（　　）、（　　）三部分组成。
3. 液压油从泵轮流向涡轮，又从涡轮返回到泵轮而形成循环的液流，称为（　　）。油液在泵轮转动时，被其带动沿围绕发动机曲轴和变速器输入轴轴线的环形路径的圆流动，称为（　　）。
4. 液力变矩器主要由（　　）、（　　）、（　　）等组成。
5. 导轮的作用是（　　），并改变其方向，使其冲击泵轮叶片背面，给泵轮一个额外的"助推力"。
6. 当涡轮转速为零，而发动机处于全负荷（节气门全开，此时泵轮转速达到最大值）时的工况称为（　　）。
7. 为了进一步扩大液力变矩器的高效率范围，可采用（　　）的液力变矩器。
8. 液力变矩器中锁止离合器的接合和分离可以通过改变（　　）来决定。

二、简答

1. 液力偶合器有哪些元件组成？它们是如何工作的？
2. 液力偶合器为什么在停车时不脱开传动系也能维持发动机怠速运转？
3. 液力变矩器内油液流动分哪两种？有什么不同？
4. 液力变矩器由几个元件组成？各有何作用？
5. 液力变矩器为何有增大转矩的作用？
6. 什么是液力变矩器的失速转速？
7. 双导轮式液力变矩器是怎样改善变矩器特性的？
8. 锁止离合器是如何工作的？

第四章　行星齿轮变速器

本章要点：
- 行星齿轮变速器的组成和传动原理
- 几种结构形式的四档辛普森行星齿轮机构组成和工作原理
- 拉维娜行星齿轮机构组成和工作原理
- 自动变速器换档执行机构工作原理
- 自动变速器处于各档位时的工作元件和动力传递过程
- 自动变速器 D 位、2 位、L 位传动的相同之处和不同之处

液力变矩器虽然能够在一定范围内自动地、无级地改变转矩比和转速比，以适应汽车行驶阻力的变化。但其传动效率却只有在输出轴转速接近输入轴转速时达到最大值，而且其增矩作用只有 2~4 倍，不能很好地满足汽车的使用要求。故汽车多采用液力变矩器与齿轮式变速器串连组成液力机械式自动变速器。目前，齿轮式变速器多采用行星齿轮变速器。

行星齿轮变速器的组成包括行星齿轮机构和换档执行机构两部分，行星齿轮机构的作用是提供几种不同的传动比供选择，而换档执行机构的作用是实现档位的变换。

第一节　行星齿轮传动原理

一、行星齿轮机构的组成

一套行星齿轮机构由四个基本构件组成：太阳轮、行星齿轮、行星架和齿圈，如图 4-1 所示。太阳轮位于系统的中心，行星齿轮与它相啮合，最外侧是与行星齿轮相啮合的齿圈。图中只画一个行星齿轮，通常具有 3~6 个行星齿轮，它们为均匀或对称布置。各行星齿轮借助于滚针轴承和行星齿轮轴安装在行星架上，两端有止推垫片。太阳轮、齿圈和行星架三者轴线重合，行星齿轮机构工作时，行星齿轮除绕行星齿轮轴自转外，同时还要绕太阳轮公转。这种运动与太阳系里行星的运动相似，各构件也由此得名。

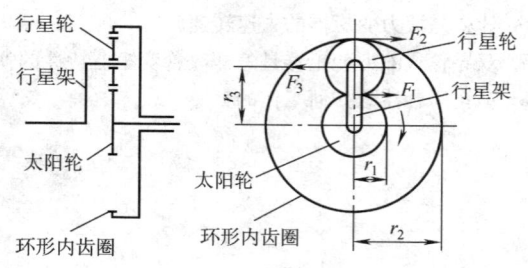

图 4-1　行星齿轮机构简图

二、行星齿轮机构变速原理

从图 4-1 中可知：

作用于太阳轮上的力矩为　　　$M_1 = F_1 r_1$

作用于齿圈上的力矩为　　　　$M_2 = F_2 r_2$

作用于行星架上的力矩为　　　$M_3 = F_3 r_3$

设齿圈与太阳轮的齿数之比为 α，则

$$\alpha = \frac{r_2}{r_1} = \frac{z_2}{z_1}$$

因此

$$r_2 = \alpha r_1$$

则

$$a_3 = \frac{r_1 + r_2}{2} = \frac{\alpha + 1}{2} r_1$$

式中　r_1——太阳轮的分度圆半径；
　　　r_2——齿圈的分度圆半径；
　　　a_3——行星齿轮与太阳轮的中心距；
　　　z_1——太阳轮的齿数；
　　　z_2——齿圈的齿数。

从行星齿轮的受力平衡条件可得

$$F_1 = F_2$$
$$F_3 = -(F_1 + F_2)$$

因此，太阳轮、齿圈、行星齿轮架上的力矩分别为

$$\begin{cases} M_1 = F_1 r_1 \\ M_2 = \alpha F_1 r_1 \\ M_3 = -(\alpha + 1) F_1 r_1 \end{cases} \quad (4\text{-}1)$$

根据能量守恒定律，三个元件上输入和输出的功率的代数和应等于零，即

$$M_1 n_1 + M_2 n_2 + M_3 n_3 = 0 \quad (4\text{-}2)$$

式中　n_1——太阳轮转速；
　　　n_2——齿圈转速；
　　　n_3——行星齿轮架转速。

将式（4-1）代入式（4-2）得

$$F_1 r_1 n_1 + \alpha F_1 r_1 n_2 - (\alpha + 1) F_1 r_1 n_3 = 0$$

由于 $F_1 r_1 \neq 0$，因此得到

$$n_1 + \alpha n_2 - (\alpha + 1) n_3 = 0$$

上式即为单排行星齿轮机构一般运动规律的特性方程式。可以看出，由于单排行星齿轮机构有两个自由度，在太阳轮、齿圈和行星齿轮架（行星齿轮与行星齿轮架连成一体）这三个构件中，任选两个分别作为主动件和从动件，而使另一元件固定不动（即使该元件转速为0），或使其运动受到一定的约束（即该元件的转速为某定值），则机构只有一个自由度，整个轮系以一定的传动比传递动力。

三、单排行星齿轮机构传动方案

如上述，单排行星齿轮机构三元件可选择某一元件作为主动件，某一元件作为从动件，某一元件固定，从而得到固定传动比。按主动、从动、固定元件的不同可有六种不同的组合方案，加上直接档和空档共有八种组合，相应可获得五种不同的传动，如表4-1所示。

表 4-1 单排行星齿轮机构传动比计算公式

序号	太阳轮 Z_1	行星齿轮架	齿圈 Z_2	传动比 i	档位说明
1	输入	输出	固定	$n_2=0$；$i_{13}=\dfrac{n_1}{n_3}=1+\alpha=\dfrac{z_1+z_2}{z_1}$	减速传动 前进 低档
2	固定	输出	输入	$n_1=0$；$i_{23}=\dfrac{n_2}{n_3}=\dfrac{1+\alpha}{\alpha}=\dfrac{z_2+z_1}{z_2}$	减速传动 前进 高档
3	固定	输入	输出	$n_1=0$；$i_{32}=\dfrac{n_3}{n_2}=\dfrac{\alpha}{1+\alpha}=\dfrac{z_2}{z_1+z_2}$	前进 超速传动
4	输出	输入	固定	$n_2=0$；$i_{31}=\dfrac{n_3}{n_1}=\dfrac{1}{1+\alpha}=\dfrac{z_1}{z_1+z_2}$	前进 超速传动
5	输入	固定	输出	$n_3=0$；$i_{12}=\dfrac{n_1}{n_2}=-\alpha=-\dfrac{z_2}{z_1}$	减速传动 倒档
6	输出	固定	输入	$n_3=0$；$i_{21}=\dfrac{n_2}{n_1}=-\dfrac{1}{\alpha}=-\dfrac{z_1}{z_2}$	超速传动 倒档
7	三元件任何两个连成一体第三元件与前两个转速相等			$i=1$	直接档传动
8	所有元件都不受约束			自由转动	机构失去传动作用

从表 4-1 中可以看出，仅由单排行星齿轮机构并配以各种离合器和制动器，即能实现具有四个前进档和一个倒档的齿轮变速系统。但是，以单排行星齿轮机构组成多档位的齿轮变速系统所需离合器甚多，这将使得齿轮变速器的体积过大。为了减小变速器的体积，增大变速器的速比范围，在实际应用的行星齿轮变速系统中，都是由几个单排行星齿轮机构组合而成。通常采用三个单排行星齿轮机构。

现代汽车液力自动变速器上使用的行星齿轮机构，多数是由辛普森式行星齿轮机构和拉维娜式行星齿轮机构组成。所以，下面重点介绍辛普森式行星机构和拉维娜式行星齿轮机构的结构与工作原理。

第二节 辛普森行星齿轮机构

一、辛普森行星齿轮机构的组成

辛普森式行星齿轮变速器从 20 世纪 70 年代开始，为通用、福特、克莱斯勒、丰田、日产等多家公司用于其汽车自动变速器上。

辛普森式行星齿轮变速器由辛普森行星齿轮机构及相应的换档执行元件组成，如图 4-2 所示。辛普森行星齿轮机构采用双排行星齿轮（或称双行星排），其机构特点是：前后两个行星排的太阳轮连为一个整体，称为（前、后）太阳轮组件。前排的行星架和后排的齿圈连接成一体，称为前行星架和后齿圈组件，输出轴通常与该组件相连。这样一来，该行星机构只具有四个独立元件：前排齿

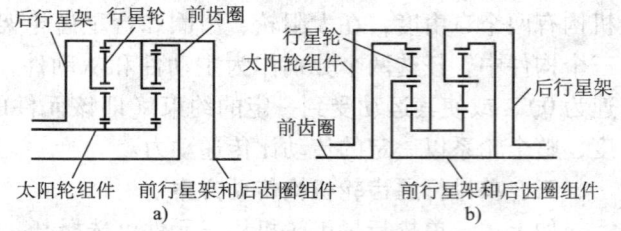

图 4-2 两种结构的辛普森式行星齿轮机构简图
a) 结构1 b) 结构2

圈、前后太阳轮组件、后排行星架、前行星架和后齿圈组件。

二、辛普森行星齿轮机构传动原理

自动变速器大多采用四档辛普森行星齿轮机构，一般有三个行星齿轮（排）机构，组成包括超速档在内的 4 个前进档和 1 个倒档的自动变速器。下面以丰田 A140E 电子控制自动变速器为例分析其传动原理。

A140E 电子控制自动变速器是一种前置、前驱动四速电子控制自动变速器，由变矩器、四档辛普森行星齿轮机构、电子控制系统、液力控制系统组成，如图 4-3 所示。

A140E 自动变速器由十个换档执行元件组成，包括三个离合器（超速档离合器 C_0、前进档离合器 C_1、直接档离合器 C_2）、四个制动器（超速档制动器 B_0、2 档滑行制动器 B_1、2 档制动器 B_2、低倒档制动器 B_3）和三个单向离合器（超速档单向离合器 F_0、2 档单向离合器 F_1、一档单向离合器 F_2），各元件位置如图 4-4 所示。

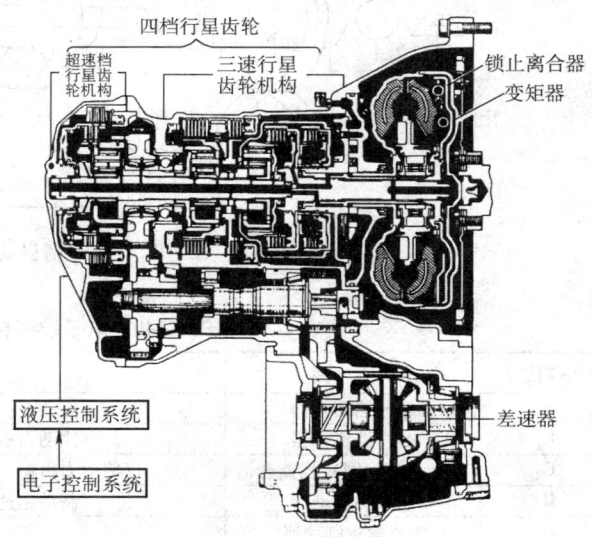

图 4-3 A140E 电子控制自动变速器剖面图

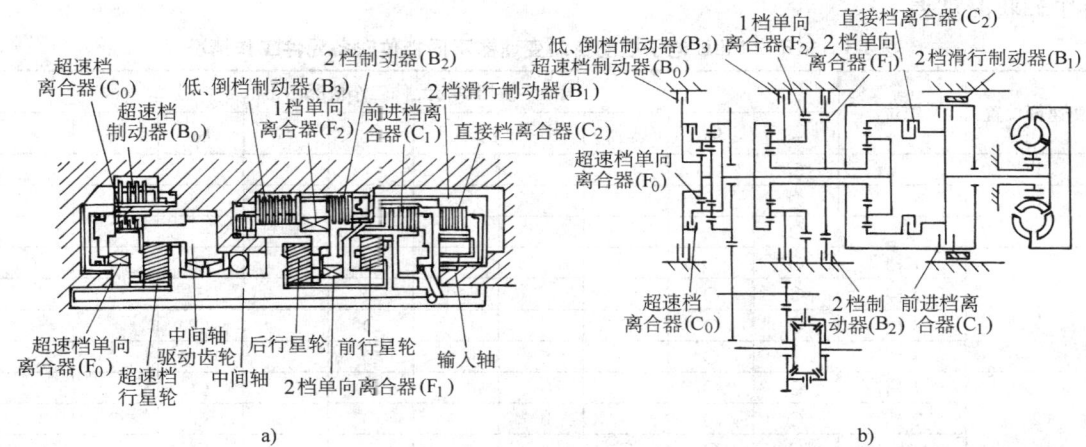

图 4-4 A140E 电子控制自动变速器各元件位置图
a) 布置图 b) 原理图

A140E 自动变速器传动原理如图 4-5 所示。各元件的功能见表 4-2。

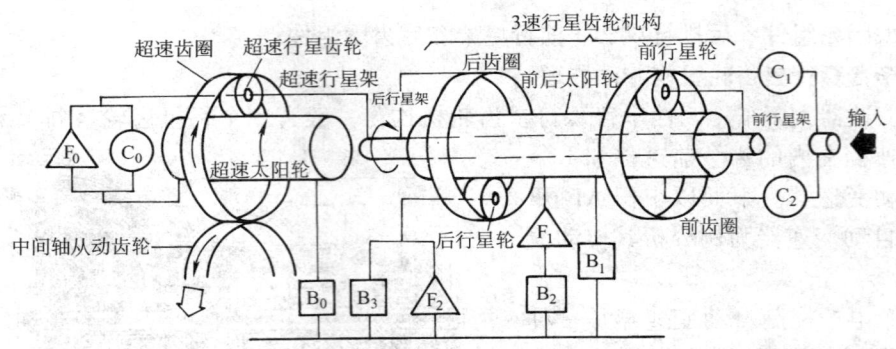

图 4-5 A140E 电子控制自动变速器传动原理图

表 4-2 丰田 A140E 电子控制自动变速器各元件功能

元件代号	名 称	作 用
C_0	超速档离合器	可使动力从超速行星架传给太阳轮，直接档时不工作
C_1	前进档离合器	可使动力由输入轴传给前齿圈，在所有前进档都工作
C_2	直接（高、倒）档离合器	可使动力由输入轴传给前、后太阳轮，在高速档和倒档时工作
B_0	超速档制动器	制动超速行星机构的太阳轮，仅在直接档时工作
B_1	2 档滑行制动器	制动前、后太阳轮，仅在 2 档位时工作
B_2	2 档制动器	锁止 F_1 的外圈，在 D_1 档升入 D_2 档时工作
B_3	低、倒档制动器	锁止后排行星齿轮架，在倒、L 档位置时工作
F_0	超速档单向离合器	防止超速行星架相对超速太阳轮逆时针转动
F_1	2 档单向离合器	在 B_2 起作用时，防止共用太阳轮逆时针转动
F_2	1 档单向离合器	防止后排行星架逆时针转动

A140E 自动变速器变速杆有 P、R、N、D、2、L 六个位置，在各个不同位置时，各元件工作状况见表 4-3。

表 4-3 丰田 A140E 电子控制自动变速器不同档位时各元件工作情况

变速杆位置	档位	换档执行元件工作情况									
		C_0	C_1	C_2	B_0	B_1	B_2	B_3	F_0	F_1	F_2
P		○									
R		○		○				○			
N		○									
D	1 档	○	○						○		○
	2 档	○	○				○		○	○	
	3 档	○	○	○					○		
	4 档		○	○	○						
2	1 档	○	○						○		○
	2 档	○	○			○	○		○		
	3 档*	○	○	○					○		
L	1 档	○	○					○	○		○
	2 档*	○	○			○	○		○		

注：*——只能降档，不能升档。

下面，具体分析辛普森行星齿轮变速器传动档位及执行机构的工作，通过分析，除对自动变速器工作过程加深理解外，还可了解具体工况及档位下应有哪些执行机构参与工作，从而在一但出现相应故障时，好按图索骥，找出症结所在。

1. P 位

这时，只有离合器 C_0，离合器 C_1 和 C_2 都不工作，因此动力无法传递到后排行星齿轮机构，处于空档位置。

另外，为保证可靠停车，机械锁止机构将输出轴上的外齿锁住，如图 4-6 所示。因而自动变速器的输出轴和汽车的驱动轮都无法转动，处于驻车制动工况，又称驻车档。

2. R 位

R 位也称倒档，此刻参与工作的执行机构元件有 C_0、C_2、B_3 和 F_0。

如图 4-7 所示，动力由超速行星齿轮机构经输入轴、C_2 传给前、后太阳轮，使前、后太阳轮顺时针转动。后排行星齿轮机构的行星架被 B_3 锁住，前、后太阳轮带动后行星轮逆时针转动，使后齿圈也逆时针转动，带动超速行星架逆时针转动。由于 C_0 工作，超速太阳轮与超速行星架以同一速度转动，因此超速行星机构不起变速作用。此时，输出轴的转动方向与发动机转动方向相同，车辆倒行。

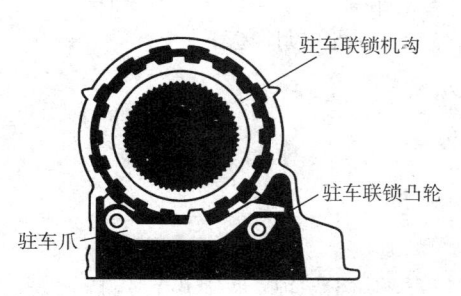

图 4-6　P 位锁止机构

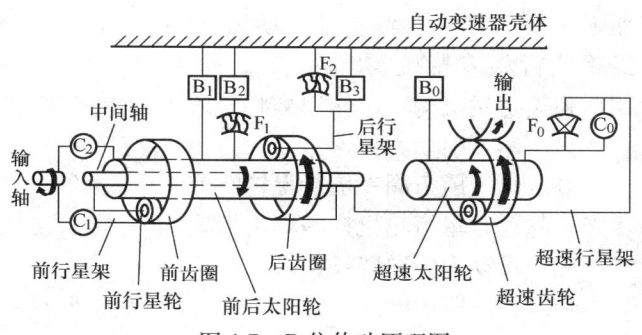

图 4-7　R 位传动原理图

动力传递路线：

输入轴→C_2→前、后太阳轮→后排行星轮（逆时针）→后齿圈（逆时针）→超速行星齿轮机构→输出齿轮

有无发动机制动效果：

所谓发动机制动，是指在车辆行驶过程中驾驶人放松加速踏板，由于汽车的质量较大，其惯性使得车辆仍要以原来速度行驶，而此时发动机以怠速转速运转，因此车轮通过传动系使发动机转速升高，以此来消耗汽车动能达到减速的目的。

在 R 位放松加速踏板时，车轮带动输出齿轮高速转动，由于 C_0 作用超速行星机构作为一整体带动超速行星架转动使后齿圈（转速高）转动，后齿圈力图使后行星架逆时针转动，由于 B_3、F_2 的作用，无法实现，因此，后轮动力通过后行星齿轮传至前、后太阳轮并经过 C_2、输入轴传至发动机，产生发动机制动效果。

3. N 位

如前所述，N 位为空档。此刻，辛普森行星齿轮机构中只有 C_0 工作，其余的各执行元件都不工作，所以其前、后行星排都处于空转状态，输出轴无动力输出。

4. D 位

自动变速器变速杆位于 D 位时，自动变速器可根据发动机转速和车速的变化，自动使不同的离合器、制动器、单向离合器工作而变换从 $D_1 \sim D_4$ 间不同的档位。

(1) D_1 档（2_1 档） D_1 档时，参与工作的执行机构元件有 C_0、C_1、F_0 和 F_2。因为 2_1 档时各元件工作状况相同，故合并在一起介绍。

如图 4-8 所示，起步时，发动机动力由输入轴经 C_1 传给前齿圈，力图使前行星架顺时针转动。由于前行星架与超速行星架相连此时不能转动（因 C_0 作用，超速行星齿轮机构不起作用，输出齿轮与车轮相连，由于汽车起步，输出齿轮未转动），前行星架被固定，前齿圈接受发动机转矩，带动前行星轮顺时针旋转，前行星轮带动前、后太阳轮逆时针旋转。因汽车尚未起步，后齿圈也被固定，前、后太阳轮在促使后行星轮顺时针转动时，力图使后行星架逆时针转动，而这时 F_2 防止后行星架逆时针转动。故而强迫后齿圈顺时针转动，动力便经超速行星齿轮机构（由于 C_0 作用，超速行星机构不起作用）传至输出齿轮，汽车起步。

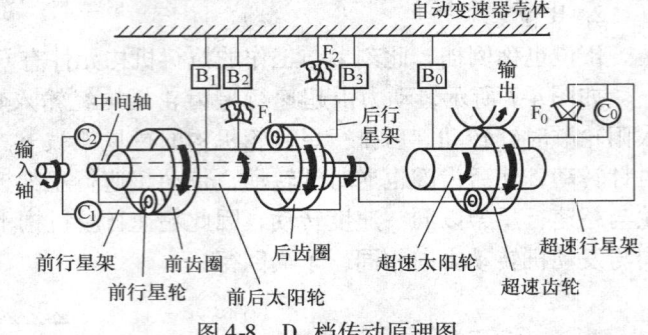

图 4-8 D_1 档传动原理图

汽车起步前动力传递路线：

输入轴→前齿圈→前行星轮→前、后太阳轮→后行星架（F_2 作用，逆转被锁止）→后齿圈→超速行星齿轮机构→输出齿轮

起步后动力传递路线：

输入轴→前齿圈 ┬ 前行星架→前、后太阳轮→后行星架（F_2 逆转被锁止）→后齿圈 ┐
　　　　　　　└ 前行星架

→超速行星齿轮机构→输出齿轮

有无发动机制动效果：

放松加速踏板时，车轮动力经超速行星齿轮机构传给前行星架，前行星架转速高，前齿圈与发动机相连（转速低），由于此转速差使前行星轮逆时针转动，前、后太阳轮则顺时针转动。由于 F_2 不限制前、后太阳轮顺时针转动，后轮动力无法传至发动机，不产生发动机制动效果。

(2) D_2 档 D_2 档时，参与工作的执行机构元件有 C_0、C_1、B_2、F_0、F_1。

如图 4-9 所示，发动机动力由输入轴经 C_1 传给前齿圈，前齿圈带动前行星轮顺时针旋转，而前行星轮力图带动前、后太阳轮逆时针转动，但由于此时 B_2 将 F_1 的外圈锁止，使 F_1 的内圈不能逆时针转动（即前、后太阳轮不能逆时针转动），动力便由前行星架经超速行星架（由于 C_0 作用，超速行星齿轮机构不起作用）传给输出轴。这时后排行星齿轮机构不起作用。

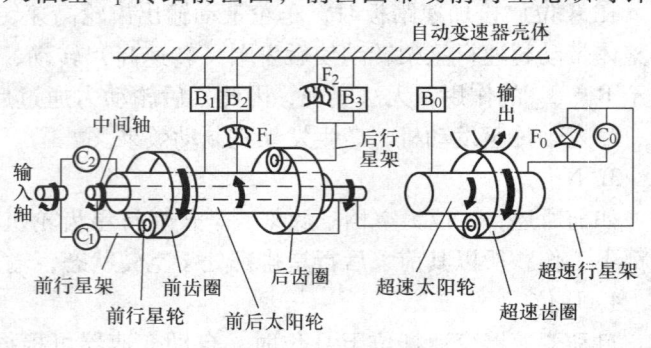

图 4-9 D_2 档传动原理图

动力传递路线：

输入轴→前齿圈→前行星轮→前行星架→超速行星齿轮机构→输出齿轮

有无发动机制动效果：

放松加速踏板时，车轮动力经超速行星齿轮机构传给前行星架，前行星架的转速高（后轮），前齿圈的转速低（发动机）。此时，行星轮力图使前、后太阳轮顺时针转动，而此时 F_1 不限制太阳轮顺时针转动，后轮动力无法传至发动机，因而不产生发动机制动效果。

（3）D_3 档 D_3 档时，参与工作的执行机构元件有 C_0、C_1、C_2、B_2、F_0。

如图 4-10 所示，发动机动力经输入轴后再经由离合器 C_1、C_2 同时传给前太阳轮和前齿圈，使其以相同的速度旋转。这时前排行星齿轮机构作为一个整体将动力传给后行星架，再经超速行星齿轮机构（由于 C_0 作用，超速行星齿轮机构不起作用）传给输出齿轮。由于前、后排行星齿轮机构都不起变速作用，传动比为 1，即直接档。

动力传递路线：

输入轴→前齿圈和前、后太阳轮→前行星架→超速行星齿轮机构→输出齿轮

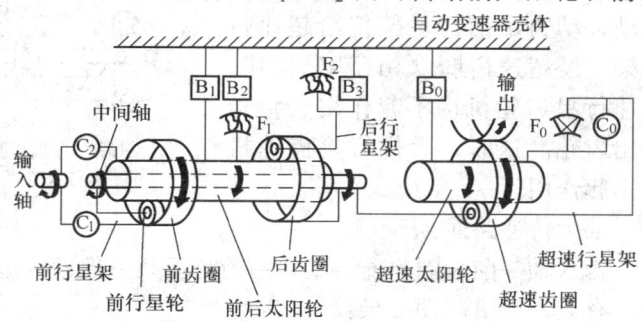

图 4-10　D_3 档传动原理图

有无发动机制动效果：

放松加速踏板后，由于前排行星齿轮始终被锁住，因此后轮动力可以传给发动机，产生发动机制动效果。

（4）D_4 档 D_4 档时，参与工作的执行机构元件有 C_1、C_2、B_0、B_2。

如图 4-11 所示，动力经输入轴传给前、后两排行星齿轮机构，由于 C_1、C_2 的作用（这时前、后排行星机构传动比为 1），动力经前行星架传给超速行星架。这时，超速档行星齿轮机构中的 B_0 工作，固定了超速太阳轮，动力经由超速行星架传给超速齿圈，因而是超速传动，总传动比小于 1。

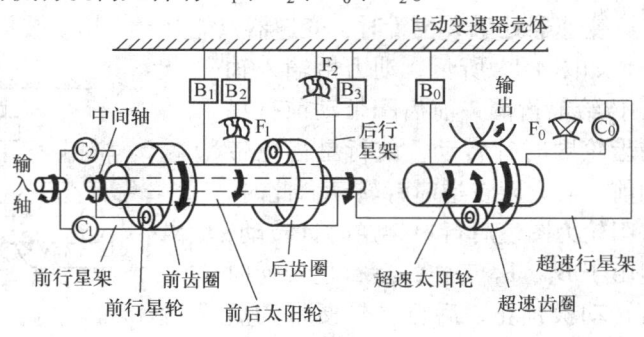

图 4-11　D_4 档传动原理图

动力传递路线：

输入轴→前齿圈和前、后太阳轮→前行星架→超速行星架→超速齿圈→输出齿轮

有无发动机制动效果：

放松加速踏板后，超速行星机构的齿圈转速高（后轮），超速行星架转速低（发动机）。此时，超速行星架与行星齿轮顺时针转动的同时，力图使超速太阳轮逆时针转动。由于 B_0 限制了超速太阳轮逆时针转动，因此后轮动力可以传给发动机，产生发动机制动效果。

5. 2 位

变速器变速杆处于 2 位置时，有 2 个档位：2_1 档和 2_2 档。由于 2_1 档与 D_1 档工作的元件和传动原理相同，在此只叙述 2_2 档。

2_2 档时，参与工作的执行机构元件有 C_0、C_1、B_1、B_2、F_0、F_1。

变速器变速杆处于 2 位置时，变速器只能升到 2 档或强制从高档（汽车在 3 档、超速档行驶时，驾驶人将变速杆从 D 位置拨至 2 位置）降到 2 档。

如图 4-12 所示，动力输入轴经 C_1 传给前齿圈，前齿圈使前行星轮顺时针方向转动，而前行星齿轮力图使前、后太阳轮逆时针转动，但由于 B_2、F_1（和 B_1）的作用，前、后太阳轮不能逆时针转动，动力由前行星架传给超速行星架，经超速齿圈（由于 C_0 作用，超速行星齿轮机构不起作用）传给输出齿轮。这时，后排行星齿轮机构不起作用。

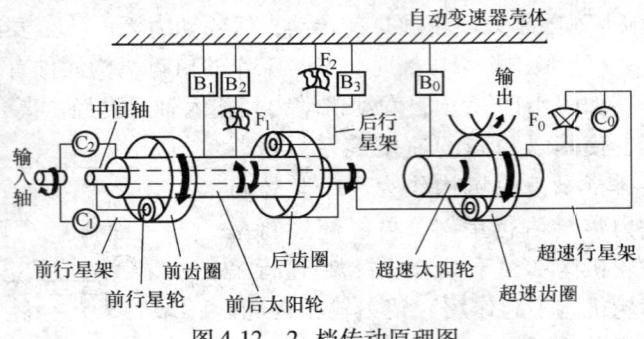

图 4-12　2_2 档传动原理图

动力传递路线：

输入轴→前齿圈→前行星轮→前行星架→超速行星齿轮机构→输出齿轮

有无发动机制动效果：

放松加速踏板时，车轮动力经超速行星架带动前行星架转速高，前齿圈转速低（发动机），由于转速差，行星轮力图使前、后太阳轮顺时针转动（与 D_2 档时相似，但 D_2 档时 B_1 不起作用），由于 B_1 的作用，前、后太阳轮不能顺时针转动，因而动力可以从后轮传至发动机，产生发动机制动效果。

6. L 位

L 位时，参与工作的执行机构元件有 C_0、C_1、B_3、F_0、F_2。

变速器处于 L 位置时，变速器只能升至一档或被从高档强制降为一档。

如图 4-13 所示，动力由输入轴 C_1 传给前齿圈，前齿圈带动前行星轮齿轮顺时针转动，前行星齿轮带动前、后太阳轮逆时针转动。此时，太阳轮力图使后行星架逆时针转动，但由于 B_3、F_2 工作，后行星架逆时针转动被锁止，后行星轮便带动后齿圈顺时针转动，动力经超速行星齿轮机构（由于 C_0 作用，超速行星齿轮机构不起作用）传给输出齿轮。

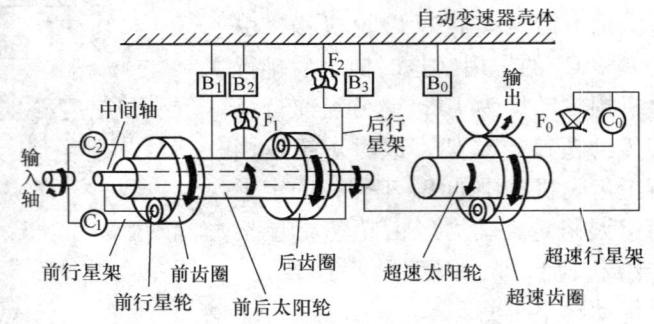

图 4-13　L 位传动原理图

动力传递路线：

输入轴→前行星轮 ┬→前、后太阳轮→后行星轮→后齿圈 ┐→超速行星齿轮机构→输出
　　　　　　　　└→前行星架　　　　　　　　　　　┘

齿轮

有无发动机制动效果：

放松加速踏板时，车轮会同时带动前行星架和后齿圈转动。

在带动后齿圈转动时，由于 E_3、F_2 的作用，后行星架被锁止，这时车轮便会通过后行星轮使前、太阳轮一定的速度逆时针转动（相当于固定元件）。

由于前、后太阳轮速度一定，而车轮带动前行星架转动时（转速高），发动机带动前齿圈转动（转速低），由于前、后太阳轮的逆转速度是固定的（相当于一个约束），这时行星轮便会在绕行星架自转的同时，带动齿圈（发动机）顺时针转动，因而动力可由车轮传给发动机产生制动效果。

7. 单向离合器的作用

在行星齿轮机构中使用单向离合器，其作用是保证换档平顺。

以 D_2 换 D_3 档为例，理论上，挂入 D_3 档时并不需要制动器 B_2 工作，但如果在 D_3 档时 B_2 不工作，当从 D_3 档降至 D_2 档时，在对离合器 C_2 进行减压时，又要对制动器 B_2 进行加压，同时进行这两个动作时是很困难的，很小的时间差便会引起换档冲击。

参见 D_3 档和 D_2 档传动原理图，当汽车从高速档换至低速档时（换档瞬间若车速不变，根据齿轮传动原理，则发动机转速会从低速向高速转变），根据 D_3 档原理图，当前齿圈速度高（发动机转速）而前行星架转速低（车速）时，如果没有 F_1 的作用，不可避免的会在换档瞬间使太阳轮逆时针转动，但前、后太阳轮不管是在 D_3 档或是 D_2 档都是顺时针转动的），因而在换档瞬间会产生较大的冲击，有了 F_1 以后，由于 F_1 可配合 B_2 防止太阳轮逆时针转动，这样在对 C_2 和 B_2 的液压进行控制时，减小了换档瞬间的冲击。

三、改进型四档辛普森行星齿轮机构传动原理

辛普森改进型行星齿轮机构是在原辛普森行星齿轮机构的基础上进行了一些改进，改变了行星齿轮机构的连接关系，增加了换档执行元件的数量，虽然只是使用两排行星齿轮，却可以获得包括超速档的 4 个前进档传动比，结构更加紧凑，在车辆上的使用逐渐广泛。国产神龙富康轿车自动变速器就采用了辛普森改进型行星齿轮机构。

辛普森改进型行星齿轮机构如图 4-14 所示。采用双排行星齿轮，其中的前齿圈仍然与后行星架连接并作为动力的输出元件，因此仍然将其称为辛普森行星齿轮机构。但由于双排行星齿轮不再共用太阳轮，因此将其称为辛普森改进型。

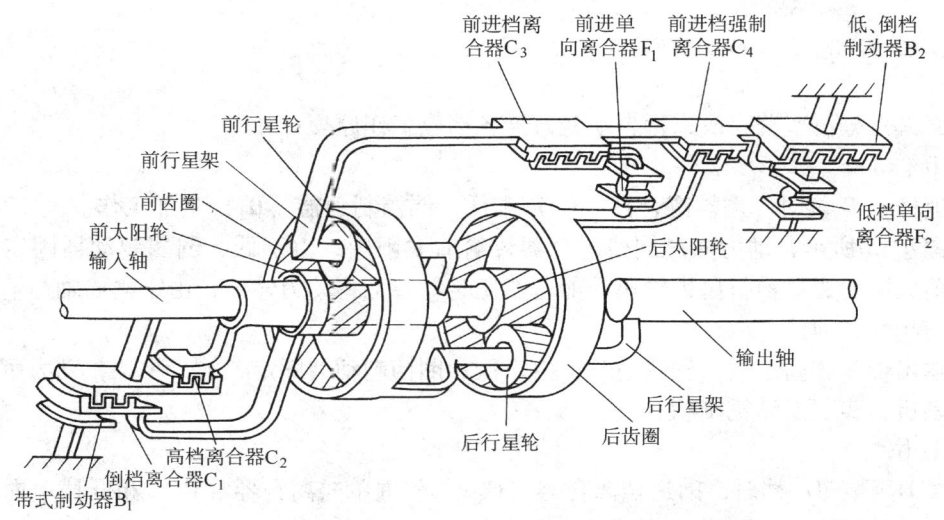

图 4-14 辛普森改进型行星齿轮机构

辛普森改进型行星齿轮机构各元件作用如下表4-4所示。

表4-4 辛普森改进型自动变速器换档元件名称及作用

元件代号	名称	作用
C_1	倒档离合器	可使动力由输入轴传给前太阳轮
C_2	高档离合器	可使动力由输入轴传给前行星架
C_3	前进档离合器	可将前行星架与前进单向离合器F_1的外圈连接在一起
C_4	前进档强制离合器	可将前行星架与后齿圈连接在一起
B_1	带式制动器	固定前太阳轮
B_2	低、倒档制动器	固定前行星架
F_1	前进单向离合器	当前进档离合器C_3起作用时，锁止后齿圈逆时针转动
F_2	低档单向离合器	锁止前行星架逆时针转动

辛普森改进型行星齿轮机构各个档位的工作元件如表4-5所示。

表4-5 辛普森改进型行星齿轮机构换档执行元件工作表

变速杆位置	档位	C_1	C_2	C_3	C_4	B_1	B_2	F_1	F_2
R	倒档	○					○		
D	D_1			○				○	○
D	D_2			○		○		○	
D	D_3		○	○				○	
D	D_4		○	●		○			
2	2_1		●	●	○		○		
2	2_2			●	○			○	
2	2_3			●	○	○			

注：●——有动作，但不参加动力传递。其动作的目的是为了升、降档或变速杆在各前进档位变换时的衔接，不致出现换档冲击。

○——有动作，并参加动力传递。

下面具体分析辛普森改进型自动变速器各档位工作原理：

1. R位

变速杆在R位时，倒档离合器（C_1）和低、倒档制动器（B_2）参加工作。

如图4-15所示，动力通过倒档离合器传给前太阳轮，由于低、倒档制动器固定了前行星架，前太阳轮通过前行星齿轮驱动前齿圈逆时针转动将动力输出，由于输出轴与输入轴的转动方向相反，因此是倒车档。

当输出轴转速高于输入轴转速时，由于低、倒档制动器固定了前行星架，动力可由车轮传至发动机，实现发动机制动。

2. D位

（1）D_1档 D_1档时，前进档离合器（C_3）、前进单向离合器（F_1）和低档单向离合器（F_2）工作，如图4-16所示。

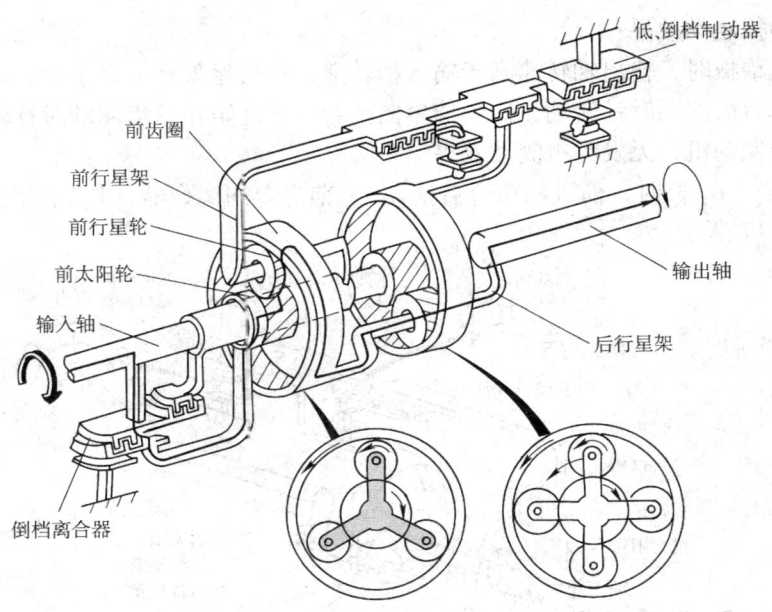

图 4-15　R 位传动原理图

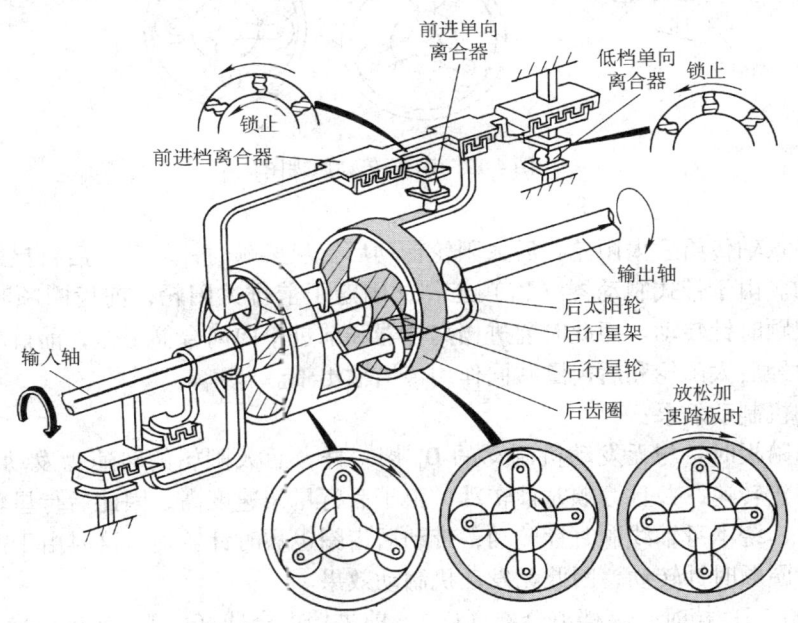

图 4-16　D_1 档传动原理图

动力经输入轴直接传递给后排太阳轮，后太阳轮力图使后行星架顺时针转动，但此时汽车未起步，后行星架不动。后行星轮力图使后齿圈逆时针方向转动，由于前进单向离合器和前进档离合器工作，通过低档单向离合器阻止后齿圈逆时针转动，后行星架便开始顺时针转动，汽车起步。

有无发动机制动效果：

放松加速踏板时，输出轴转速高于输入轴转速，后行星架转速高于后太阳轮转速，后行星齿轮力图使后齿圈顺时针转动，而低档单向离合器不能阻止后齿圈顺时针转动，驱动轮动力无法传递至发动机，无发动机制动效果。

（2）D_2 档　D_2 档时，前进档离合器（C_3）、前进单向离合器（F_1）、带式制动器（B_1）工作，如图 4-17 所示。

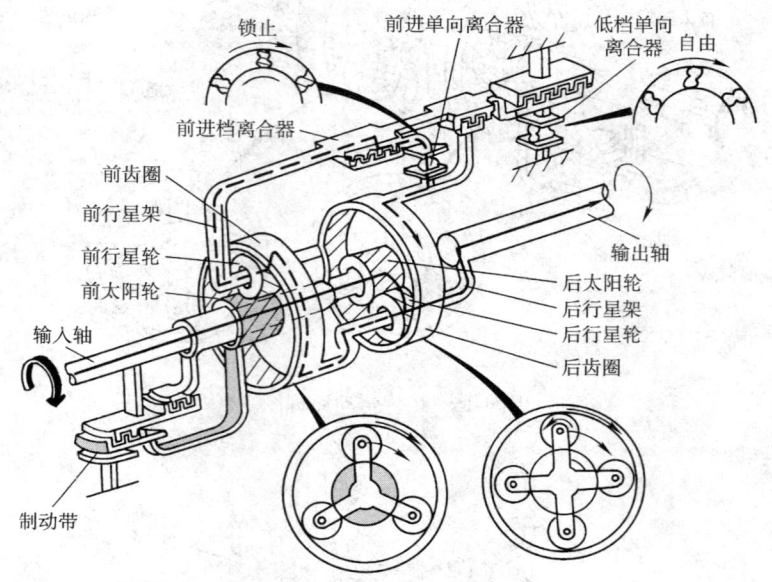

图 4-17　D_2 档传动原理图

动力经输入轴传给后太阳轮，后太阳轮带动后行星架顺时针转动，后行星架与前齿圈一起顺时针转动。由于带式制动器（B_1）工作，固定了前排太阳轮，前齿圈顺时针转动力图带动前行星架顺时针转动。而此时前进档离合器和前进单向离合器工作，前行星架带动后齿圈转动，动力经后太阳轮和后齿圈共同作用传给输出轴。

有无发动机制动效果：

放松加速踏板时，与无发动机制动的 D_1 档一样，后太阳轮的转速为发动机怠速转速，后行星架为后轮转速，并且为顺时针转动，由于后行星架速度高，因此后行星轮在绕后太阳轮转动的同时，绕本身轴线顺时针转动，带动后齿圈也顺时针转动，这时由于前进单向离合器不阻止后齿圈顺时针转动，因此无发动机制动效果。

（3）D_3 档　D_3 档时，高档离合器（C_2）、前进档离合器（C_3）、前进单向离合器（F_1）工作，如图 4-18 所示。

动力经输入轴传给后太阳轮，同时通过高档离合器传给前行星架。动力在传给前行星架时，由于前进档离合器工作，使前进单向离合器外圈力图相对于内圈顺时针转动，但单向离合器限制外圈相对内圈顺时针转动，因此动力经前进档离合器和前进单向离合器也传给了后齿圈。即动力同时传给了后太阳轮和后齿圈，前、后排行星机构不起变速作用，汽车处于直接档传动。

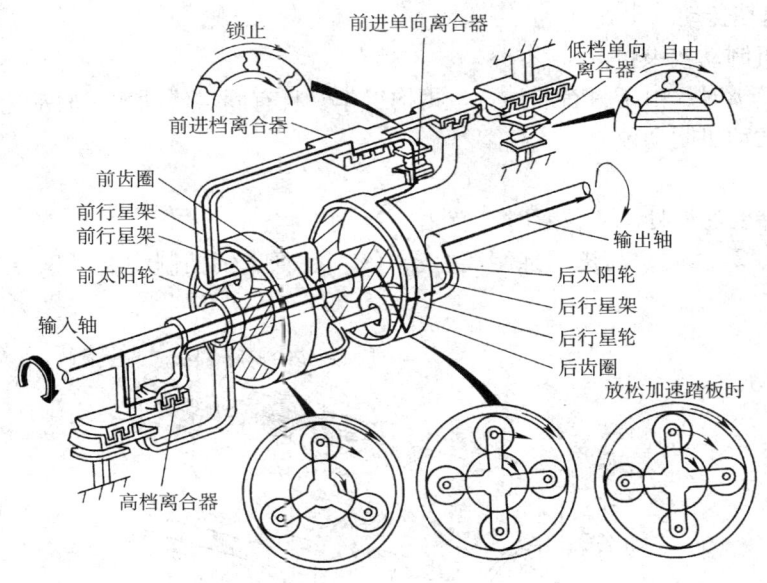

图 4-18 D_3 档传动原理图

有无发动机制动效果：

放松加速踏板时，后太阳轮和前行星架为发动机怠速转速，后行星架为驱动轮转速，这时由于后行星架转速较高，后行星轮在绕后太阳轮旋转的同时，自身会绕行星架轴顺时针转动，并力图带动后齿圈顺时针转动，而前进单向离合器不阻止内圈相对外圈顺时针转动，因此后轮动力不能通过前行星架或后太阳轮传递至发动机，无发动机制动效果。

（4） D_4 档　D_4 档时，高档离合器（C_2）、带式制动器（B_1）工作，如图 4-19 所示。

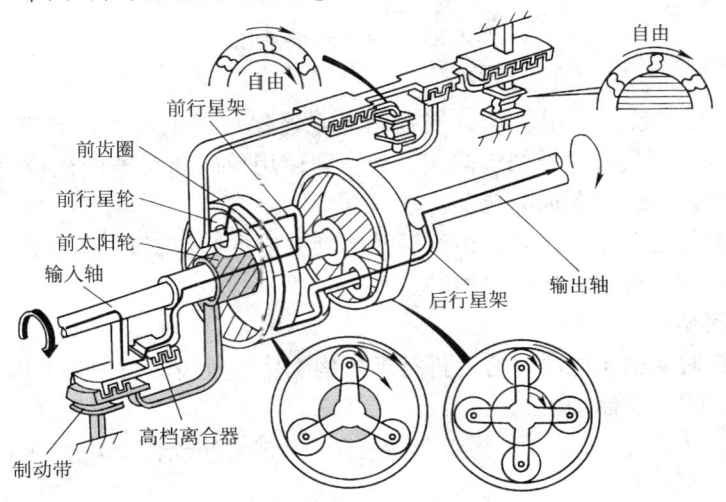

图 4-19　D_4 档传动原理图

由于带式制动器工作，前排太阳轮固定。动力经高档离合器传给前行星架，然后经前齿圈传给驱动轮。此时，主动齿轮（前行星架）齿数大于从动齿轮（前齿圈）齿数，传动比小于 1，为超速档传动。

有无发动机制动效果：

放松加速踏板时，由于只有前排行星机构工作，且有固定传动比，驱动轮动力可以传递至发动机，有发动机制动效果。

3. 2 位

自动变速器变速杆处于 2 位置时，有 2_1、2_2 两个档位。

（1）2_1 档　2_1 档时，前进档强制离合器（C_4）、低、倒档制动器（B_2）工作，如图 4-20 所示。

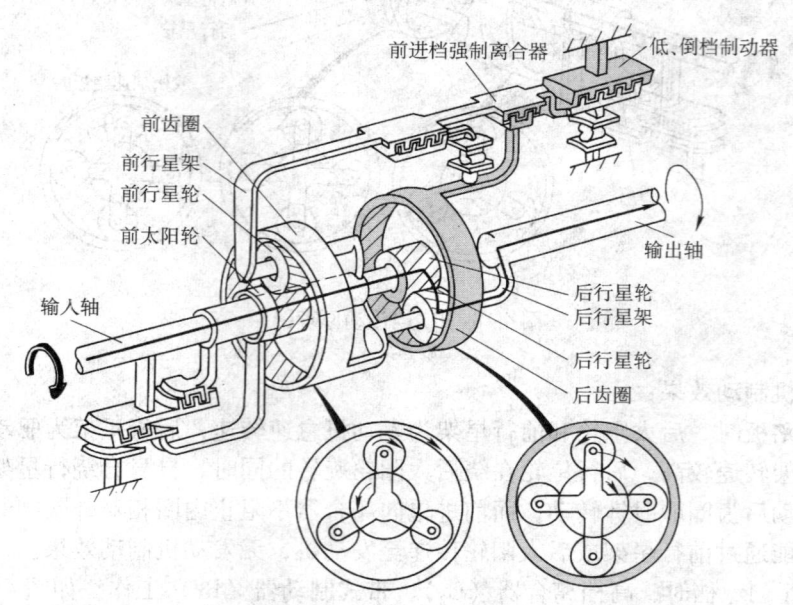

图 4-20　2_1 档传动原理图

2_1 档与 D_1 档相比较，采用了前进档强制离合器代替了前进档离合器和前进单向离合器，用低、倒档制动器代替了低档单向离合器，即使用单向离合器的档位没有发动机制动，有发动机制动的档位不使用单向离合器。

动力经输入轴传给后排太阳轮，由于后排齿圈被前进档强制离合器和低、倒档制动器固定住，动力经后排行星架直接传给输出轴。

有无发动机制动：

放松加速踏板时，由于这时只有后排行星机构工作，且齿圈被锁止，因此驱动轮动力可以传至发动机，有发动机制动效果。

（2）2_2 档　2_2 档时，前进档强制离合器（C_4）、带式制动器（B_1）工作，如图 4-21 所示。

与 D_2 档类似，动力经输入轴传给后太阳轮，后太阳轮顺时针转动，带动后行星架顺时针转动，因为前齿圈与后行星架连接在一起，所以前齿圈也顺时针转动。前齿圈转动时，由于前排太阳轮被固定，所以前行星架顺时针转动。前行星架转动时，由于有前进档强制离合器工作，后排齿圈被带动顺时针转动。动力便经后排行星架传给驱动轮。

有无发动机制动：

放松加速踏板时，后排太阳轮为发动机转速，后行星架为驱动轮转速。由于驱动轮转速高，后行星架（后行星轮）会绕太阳轮顺时针转动，这时后行星轮在绕太阳轮转动时会绕自身轴线顺时针转动，带动后齿圈顺时针转动。

后齿圈与前行星架被前进档强制离合器连接在一起，驱动轮与前齿圈连接在一起，前太阳轮被制动带固定，即驱动轮与前行星架有固定传动比，也即后齿圈与驱动轮（后行星架）有固定传动比，因此动力可由驱动轮传给发动机，有发动机制动效果。

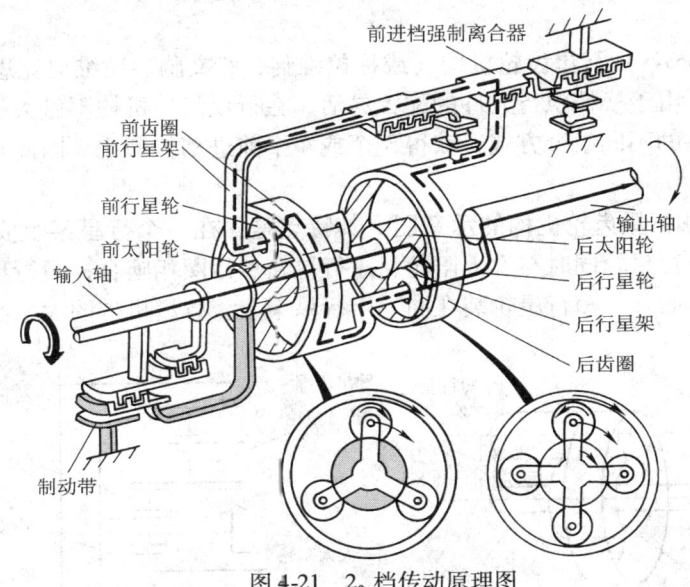

图 4-21　2_2 档传动原理图

(3) 2_3 档　2_3 档时，高档离合器（C_2）、前进档强制离合器（C_4）工作，如图 4-22 所示。

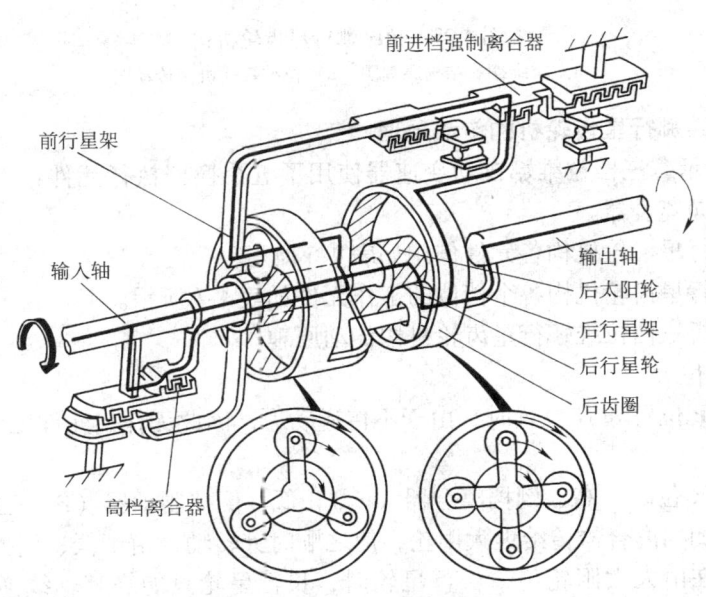

图 4-22　2_3 档传动原理图

动力经输入轴传给后排太阳轮,与此同时经高档离合器、前进档强制离合器传给后排齿圈,故正向驱动时与 D_3 档相同。

有无发动机制动效果:

放松加速踏板时,驱动轮动力同时传给后行星架和后齿圈,后排行星机构处于锁止状态,后太阳轮的转速与后行星架相同,驱动轮动力可以传给发动机,有发动机制动效果。

第三节 拉维娜行星齿轮机构

拉维娜(Ravigneavx)行星齿轮机构(或称拉维脑、腊文脑、拉维尼克思)也是一种常见的行星齿轮机构。由于换档执行元件的配置灵活,在行星齿轮机构不做大的改变前提下可以通过换档执行元件的不同组合方式,获得3个或4个前进档传动比。因此在自动变速器中得到了广泛的应用。

图 4-23 为拉维娜行星齿轮机构的示意图。其特点是:在一个行星架上安装有互相啮合的两套行星齿轮,长行星轮同时与大太阳轮、短行星轮、齿圈相啮合;短行星轮与长行星轮和小太阳轮相啮合;而长、短行星轮装在同一个行星架上。行星机构的大、小太阳轮都为动力输入元件。

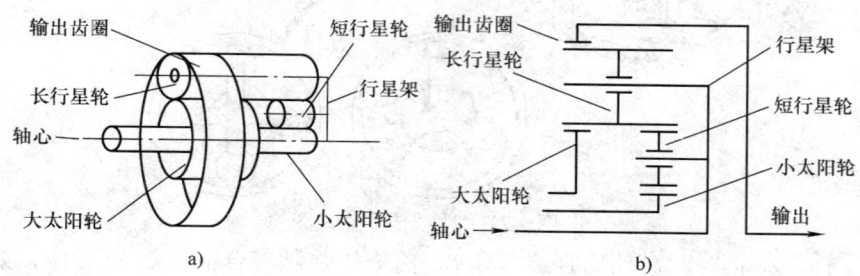

图 4-23 拉维娜行星齿轮机构
a) 拉维娜式结构原理图 b) 拉维娜式机械传动图

一、三档拉维娜行星齿轮机构传动原理

如图 4-24 所示,三档拉维娜自动变速器使用了五个换档执行元件:二个离合器、二个制动器、一个单向离合器。

三档拉维娜行星齿轮机构各元件作用如表 4-6 所示。

三档拉维娜行星齿轮机构各个档位的工作元件如表 4-7 所示。

下面具体分析三档拉维娜行星齿轮机构传动原理:

1. P 位和 N 位

变速杆处于 P 位置和 N 位置时,由于不传递动力,因此无任何元件工作。

2. R 位

变速杆处于 R 位时,高、倒档离合器(C_2),低、倒档制动器(B_2)工作。

动力经高、倒档离合器传给大太阳轮,使之顺时针转动,由于低、倒档制动器将共用行星架锁止,动力在由大太阳轮传给长行星轮时,长行星轮只能绕其轴线逆时针转动,齿圈(输出轴,即驱动轮)便在长行星轮的驱动下逆时针转动,实现车辆倒驶。

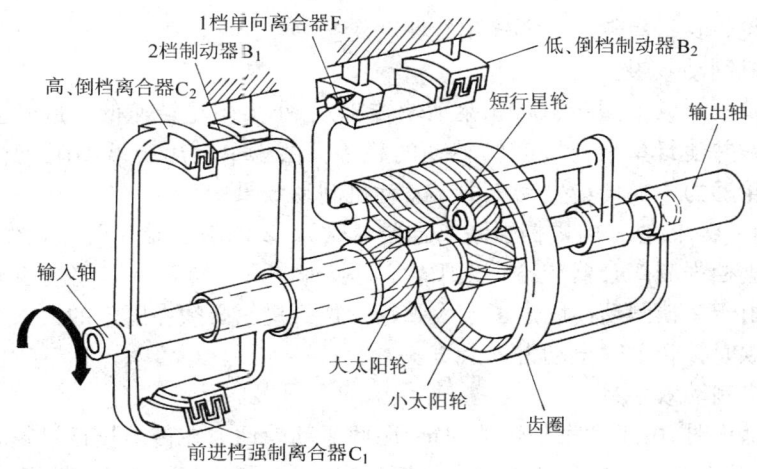

图 4-24 三档拉维娜行星齿轮机构

表 4-6 三档拉维娜自动变速器换档元件名称及作用

元件代号	名 称	作 用
C_1	前进档强制离合器	可使动力由输入轴传给小太阳轮
C_2	高、倒档离合器	可使动力由输入轴传给大太阳轮
B_1	2 档制动器	固定大太阳轮
B_2	低、倒档制动器	固定行星架
F_1	1 档单向离合器	锁止行星架逆时针转动

表 4-7 三档拉维娜行星齿轮机构换档执行元件工作表

变速杆位置	档 位	C_1	C_2	B_1	B_2	F_1
P	驻车					
R	倒档		○		○	
N	空档					
D	D_1	○				○
D	D_2	○		○		
D	D_3	○	○			
2	2_1	○			○	
2	2_2	○		○		

注：○——有动作，并参加动力传递。

放松加速踏板时，由于行星架固定，所以驱动轮动力可以传给发动机，有发动机制动效果。

3. D 位

变速杆处于 D 位置时，变速器可以在 $D_1 \sim D_3$ 间不同的档位变换。

（1）D_1 档　D_1 档时，前进档强制离合器（C_1）、1 档单向离合器（F_1）工作。

动力经前进档强制离合器传给小太阳轮，驱动小太阳轮顺时针转动。小太阳轮驱动与之相啮合的短行星轮逆时针转动，并使长行星轮顺时针转动。由于起步时齿圈与驱动轮相连，起步阻力大，长行星轮顺时针转动时，有带动行星架逆时针转动的趋势。而 1 档单向离合器阻止行星架逆时针转动，长行星轮便驱动齿圈顺时针转动，动力经前进档强制离合器、小太阳轮、短行星轮、长行星轮、齿圈输出给驱动轮。

有无发动机制动效果：

放松加速踏板时，齿圈转速高（驱动轮转速），小太阳轮转速低，这时齿圈驱动长行星轮顺时针转动，并使行星架有顺时针转动的趋势，由于单向离合器不阻止行星架顺时针转动，所以驱动轮动力不能传给发动机，无发动机制动效果。

（2）D_2 档 D_2 档时，前进档强制离合器（C_1）、2档制动器（B_1）工作。

动力经前进档强制离合器传给小太阳轮，小太阳轮驱动短行星轮逆时针转动、长行星轮顺时针转动。由于2档制动器固定了大太阳轮，长行星轮必须在固定的大太阳轮上顺时针滚动并驱动齿圈顺时针转动输出动力。

有无发动机制动效果：

放松加速踏板时，由于大太阳轮被固定，因此驱动轮动力在传给长行星轮时有固定的传动比，长行星轮将动力通过短行星轮传给小太阳轮（即发动机）从而实现发动机制动效果。

（3）D_3 档 D_3 档时，前进档强制离合器（C_1），高、倒档离合器（C_2）工作。

动力经前进档强制离合器，高、倒档离合器同时传给大、小太阳轮，长、短行星轮的自转被限制，整个行星齿轮机构一起转动，输入轴与输出轴转速一致，传动比为1，此时为直接档。由于是直接档，故有发动机制动效果。

4. 2位

变速杆处于2位置时，有2_1档和2_2档两个档位。

（1）2_1 档 2_1 档时，前进档强制离合器（C_1），低、倒档制动器（B_2）工作。

2_1 档时，车辆前进时的动力传递路线与D_1档时完全相同，经小太阳轮、短行星齿轮、长行星齿轮、齿圈输出。

放松加速踏板时，由于低、倒档制动器锁止了行星架，阻止了行星架顺时针转动，因此驱动轮动力可以传至发动机，有发动机制动效果。

（2）2_2 档 2_2 档时，前进档强制离合器（C_1）、2档制动器（B_1）工作。

2_2 档时传动方式与D_2档时完全相同，在此不再重复。

二、四档拉维娜行星齿轮机构传动原理

如图4-25所示，四档拉维娜行星齿轮变速器使用了八个换档执行元件：三个离合器、三个制动器、二个单向离合器。

四档拉维娜行星齿轮机构各元件作用如表4-8所示。

表4-8 四档拉维娜行星齿轮变速器换档元件名称及作用

元件代号	名称	作用
C_1	前进档离合器	可使动力由输入轴传给小太阳轮
C_2	直接档离合器	可使动力由输入轴传给行星齿轮架
C_3	倒档离合器	可使动力由输入轴传给大太阳轮
B_1	超速档和2档制动器	固定大太阳轮
B_2	2档制动器	与F_1配合固定大太阳轮
B_3	1、倒档制动器	固定行星架
F_1	2档单向离合器	与B_2配合防止大太阳轮逆时针转动
F_2	1档单向离合器	锁止行星架逆时针转动

四档拉维娜行星齿轮机构各个档位的工作元件如表 4-9 所示。

表 4-9　四档拉维娜行星齿轮变速器换档执行元件工作表

变速杆位置	档位	C_1	C_2	C_3	B_1	B_2	B_3	F_1	F_2
P	驻车								
R	倒档			○			○		
N	空档								
D	D_1	○							○
	D_2	○				○		○	
	D_3	○	○			●			
	D_4		○		○	●			
2	2_1	○						○	
	2_2	○			○	●		●	
L	L_1	○							●

注：●——有动作，但不参加动力传递。其动作的目的是为了升、降档或变速杆在各前进档位变换时的衔接，不致出现换档冲击。

○——有动作，并参加动力传递。

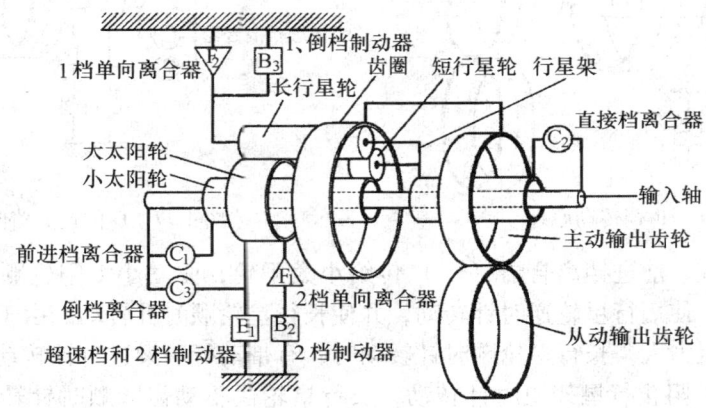

图 4-25　四档拉维娜行星齿轮机构

下面具体分析四档拉维娜行星齿轮机构传动原理：

1. P 位和 N 位

变速杆处于 P 位置和 N 位置时，由于不传递动力，因此无任何元件工作。

2. R 位

R 位时，参与工作的执行元件有倒档离合器（C_3）和 1、倒档制动器（B_3）工作，如图 4-26 所示。

动力经输入轴、倒档离合器（C_3）传给大太阳轮，驱动大太阳轮顺时针旋转，由于这时汽车尚未起步倒车，因此齿圈固定不动。长行星轮力图使行星架逆时针转动，由于 1、倒档制动器（B_3）限制行星架逆时针转动，因此长行星轮绕轴逆时针旋转，从而带动齿圈逆时针转动，动力经由齿圈输出。与此同时长行星轮带动短行星轮和小太阳轮绕轴空转。

动力传递路线：

发动机工作 → 动力 → 输入轴 → C_3 → 大太阳轮 → 长行星轮 ——→ 齿圈 → 主动输出齿轮 → 从动输出
　　　　　　　　　　　　　　　　　　　　　　　　　　　　　　　　└→ 短行星轮、小太阳轮逆时针自由转动

齿轮→车轮。

实现车辆倒驶。

有无发动机制动效果：

放松加速踏板时，齿圈转速高，力图带动长行星轮和行星架绕大太阳轮逆时针转动，由于1、倒档制动器（B_3）的作用，不能逆时针转动，所以驱动轮动力可以传给发动机，有发动机制动效果。

3. D位

自动变速器变速杆置于D位置时，变速器可以更换从D_1～D_4间不同的档位。

（1）D_1档（和2_1档） D_1档时，前进档离合器（C_1）、1档单向离合器（F_2）工作，如图4-27所示。

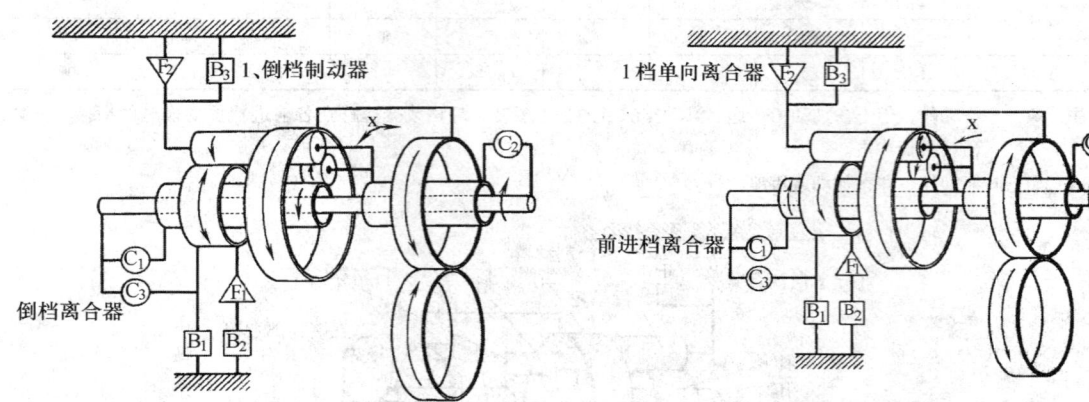

图4-26 R档传动原理　　　　　图4-27 D位置1档传动原理

动力经输入轴、前进档离合器（C_1）传给小太阳轮，驱动小太阳轮顺时针旋转。小太阳轮顺时针转动，使短行星轮逆时针转动，并使长行星轮顺时针转动。由于起步时齿圈与驱动轮相连，起步阻力大，长行星轮顺时针转动时，有带动行星架逆时针转动的趋势。而1档单向离合器（F_2）阻止行星架逆时针转动，长行星轮便驱动齿圈顺时针转动，动力经前进档离合器、小太阳轮、短行星轮、长行星轮、齿圈输出给驱动轮。在上述传动过程中，由于大太阳轮无元件限制，可逆时针自由转动。

动力传递路线：

发动机工作→动力→输入轴→C_1→小太阳轮→短行星轮→长行星轮┬→齿圈→主动输出齿轮
　　　　　　　　　　　　　　　　　　　　　　　　　　　　　　└→大太阳轮逆时针空转

→从动输出齿轮→车轮。

实现车辆行驶。

有无发动机制动效果：

放松加速踏板时，齿圈（驱动轮）转速高，带动长行星轮绕轴顺时针转动。小太阳轮（发动机）转速低，带动短行星轮绕轴逆时针转动。二者合成有使行星架顺时针转动的趋势，由于1档单向离合器不阻止行星架顺时针转动，行星架处于自由状态，驱动轮动力示能传给发动机，无发动机制动效果。

（2）D_2档　D_2档时，前进档离合器（C_1）、2档制动器（B_2）、2档单向离合器（F_1）工作，如图4-28所示。

动力经输入轴、前进档离合器（C_1）传给小太阳轮，驱动小太阳轮顺时针旋转。小太阳轮顺时针转动，使短行星轮逆时针转动，并使长行星轮顺时针转动。长行星轮顺时针转动时，有带动大太阳轮逆时针转动的趋势。由于 2 档制动器（B_2）工作，2 档单向离合器（F_1）阻止大太阳轮逆时针转动，长行星轮便驱动齿圈顺时针转动，动力经前进档离合器、小太阳轮、短行星轮、长行星轮、齿圈输出给驱动轮。

动力传递路线：

发动机工作→动力→输入轴→C_1→小太阳轮→短行星轮→长行星轮→齿圈→主动输出齿轮→从动输出齿轮→车轮。

有无发动机制动效果：

放松加速踏板时，齿圈（驱动轮）转速高，带动长行星轮绕轴顺时针转动。小太阳轮（发动机）转速低，带动短行星轮绕轴逆时针转动。二者合成有使行星架顺时针转动的趋势，由于无元件阻止行星架顺时针转动，行星架处于自由状态。同时 2 档单向离合器（F_1）也不限制大太阳轮顺时针转动，驱动轮动力不能传给发动机，无发动机制动效果。

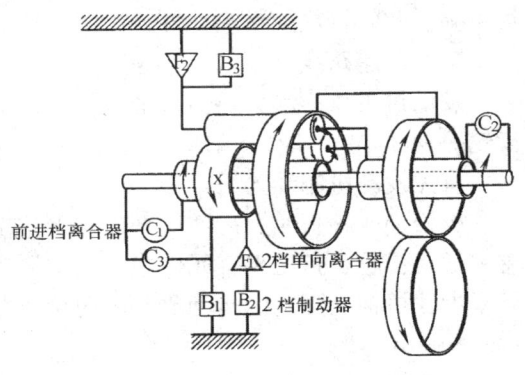

图 4-28　D 位置 2 档传动原理

D_2 档与 D_1 档的区别在于：D_2 档正向传动时大太阳轮的逆时针转动受到 2 档制动器（B_2）和 2 档单向离合器（F_1）的限止，因此长行星轮在与大太阳轮啮合时增加了一个牵连速度，使齿圈在转动时有了一个增量，齿圈的转速相对于 D_1 档升高了。

(3) D_3 档　D_3 档时，前进档离合器（C_1）、直接档离合器（C_2）、2 档制动器（B_2）工作，如图 4-29 所示。

动力经输入轴、前进档离合器和直接档离合器同时传给小太阳轮和行星架，长、短行星轮的自转被限制，整个行星齿轮机构一起转动，输入轴与齿圈转速一致，传动比为 1，此时为直接档。由于是直接档，故有发动机制动效果。

在此档位时 2 档制动器 B_2 工作，主要是防止在档位变换时同时对二个执行元件充油和泄油引起的换档冲击。

(4) D_4 档　D_4 档时，直接档离合器（C_2）、超速档和 2 档制动器（B_1）、2 档制动器（B_2）工作，如图 4-30 所示。

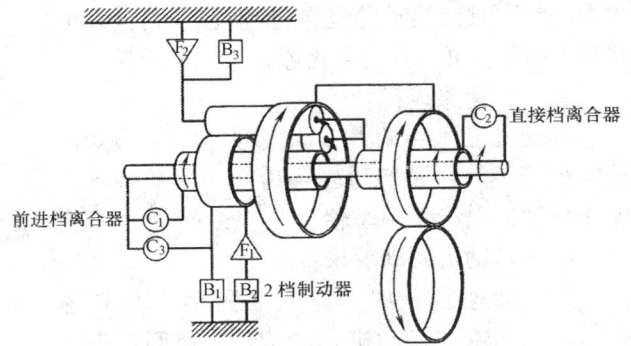

图 4-29　D 位置 3 档传动原理

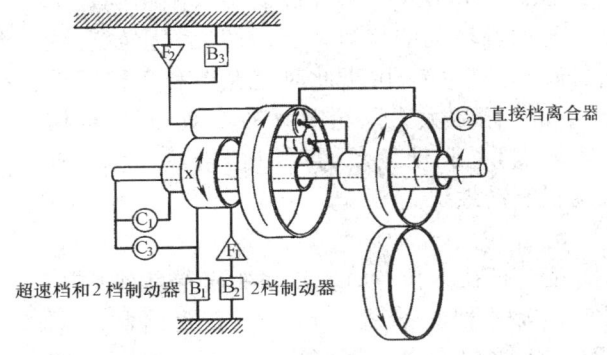

图 4-30　D 位置 4 档传动原理

动力经输入轴、直接档离合器传给行星架。由于大太阳轮固定,长行星轮在行星架带动下顺时针转动的同时,绕自身轴线顺时针转动(同时在大太阳轮上顺时针滚动),将动力传给齿圈。此时行星架是主动件,齿圈是从动件,传动比小于1,是超速档传动。

动力传递路线:

发动机工作→动力→输入轴→C_2→行星架→长行星轮→齿圈→主动输出齿轮→从动输出齿轮→短行星轮和小太阳轮自由转动→车轮。

有无发动机制动效果:

放松加速踏板时,齿圈(驱动轮)转速高,行星架(发动机)转速低。由于在大太阳轮、长行星轮、行星架三元件中,大太阳轮被超速档和2档制动器(B_1)固定不动,因而行星齿轮机构有固定的传动比,驱动轮动力可以传给发动机,有发动机制动效果。

4. 2位

变速杆在2位置时,自动变速器有2_1档和2_2档两个档位,由于2_1档传动原理与D_1档相同,在此不再赘述。

2_2档时,前进档离合器(C_1)、超速档和2档制动器(B_1)、2档制动器(B_2)、2档单向离合器(F_1)工作,如图4-31所示。

动力经输入轴、前进档离合器传给小太阳轮。小太阳轮顺时针转动带动短行星轮逆时针转动,短行星轮使长行星轮顺时针转动。长行星轮顺时针转动时有使大太阳轮有逆时针转动的趋势,由于超速档和2档制动器(B_1)的作用,大太阳轮不能逆时针转动。因此长行星轮只能绕大太阳轮顺时针滚动并绕自身轴线顺时针转动,将动力传给齿圈。动力经齿圈输出给驱动轮。

动力传递路线:

发动机工作→动力→输入轴→C_1→小太阳轮→短行星轮→长行星轮→齿圈→主动输出齿轮→从动输出齿轮→车轮。

有无发动机制动效果:

放松加速踏板时,齿圈(驱动轮)转速高,小太阳轮(发动机)转速低。齿圈在带动长行星轮顺时针转动和短行星轮逆时针转动时,使行星架有绕小太阳轮(假设小太阳轮固定不动)逆时针转动的趋势,从而使大太阳轮有顺时针转动的趋势。由于此时超速档和2档制动器(B_1)限制大太阳轮顺时针转动(与D_2档的不同点),驱动轮动力可以传给发动机,有发动机制动效果。

5. L位

变速杆在L位置时,自动变速器只有1档。此时,前进档离合器(C_1)、1、倒档制动器(B_3)、1档单向离合器(F_2)工作,如图4-32所示。

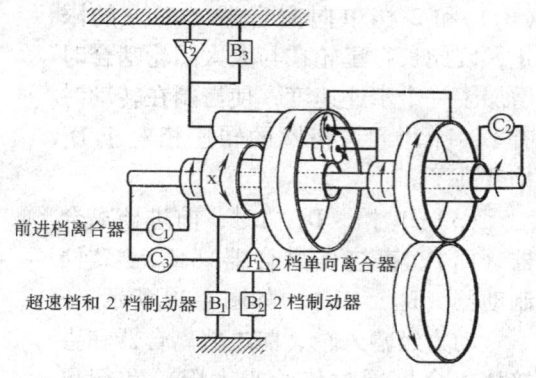

图4-31 2位置2档传动原理

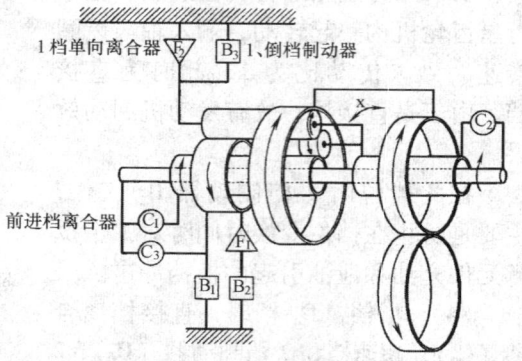

图4-32 L位置1档传动原理

动力经输入轴、前进档离合器传给小太阳轮。小太阳轮顺时针转动带动短行星轮逆时针转动，短行星轮使长行星轮顺时针转动。由于汽车未起步，长行星轮顺时针转动时有使行星架逆时针转动的趋势，1、倒档制动器（B_3）阻止行星架逆时针转动，因此长行星轮使齿圈顺时针转动，动力经齿圈输出给驱动轮。在此过程中长行星轮带动大太阳轮逆时针自由转动。

动力传递路线：

发动机工作→动力→输入轴→C_1→小太阳轮→短行星轮→长行星轮→齿圈→主动输出齿轮→大太阳轮自由转动→从动输出齿轮→车轮。

有无发动机制动效果：

放松加速踏板时，齿圈（驱动轮）转速高，小太阳轮（发动机）转速低。齿圈在带动长行星轮顺时针转动和短行星轮逆时针转动时，有使行星架绕小太阳轮顺时针转动的趋势，1、倒档制动器（B_3）限制行星架顺时针转动（与 D_1 档的不同点），驱动轮动力可以传给发动机，有发动机制动效果。

三、大众01M 四档拉维娜行星齿轮变速器传动原理

如图 4-33 所示，大众 01M 四档拉维娜行星齿轮变速器使用了六个换档执行元件：三个离合器、二个制动器、一个单向离合器。

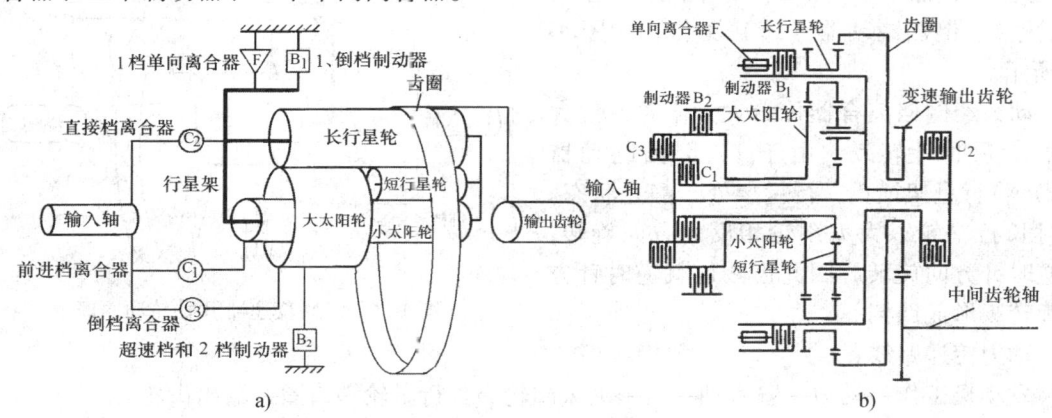

图 4-33　大众 01M 四档拉维娜行星齿轮变速器
a）传动原理图　b）结构简图

大众01M 四档拉维娜行星齿轮机构各元件作用及工作表见表4-10 和表4-11。

表4-10　大众01M 四档拉维娜行星齿轮变速器换档元件名称及作用

元件代号	名　　称	作　　用
C_1	前进档离合器	可使动力由输入轴传给小太阳轮
C_2	直接档离合器	可使动力由输入轴传给行星齿轮架
C_3	倒档离合器	可使动力由输入轴传给大太阳轮
B_1	1、倒档制动器	固定行星架
B_2	超速档和2档制动器	固定大太阳轮
F	1档单向离合器	锁止行星架逆时针转动

表 4-11 大众 01M 四档拉维娜行星齿轮变速器换档执行元件工作表

变速杆位置	档位	C_1	C_2	C_3	B_1	B_2	F
P	驻车						
R	倒档			○	○		
N	空档						
D	D_1	○					○
D	D_2	○				○	
D	D_3	○	○				
D	D_4		○			○	
L	L_1	○			○		

下面具体分析四档拉维娜行星齿轮机构传动原理:

1. P 位和 N 位

变速杆处于 P 位置和 N 位置时,由于不传递动力,因此无任何元件工作。

2. R 位

变速杆处于 R 位置时,倒档离合器(C_3)、1、倒档制动器(B_1)工作,如图 4-34 所示。

动力经倒档离合器传给大太阳轮,使大太阳轮顺时针转动。由于 1、倒档制动器(B_1)将行星架锁止,行星架处于静止状态。此时长行星轮以大太阳轮相反的方向旋转,即逆时针方向旋转,因此齿圈也就逆时针方向旋转,形成倒档。

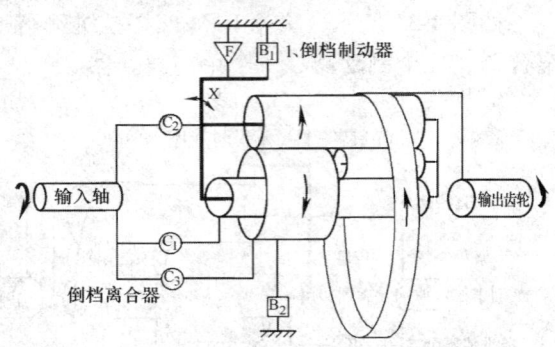

图 4-34 01M 变速器 R 档传动原理

动力传递路线:

发动机工作→动力→输入轴→C_3→大太阳轮→长行星轮→齿圈→输出齿轮

由于在行星机构中行星架固定,因此放松加速踏板时,驱动轮动力可以传给发动机,有发动机制动效果。

3. D 位

变速杆位于 D 位置时,变速器可自动在 D_1~D_4 之间变换。

(1) D_1 档 D_1 档时,前进档离合器(C_1)、1 档单向离合器(F)工作,如图 4-35 所示。

动力经前进档离合器传给小太阳轮,使小太阳轮顺时针转动。小太阳轮顺时针转动,带动短行星轮逆时针转动,并使长行星轮顺时针转动。由于汽车尚未起步,齿圈不动,长行星轮(在齿圈上逆时针滚动)有使

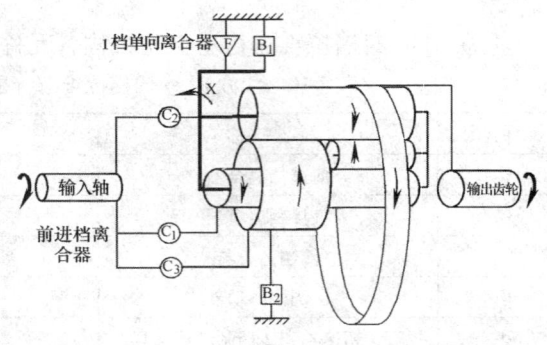

图 4-35 01M 变速器 D_1 档传动原理

行星架逆时针转动的趋势,但 1 档单向离合器阻止行星架逆时针转动,因此长行星轮使齿圈顺时针转动,汽车起步。传动过程中大太阳轮被长行星轮带动逆时针自由转动。

动力传递路线:

发动机工作→动力→输入轴→C→小太阳轮→短行星轮→长行星轮─→齿圈→输出齿轮
　　　　　　　　　　　　　　　　　　　　　　　　　　　　　└→大太阳轮自由转动

有无发动机制动效果:

放松加速踏板时,齿圈转速高(驱动轮),小太阳轮转速低(发动机)。长行星轮被齿圈带动顺时针转动,短行星轮被发动机带动逆时针转动,二者的合成速度使行星架顺时针转动。由于 1 档单向离合器不阻止行星架顺时针转动,无发动机制动效果。

(2) D_2 档 D_2 档时,前进档离合器(C_1)、超速档和 2 档制动器(B_2)、1 档单向离合器(F)工作,如图 4-36 所示。

动力经前进档离合器传给小太阳轮,使小太阳轮顺时针转动。小太阳轮顺时针转动,带动短行星轮逆时针转动,并使长行星轮顺时针转动。长行星轮有使大太阳轮逆时针转动,且长行星架有逆时针转动的趋势,但超速档和 2 档制动器阻止大太阳轮逆时针转动,且 1 档单向离合器阻止行星架逆时针转动,因此长行星轮使齿圈顺时针转动,动力经输出齿轮传给驱动轮。

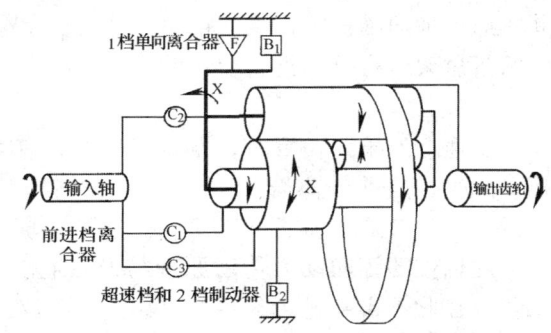

图 4-36　01M 变速器 D_2 档传动原理

由于 D_2 档时大太阳轮被固定,齿圈的转速较 D_1 档时升高。

动力传递路线:

发动机工作→动力→输入轴→C_1→小太阳轮→短行星轮→长行星轮→齿圈→输出齿轮

有无发动机制动效果:

放松加速踏板时,齿圈转速高,带动长行星轮顺时针转动,并使行星架顺时针转动,由于大太阳轮被超速档和 2 档制动器锁止,因此齿圈与长行星轮(行星架)之间有固定传动比(与前述四档拉维娜行星齿轮机构的区别),驱动轮动力经长行星轮、短行星轮、小太阳轮传给发动机,有发动机制动效果。

(3) D_3 档 D_3 档时,前进离合器(C_1)、直接档离合器(C_2)工作,如图 4-37 所示。

动力经前进档离合器(C_1)、直接档离合器(C_2)同时传给小太阳轮和行星架。长、短行星轮的自转被限制,整个行星齿轮机构一起转动,输入轴与齿圈转速一致,传动比为 1,此时为直接档。由于是直接档,故有发动机制动效果。

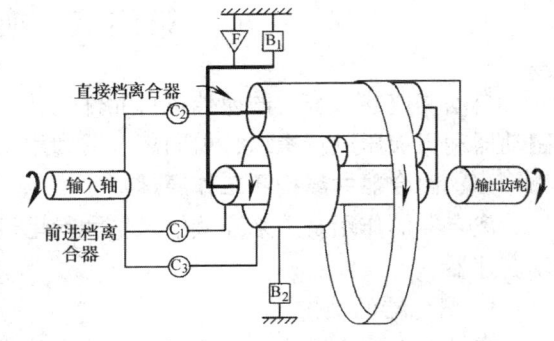

图 4-37　01M 变速器 D_3 档传动原理

(4) D_4 档 D_2 档时,直接档离合器(C_2)、超速档和 2 档制动器(B_2)工作,如图 4-38 所示。

动力经直接档离合器传给行星架。行星架顺时针转动，力图使大太阳轮逆时针转动，超速档和2档制动器（B_2）限制大太阳轮逆时针转动。因此，长行星轮在被行星架带动绕大太阳轮转动的同时绕自身轴线转动，将动力传给齿圈输出。传动过程中短行星轮和小太阳轮被长行星轮带动绕轴自由转动。

动力传递路线：

发动机工作→动力→输入轴→C_2→行星架→长行星轮→齿圈→输出齿轮

有无发动机制动效果：

由于行星机构三元件（大太阳轮、行星轮或行星架、齿圈）中有一个元件固定。因此，放松加速踏板时，驱动轮动力可以经齿圈传给行星架，有发动机制动效果。

4. L位

变速杆处于L位置时，自动变速器只有1档。此时，前进档离合器（C_1）、1、倒档制动器（B_1）工作，如图4-39所示。

此档位的正向动力传动原理与D_1档完全一致，在此不再赘述。

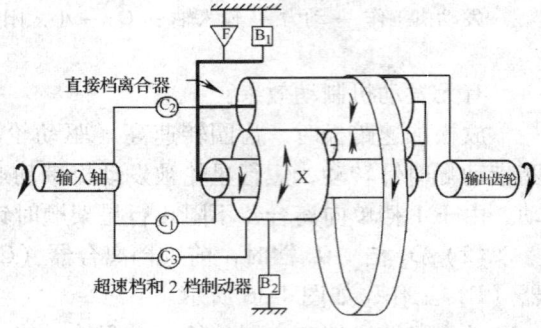

图4-38　01M变速器D_4档传动原理

有无发动机制动效果：

放松加速踏板时，齿圈转速高（驱动轮），小太阳轮转速低（发动机）。长行星轮被齿圈带动顺时针转动，短行星轮被发动机带动逆时针转动，二者的合成速度使行星架顺时针转动。由于1、倒档制动器（B_1）阻止行星架逆时针转动（D_1档时由于是1档单向离合器F工作，不阻止行星架逆时针转动，故无发动机制动效果），有发动机制动效果。

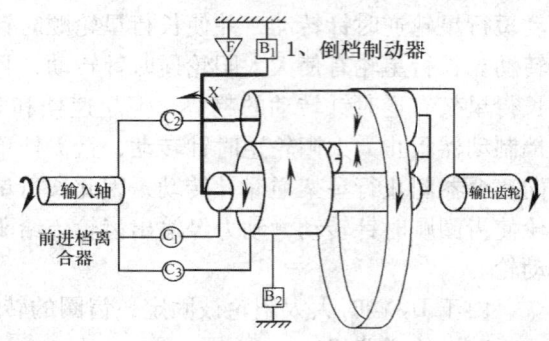

图4-39　01M变速器L档传动原理

第四节　换档执行机构

自动变速器系统中的换档执行元件包括离合器、制动器、单向离合器等。其中离合器和制动器利用液压进行操纵，单向离合器利用摩擦力进行工作。

一、离合器的结构和工作原理

离合器的作用是用来连接输入轴和行星机构的某一个元件或某两个元件。将动力传给自动变速器。

1. 离合器的结构

自动变速器中所用的离合器为湿式多片式离合器。通常由离合器鼓、离合器活塞、回位弹簧、离合器钢片、离合器摩擦片、离合器毂等部件组成，如图4-40所示。

离合器鼓作为离合器的外壳，是一个液压油缸，鼓内有内花键齿圈，与离合器钢片的外花键齿相啮合，内圆轴颈上有进油孔与控制油路相通。离合器活塞为环状，内外圆上有密封圈，安装在离合器鼓内，无油压力作用时，活塞被回位弹簧推回至最内端，这时离合器处于分离状态，离合器总分离间隙为 0.5~2.0mm，其值取决于离合器片的片数、离合器在变速器中的位置，不同的生产厂家也有差别。通常离合器片数越多，或离合器交替工作越频繁，分离间隙就越大。间隙的大小可以用挡圈或压板进行调整。在使用中出现间隙过大，通常预示着离合器片磨损严重，应及时更换。否则有可能因间隙过大，回位弹簧被完全压缩，离合器仍未完全接合，造成离合器严重打滑。而出现间隙过小，往往是由于离合器片有翘曲，此时需要进行更换。因间隙过小会使离合器分离不彻底，增加离合器片的磨损。

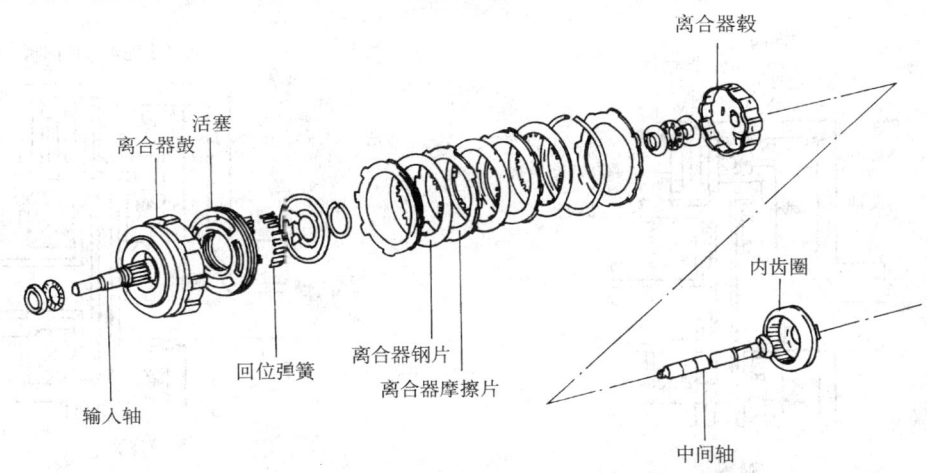

图 4-40　离合器零件分解图

离合器钢片外花键和离合器摩擦片内花键盘分别与离合器鼓和离合器毂相啮合，且交错排列，统称为离合器片，均使用钢料制成，但离合器摩擦片的两面烧结有铜粉末冶金的摩擦材料，与钢片组成钢——粉末冶金摩擦副。近年来也有以纸质或者合成纤维材料浸树脂代替粉末冶金材料。为保证离合器结合柔和及时散热，把离合器片浸在油液中工作，因而称为湿式离合器。

离合器鼓和离合器毂分别以一定的方式与变速器输入轴和行星排的某个基本元件相连，与输入轴相连的通常为主动件，而另一个为从动件。

2. 离合器工作原理

如图 4-41 所示，当压力油经油道进入活塞左面的液压缸时，液压作用力克服回位弹簧的弹力使活塞右移，将所有离合器片压紧，即离合器接合，与离合器主、从动部分相连的输入轴及行星机构元件也被连接在一起，以相同的速度旋转。动力经输入轴、离合器钢片、离合器摩擦片传给齿圈。

当作用在离合器液压缸上的油压力撤除时，离合器活塞在回位弹簧的作用下回复原位，并将缸内的变速器油从进油孔排出。离合器分离，离合器主、从动部分可以不同转速旋转。

离合器处于分离状态，离合器片之间有一定的轴向间隙，以保证钢片和摩擦片之间无轴向压力。

离合器处于分离状态时，活塞左端的油缸内不可避免地会残留有少量变速器油。当离合器鼓随同变速器输入轴或行星排某一元件一起旋转时，残留的变速器油在离心力的作用下被甩向液压缸的外侧，并在该处产生一定的油压。若离合器鼓的转速较高，该油压将推动活塞压向离合器片，力图使离合器接合，从而导致钢片和摩擦片间出现不正常滑磨，影响离合器片的使用寿命。为了防止出现这种情况，在离合器活塞或离合器鼓右端的壁面上设有一个由钢球组成的单向阀。如图4-42所示，当压力油进入液压缸内时，钢球在油压的作用下压紧在阀座上，单向阀处于关闭状态，保证了液压缸的密封。当液压缸内的压力油通过油路排出时，缸体内的液压力下降，单向阀的钢球在离心力作用下离开阀座，阀处于开启状态，残留在缸内的液压油因离心力的作用从安全阀的阀孔中排出，使离合器得以彻底分离。

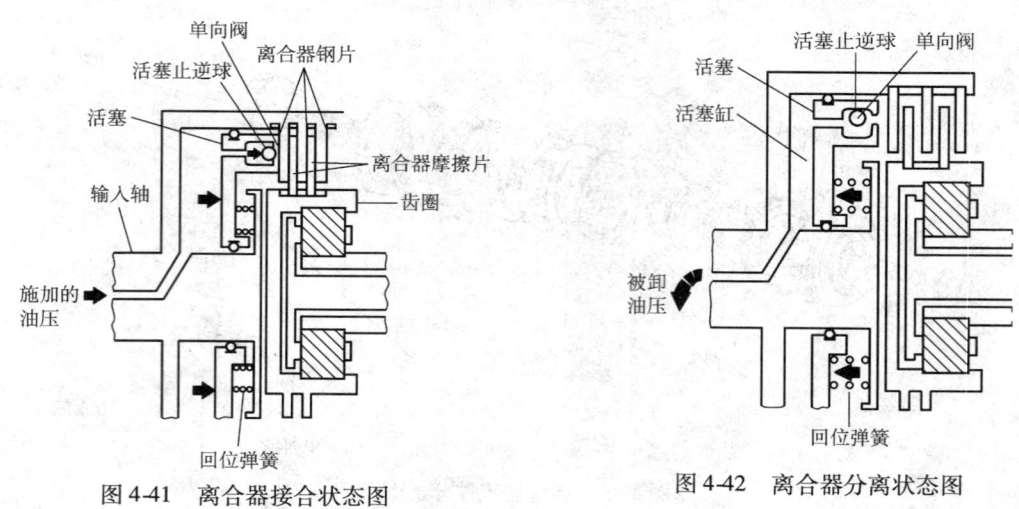

图4-41　离合器接合状态图　　　　图4-42　离合器分离状态图

二、制动器的结构和工作原理

制动器的作用是固定行星齿轮机构中的某一基本元件，阻止其旋转。制动器一般分为湿式多片制动器和带式制动器。

1. 湿式多片式制动器

湿式多片式制动器结构与离合器结构相似，如图4-43所示，由制动器活塞、回位弹簧、制动器鼓、制动器摩擦片、制动器钢片等组成。

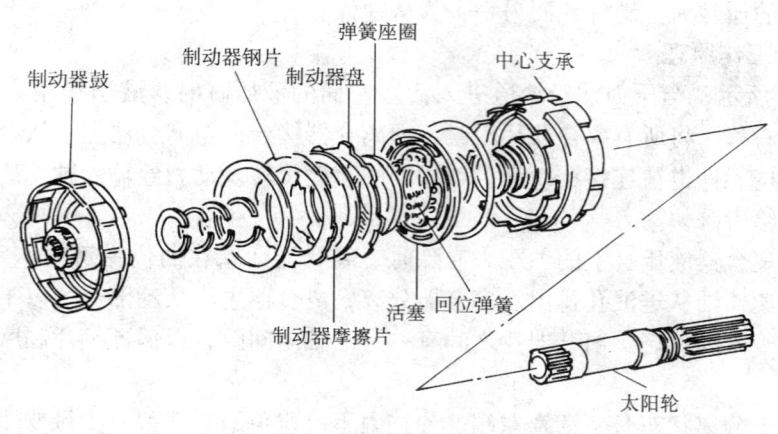

图4-43　制动器零件分解图

湿式片式制动器的工作原理与湿式离合器基本相同，只是其钢片通过外花键齿安装在变速器壳体的内花键齿圈上，摩擦片则通过内花键齿和制动器鼓上的外花键槽联接。制动器鼓与行星齿轮机构的元件相连。当液压缸中没有压力油时，制动器鼓可以自由旋转；当压力油进入制动器的液压缸后，通过活塞将钢片和摩擦片压紧在一起，制动器鼓以及与其相连的行星齿轮机构的某一元件被固定住而不能旋转。

多片式制动器的工作平顺性较好，还能通过增减摩擦片的片数来满足不同排量发动机的要求。因此，近年来在轿车自动变速器中，多片式制动器使用得越来越多。

2. 带式制动器

带式制动器结构如图4-44所示。制动带缠于制动鼓的外缘上。制动带的一端用一销钉固定在变速器的壳体上，而另一端与液压操纵的制动缸活塞相接触。制动缸活塞压缩内弹簧，在活塞连杆上运动。为了使制动带和制动鼓之间的间隙能够调整，有两种长度的活塞连杆供选择。

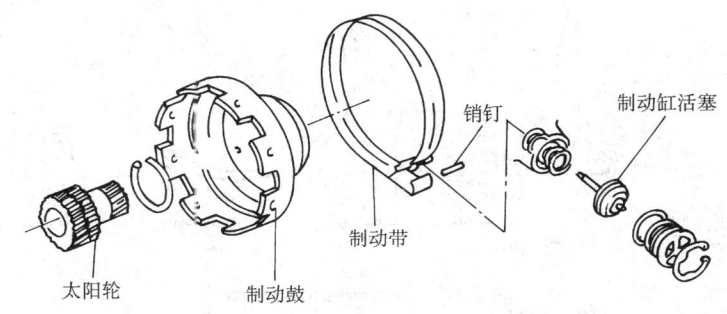

图4-44 带式制动器结构图

如图4-45所示。当油压力施加在活塞上时，活塞就移至活塞缸的左边，压缩外弹簧，活塞连杆随同活塞移至左边，推动制动带的一端。由于制动带的另一端固定在变速器壳体上，制动带的直径就变小，箍紧在制动鼓上，使之无法转动。这时，在制动带与制动鼓之间产生很大的摩擦力，使行星齿轮组中与制动鼓固定连接的元件无法转动。当活塞中的加压液体流出时，活塞和活塞连杆由于外弹簧的弹力而被推回，制动鼓就由制动带松开。

内弹簧有两个功能：一个是吸收制动鼓的反作用力，另一个是减少制动带箍紧制动鼓时所产生的振动。

如图4-46所示。当制动鼓高速转动时，制动带要箍紧它，就会受到一反作用力。若活塞与活塞连杆制成一整体，由于反作用力的作用，活塞会产生振动。为避免这种情况，活塞通过一内弹簧与活塞连杆相连。当制动带受到反作用力时，活塞连杆被推回，压缩内弹簧，以吸收此反作用力。

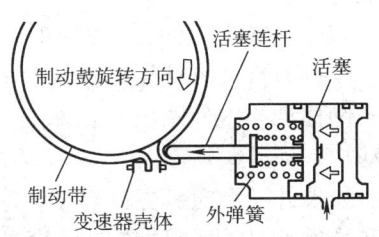

图4-45 带式制动器的工作图

当活塞缸内油压力上升时，活塞与活塞连杆进一步压缩外弹簧，并在活塞缸内运动，使制动带收缩，从而均匀地箍紧制动鼓。当活塞缸内油压进一步上升，而活塞连杆在活塞缸内无法再运动时，只有活塞运动，压紧内、外弹簧。当活塞开始接触活塞连杆垫圈时，活塞直接推动活塞连杆，制动带便以更大的压力箍紧制动鼓。

制动带的位置可以设置成使收紧制动带作用力的方向与制动器鼓的转动方向一致，也可以设置成相反。如果制动带被设置成使作用力的方向与制动器鼓的转动方向一致，则制动器鼓的运动使制动带的箍紧力增大，而使所需的液压作用力减小。如果收紧制动带的运动方向与制动器鼓的转动方向相反，则鼓的运动使制动带的箍紧力减小，而使所需的液压作用力增大。

为了防止由于过快地制动行星齿轮机构元件而引起换档冲击，应使制动带在开始箍紧时有稍许打滑。随着制动带衬里的磨损，滑动量增大。由于磨损使制动带与制动器鼓之间的间隙增大，而使制动带的箍紧力减小。因此，大多数较早期的自动变速器的制动带需要定期调整。但是随着技术的改进，近期的自动变速器的制动带不再需要定期调整。在需要定期调整制动带的自动变速器上，用调整螺钉调整制动带与鼓之间的间隙，调整螺钉也用于固定制动带。过量的滑动会引起制动带烧蚀或不正常的磨损。

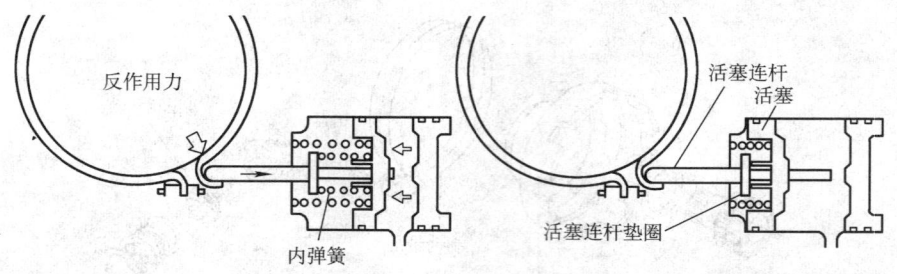

图 4-46　内活塞减振工作图

三、单向离合器的结构和工作原理

单向离合器的作用是阻止行星齿轮机构的某一个元件相对于另一元件发生某一方向的运动。单向离合器有楔块式和滚柱式两种。楔块式单向离合器的结构和工作原理与液力变矩器中的单向离合器完全相同，在此不再叙述。

滚柱式单向离合器如图 4-47 所示，滚柱式单向离合器由内圈、外圈、弹簧等组成。在单向离合器的外圈内侧有均布的楔形槽，槽一端宽一端窄，槽内装有滚柱和弹簧，弹簧将滚柱推向槽较窄的一侧。

如果内圈固定而外圈逆时针转动，摩擦力推动滚柱压缩弹簧向槽宽的一侧移动，内外圈脱开，外圈可以转动。

如果外圈顺时针方向转动，摩擦力和弹簧弹力使滚柱移向槽窄的一侧，使内外圈卡死连成一体，外圈不能转动。

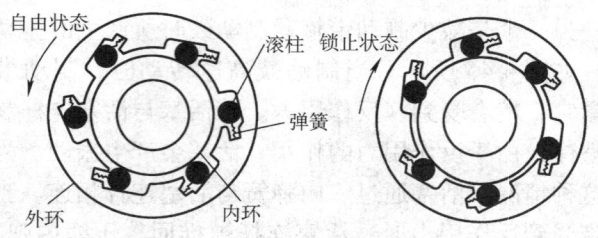

图 4-47　滚柱式单向离合器结构和工作原理

需要指出的是，单向离合器是否可以起到作用与安装方向有直接关系，在真实结构中，楔块与保持弹簧制作成一体，再安装在外圈之中，如果安装方向出现错误，自动变速器的工作将出现不正常的现象。

复习思考题

一、填空

1. 行星齿轮机构一般由（   ）、（   ）、（   ）、（   ）四个基本构件组成。
2. 单排行星齿轮机构可以形成（   ）种不同的组合，相应的可以获得（   ）种不同的传动。
3. 双排辛普森式行星齿轮变速器通常具有四个独立元件，分别是（   ）、（   ）、（   ）、（   ）。
4. 辛普森四档行星齿轮变速器通常采用三排行星齿轮机构组成包括超速档在内的四个前进档和一个倒档的自动变速器。其中有四个换档执行元件：三个（   ）、四个（   ）和三个（   ）。
5. 拉维娜行星齿轮机构的主要组成有（   ）、（   ）、（   ）、（   ）、（   ）等元件。
6. 四档拉维娜行星齿轮变速器使用八个换档执行元件：三个（   ）、三个（   ）、二个（   ），组成包括四个前进档、一个倒档的自动变速器。
7. 自动变速器系统中的换档执行元件包括（   ）、（   ）、（   ）等。
8. 自动变速器系统中的换档执行元件的（   ）和（   ）利用液压进行操纵，（   ）利用摩擦力进行工作。
9. 自动变速器中所用的离合器为湿式多片式离合器。通常由（   ）、（   ）、（   ）、（   ）、（   ）、花键毂等部件组成。
10. 自动变速器中采用的滚柱式单向离合器主要由（   ）、（   ）、（   ）等组成。

二、简答

1. 试推算行星齿轮机构运动规律特性方程式。
2. 单排行星齿轮机构有几种组合方案？可获得几种不同的传动？试列表说明。
3. 四档辛普森行星齿轮变速机构由哪些元件构成？各有何作用？
4. 试分析辛普森行星齿轮变速机构中的 D_1 档与 2_1 档在动力传递过程中有哪些相同点和不同点。
5. 试分析前置前驱辛普森行星齿轮变速机构中的 D_2 档与 2_2 档在动力传递过程中有哪些相同点和不同点。
6. 试分析四档拉维娜行星齿轮变速机构中的 D_2 档与 2_2 档在动力传递过程中有哪些相同点和不同点。
7. 单向离合器在换档过程中有何作用？
8. 拉维娜行星齿轮机构有何特点？
9. 试分析四档拉维娜行星齿轮机构 D_2 档的动力传递原理。
10. 简述湿式片式离合器的组成及工作原理。

第五章　自动变速器换档控制系统的组成和工作原理

本章要点：
- 自动变速器换档控制系统的组成
- 换档控制系统电子控制装置各元件的工作原理
- 电子控制换档系统液压控制回路分析

从自动变速器诞生起至 20 世纪 60 年代，自动变速器采用的自动换档系统都是液压控制式。1969 年，法国雷诺公司首先在轿车上装用了电子控制式自动换档系统的自动变速器，由于其可实现更好的换档规律，能获得更理想的燃料经济性和动力性，从而逐渐普及。时至今日，大多数自动变速器已为电子控制式。因此本书以阐述自动变速器电子控制换档系统为主，对液压控制换档系统只进行简单介绍。

第一节　自动变速器换档控制系统的类型

目前，自动变速器换档控制系统有两种：一种是液压控制换档系统；一种是电子控制换档系统。

一、液压控制换档系统

自动变速器液压控制换档系统的换档动作均通过液压系统的各压力控制元件来完成。液压控制换档系统由动力源、控制机构和执行机构三部分组成。

动力源是由液力变矩器泵轮驱动的自动变速器油泵，它除了向控制机构、执行机构供给压力油以实现换档外，还给液力变矩器提供冷却补偿油，向行星齿轮变速器供应润滑用油，前面章节已有介绍。

控制机构包括液压调节和控制系统、缓冲安全系统、换档信号系统、换档阀组等。

执行机构包括各离合器、制动器的液压缸。这部分内容在上一章中已介绍。

液压控制换档系统，是通过节气门阀将发动机的节气门开度或负荷大小信号转变为节气门油压力，同时通过速控阀将车速信号转变为速控油压力，并主要用这两个油压力来控制各换档阀的位置，通过换档阀再控制换档执行机构中的离合器和制动器动作，实现自动换档。图 5-1 所示为液压控制换档系统控制原理图，图 5-2 所示为液压控制换档系统示意图，图 5-3 所示为液压控制换档系统图。

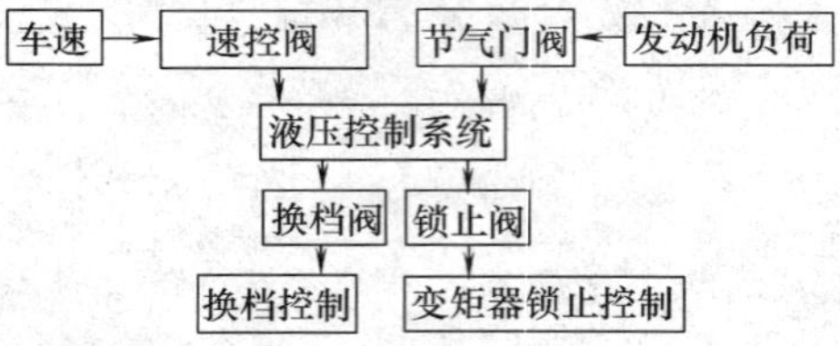

随着汽车工业技术水平的不断提高，以及人们对汽车使用性能要求的不断强化，这种液压控制换档系统的不足之处就显得日益突出起来。首先，液压控制换档系统在完成控制决定时，所能考虑到的因素是极为有限的，且往往仅局限于节

图 5-1　液压控制换档系统控制原理图

气门开度和车辆行驶速度;其次,带锁止离合器的四档自动变速器的控制阀体变得越来越复杂,从而使其铸造和加工成本越来越高;再者,阀体中所包含的诸多滑阀、止回阀、节流孔等易于发生磨损、堵塞和卡滞,影响自动变速器的正常工作。因此,便出现了对锁止离合器的接合和分离,以及总成的换档动作进行电子控制的自动变速器,即所谓的电子控制自动变速器(简称ECT)。

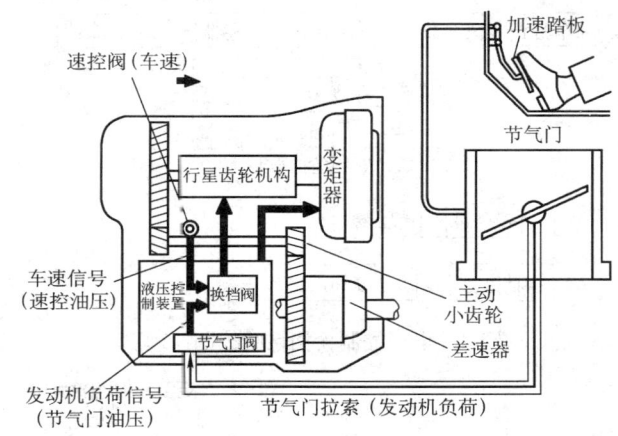

图 5-2 液压控制换档系统示意图

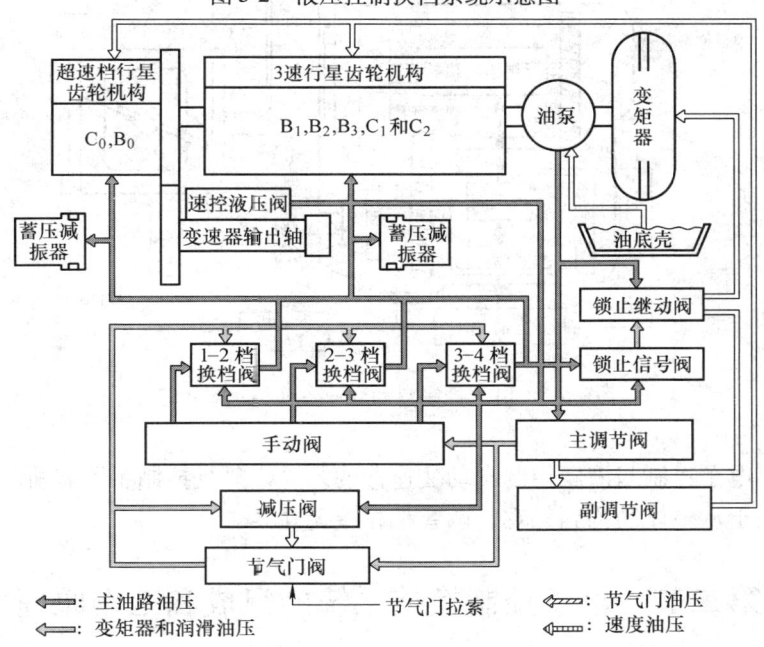

图 5-3 液压控制换档系统图

二、电子控制换档系统

电子控制自动变速器就其组成而言,基本上与传统的液压控制自动变速器相同,两者之间最大的区别在于前者分别通过节气门位置传感器和车速传感器,将发动机节气门开度和车辆行驶速度转变为由各自传感器输出的电信号,连同其他反映汽车各总成和系统工作情况的传感器信号一起，送到电子控制自动变速器的电子控制单元（ECU）。然后，输入信号与事先存储在电子控制单元中的参数进行比较，并由电子控制单元向相应的若干个电磁阀发出指令，接通或切断流向换档阀等的液压，使执行机构中的各离合器和制动器动作得到控制，从而精确地控制换档时机和锁止离合器的工作，并使自动变速器的换档更趋平稳。如图5-4所示为电子控制自动变速器换档控制原理图，图5-5所示为电子控制自动变速器换档示意图。

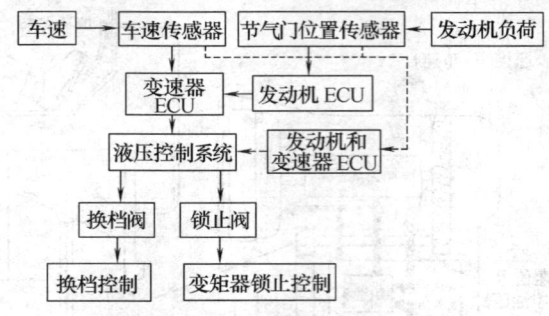

图 5-4　电子控制换档系统控制原理图

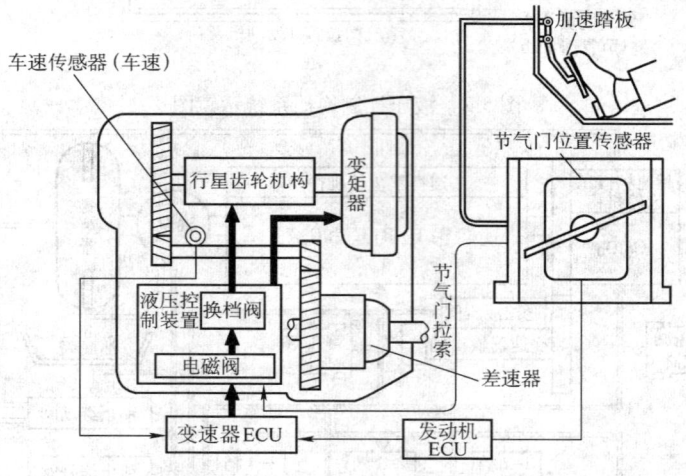

图 5-5　电子控制自动变速器换档示意图

由此可知，电子控制与液压控制自动变速器的差异，只是控制手段有所不同，而本质上没有区别，以至于从整体结构到外观，两者都相差无几。

第二节　电子控制换档系统的组成和工作原理

一、换档电子控制系统

1. 系统的基本组成

电子控制换档系统由输入装置、电子控制单元（变速器 ECU 或发动机和变速器 ECU）和输出装置三部分组成，如图 5-6 所示。

输入装置包括各种开关和传感器，为电子控制装置提供开关信号和连续可变的电信号。各种输入装置及功能如表 5-1 所示。

电子控制换档系统的电子控制单元可以根据其程序中的指令，对来自各种开关和传感器的电信号加以分析，然后向输出装置发出指令，以控制自动变速器换档和锁止离合器工作的时机。许多电子控制单元中包含有一可更换的，被称之为可编程序的只读存储器（PROM）的集成电路芯片。当为解决自动变速器控制以及汽车操纵性能等方面的问题而需要对电子控制单元作出改进时，一般只需改变该集成电路芯片的设计即可。

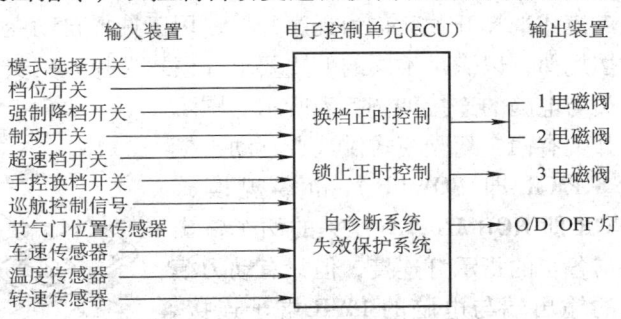

图 5-6　电子控制换档系统组成

电子控制自动变速器的电子控制单元，一般还具有自诊断功能，即当输入装置中的车速传感器、输出装置中的电磁阀等出现故障时，可以通过超速档分离（O/D OFF）指示灯的闪烁或故障显示屏提供的信息来报告故障码。另外，为共享电子控制单元资源，降低整车电子控制系统的成本，通常还可将自动变速器和发动机两者电子控制系统的控制单元合二为一，称为发动机和自动变速器电子控制单元。

表 5-1　电子控制换档系统中输入装置及功能

信号类别	名称	信号形态	方式	主要功能
开关信号	模式选择开关	接点	折动式接点	用于驾驶人选择驾驶模式
	档位开关	接点	加压式接点	用于检测变速器变速杆的位置
	强制降档开关	接点	微动开关	用于检测加速踏板打开的程度
	制动开关	接点	加压式接点	用于判断制动踏板是否踩下
	超速档开关	接点	加压式接点	用于控制自动变速器能否进入超速档
	手控换档开关	接点	加压式接点	用于手动和自动混合控制的变速器上，判断自动变速是采用手动或自动控制方式
	巡航控制信号	接点	加压式接点	自动巡航控制（固定车速、加速、减速以及解除等）
传感器	节气门位置传感器	接点	加压式接点	用于检测节气门开度的大小
	车速传感器	脉冲	电磁传感器	用于检测车速
	温度传感器	模拟	热敏电阻	用于检测发动机、自动变速器油的温度
	转速传感器	脉冲	电磁传感器	用于检测自动变速器输入和输出的转速

自动变速器电子控制系统的执行装置（执行器），主要是电磁阀。电磁阀根据电子控制单元所发出的指令开启或闭合，相应接通或切断回油通道。当回油通道被切断时，油压作用于换档阀或锁止阀，从而控制换档和锁止的时机。

2. 工作原理

电子控制系统是通过开关和传感器监测汽车和发动机的运行状态，接受驾驶人的指令，将发动机转速、节气门开度、车速等参数转变为电信号，并输入自动变速器电子控制单元（ECU）。电子控制单元根据这些信号，按照设定的换档规律，向换档电磁阀、锁止电磁阀等执行器发出电子控制信号，换档电磁阀和锁止电磁阀再将 ECU 发出的控制信号变为液压控制信号，各换档阀根据这些液压控制信号，控制离合器、制动器动作，从而实现自动换档。

二、换档电子控制系统输入装置及功能

1. 模式选择开关

模式选择开关又称为程序开关，用于选择自动变速器的控制模式，即选择自动变速器的换档规律，以满足不同的使用要求。模式选择开关安装在变速杆附近或仪表板上。模式选择开关与电脑的连接如图5-7所示。图示的开关有两个驾驶模式供选择：动力模式（PWR 即 POWER）和常规模式（NOR 即 NORMAL）。开关的两个输出端与各自的指示灯连接，但只有动力模式的输出端与电脑的 PWR 端子连接。驾驶人通过两档按键开关控制两个模式的选择。选择动力模式时，电脑的PWR 端子有 12V 电压输入；而选择常规模式时，电脑 PWR 端子的电压为 0V。电脑根据 PWR 端子是否有 12V 电压输入判定驾驶人对行驶模式的选择：电压 12V 时为动力模式，电压 0V 时为常规模式。开关在通知电脑行驶模式选择的同时，还使仪表板上的指示灯点亮，提示驾驶人对驾驶模式的选择。现在有些车型还有经济模式（E 即 ECONOMY）、运动模式（S 即 SPORT）、冬季模式（W 即 WINTER）可供选择。

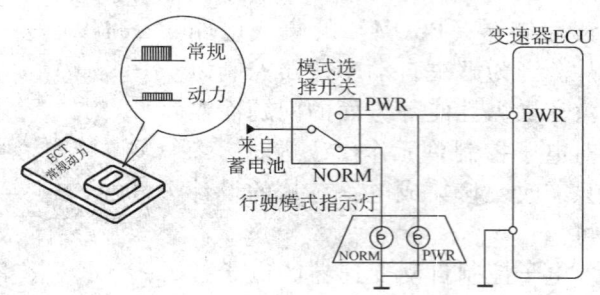

图5-7 模式选择开关及线路

2. 档位开关

档位开关安装在自动变速器外部侧边的手动阀联动杆上，或装在变速杆的下面。用于检测变速器变速杆的位置并通知自动变速器 ECU，以便执行相应的换档动作。档位开关的外形与线路的连接如图5-8。其内部有各档位的固定触点，活动触点臂与液压控制系统手动阀的控制轴联动。变速杆、手动阀和档位开关三者之间的位置是一致的。

当点火开关处于起动位置，空档起动开关只有在 N 和 P 位时，起动机的控制线路才能接通，发动机才能起动，避免了变速杆在行驶档位起动发动机可能造成的危险。发动机起动后点火开关回到点火档，随着变速杆位置的改变，档位开关除了接通变速杆位置的指示灯，还在各档分别向 ECU 的输入端子输入 12V 的电压信号，ECU 根据上述信号便知道自动变速器所处档位。

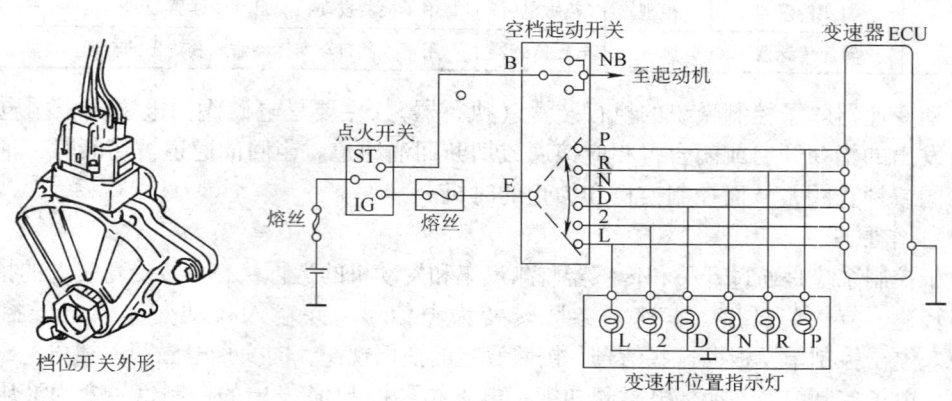

图5-8 档位开关的外形及线路

3. 强制降档开关

强制降档开关用来检测加速踏板打开的程度，此开关闭合，表示驾驶人要求较高的动力，变速器 ECU 接到此信号后将降低一个档位。强制降档开关安装在加速踏板的后面或节气门体上，与变速器 ECU 连接如图 5-9 所示。当加速踏板超过节气门的 95% 时，强制降档开关接通，并向变速器 ECU 输送信号，这时变速器 ECU 按其设置的程序（一般在车速低于 50km/h 时）控制变速器降一个档位，以提高汽车的加速性能。某些车型已取消了强制降档开关（如别克 4T65E 型自动变速器）而使用节气门位置传感器的信号来作为强制降档信号。

4. 制动开关

制动开关安装在制动踏板支架上，用于判断制动踏板是否被踩下，制动开关与变速器 ECU 连接如图 5-10 所示。当制动踏板被踩下时，制动开关输送信号到变速器 ECU，变速器 ECU 将解除变速杆锁定及取消巡航系统工作，控制锁止离合器的脱开，保证车辆稳定行驶。在采用模糊逻辑控制的电控自动变速器中，当制动开关闭合时，变速器 ECU 会控制变速器降档或延迟变速器升档，即变速器 ECU 起动下坡控制程序。

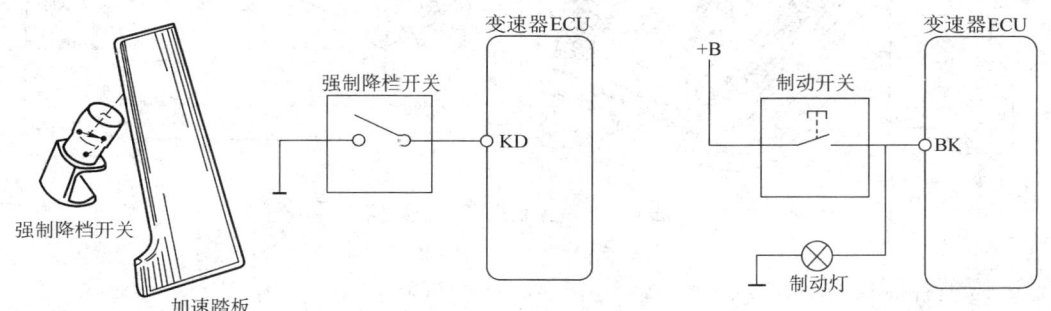

图 5-9　强制降档开关及线路　　　　图 5-10　制动开关及线路

5. 超速档（O/D OFF）开关

大部分的自动变速器都配有超速档开关。超速档开关一般安装在变速杆或仪表板上，用于控制变速器是否可以进入超速档行驶。超速档开关与变速器 ECU 连接如图 5-11 所示。当开关接通→断开（OFF 位置）时，仪表板上 O/D OFF 指示灯亮，触点闭合，此时电脑控制变速器不能进入超速档行驶。当开关断开→接通（ON 位置）时，O/D OFF 指示灯灭，触点断开，此时变速器 ECU 控制变速器在条件允许时可以进入超速档行驶。

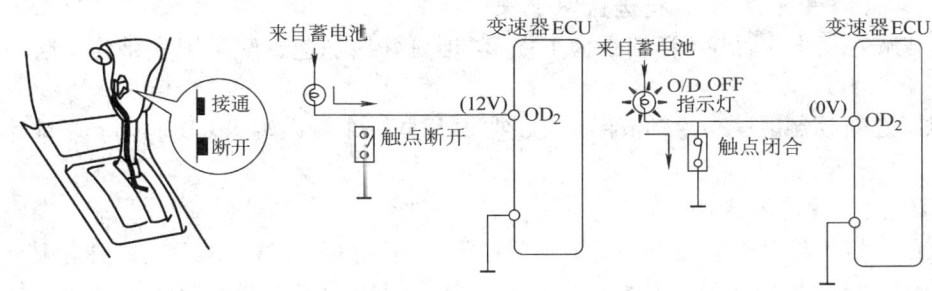

图 5-11　超速档开关及线路

6. 手控换档开关

手控换档开关用在手动和自动混合控制的变速器上（MAT），开关一般安装在变速杆的下面。不同的车型对手控换档开关的命名不同，如 BMW 称为 Steptronic 开关，AUDI 称为 Tiptronic 开关，BENZ 称为 Touch shif 开关。本文为了方便阐述，统称为手控换档开关。当自动变速器选择用手控操纵换档模式时，手控换档开关首先给出电脑档位的确认信号，然后通过操纵变速杆，变速器 ECU 根据手控换档开关的信号"＋"控制升档，"－"控制降档。开关的线路构成如图 5-12 所示，不同的车型其开关的控制线路不同。当手控换档开关失效时，电脑不再根据变速杆的操作控制升档和降档。

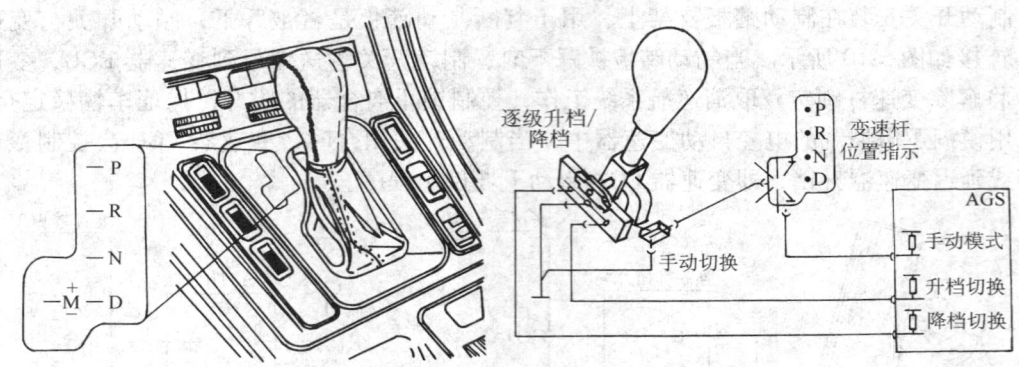

图 5-12 手控换档开关及线路

7. 巡航控制信号

有些车辆设有巡航控制系统，在交通情况较好的情况下启动巡航控制系统可以减轻驾驶人的劳动强度。巡航控制系统与自动变速器 ECU 的连接情况如图 5-13 所示。

如果车辆原来在动力（PWR）模式行驶，在巡航控制系统启动后自动变速器 ECU 自动将行驶模式转变为常规（NOR）模式。在车辆行驶正常时，ECU OD_1 端子的电压为 12V。车辆上坡时会引起车速的下降，如果车速下降的幅度超过 10km/h（因车而异，高档车此值较小），ECU OD_1 端子的电压会变为 0V。此时变速器 ECU 将进行两个操作：解除 OD 档和解除锁止。解除 OD 档是为了在 D_3 档更好地加速，解除锁止是为了防止发动机熄火。

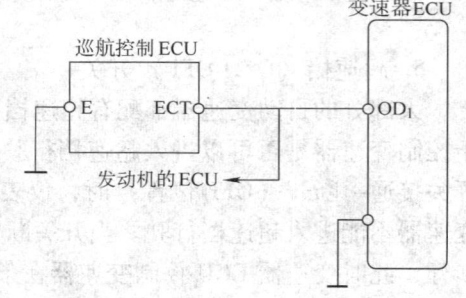

图 5-13 巡航控制信号线路

注意，巡航控制电脑与冷却液温度传感器共用同一个输入端子 OD_1，但其功能不会互相干扰。

8. 节气门位置传感器

节气门位置传感器安装在发动机节气门体上，用于检测节气门的开度，并将其转换成电信号至 ECU，以便控制换档正时和锁止正时。节气门位置传感器外形及线路连接如图 5-14 所示。

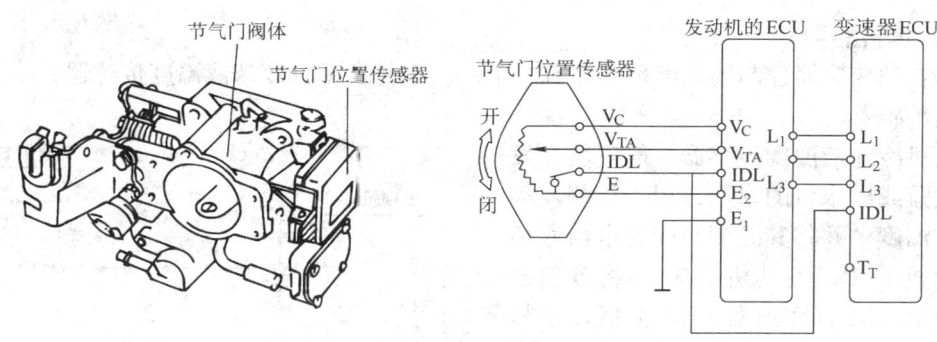

图 5-14 节气门位置传感器信号及线路

只有线性输出型的节气门位置传感器才能用于自动变速器的换档控制,开关型的节气门位置传感器只有在怠速和大功率时才有信号输出,不能反映节气门的其他位置,因此不能用于换档控制。

当节气门位置传感器信号失效时,变速器 ECU 会以固定的方式控制换档,同时会记忆故障码。当节气门位置传感器调整不当时,会影响变速器的换档点。如电压值偏高则升档点滞后,电压值偏低则升档点提前。这都会影响变速器的正常工作。节气门信号一般先送到发动机 ECU,通过发动机 ECU 送给变速器 ECU。也有从节气门位置传感器直接送到变速器 ECU 的情况,如三菱车型。

9. 车速传感器

车速传感器将车辆的行驶速度转换成电信号并输送至自动变速器 ECU,用于控制换档的过程,为了保证信号的准确,一般同时使用两个车速传感器。

丰田自动变速器的 1 号车速传感器是备用传感器,安装在驾驶室内的仪表板中。四块磁铁组成的传感器转子由里程表的软轴驱动簧片式传感器,安装在转子前侧,转子旋转一圈传感器输送 4 个信号至变速器 ECU。

丰田自动变速的 2 号车速传感器是主传感器,安装在变速器上。簧片式的传感器安装在变速器壳体外部,传感器转子安装在变速器的输出轴上,转子上固定两块磁铁,转子旋转一圈传感器的簧片闭合一次,向变速器 ECU 发送一个信号,ECU 根据信号的频率计算出车辆的行驶速度。两个车速传感器与变速器 ECU 的连接如图 5-15 所示。

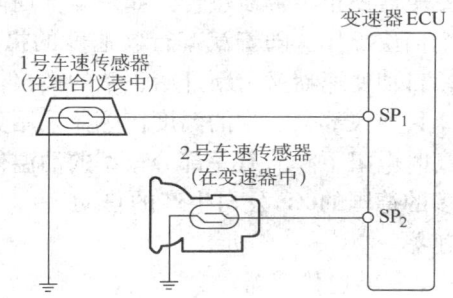

图 5-15 车速传感器线路

变速器 ECU 同时接收来自两个车速传感器的信号并对其进行比较,如果比较的结果是两个车速传感器显示的车速一致,那么变速器 ECU 使用 2 号车速传感器的信号来控制换档和锁止正时;如果来自 2 号车速传感器的信号是错误的,变速器 ECU 立即改用 1 号车速传感器的信号控制换档和锁止。

在车速传感器出现故障时,自动变速器会出现换档正时方面的问题,变速器 ECU 会在存储器中存储故障信息,并通过报警灯的闪烁提示驾驶人当前处于不正常的行驶状态。

10. 温度传感器

用于自动变速器控制的温度传感器有二个：一个是发动机冷却液温度传感器；一个是变速器油温传感器。

发动机冷却液温度传感器一般安装在发动机的缸盖或出水口的附近，用于检测发动机的工作温度，并将其温度转变为电信号传送给发动机 ECU，发动机 ECU 再将该信号传给变速器 ECU，变速器 ECU 根据该信号确定换档时刻（换档曲线）。当发动机温度低时，换档延迟使发动机以高怠速运转，以便尽快地暖机升温，并保持其动力性。变速器 ECU 还根据该温度传感器信号控制锁止离合器的接合，即当发动机温度低于某规定值时（视车型而定，一般为 60~70℃），锁

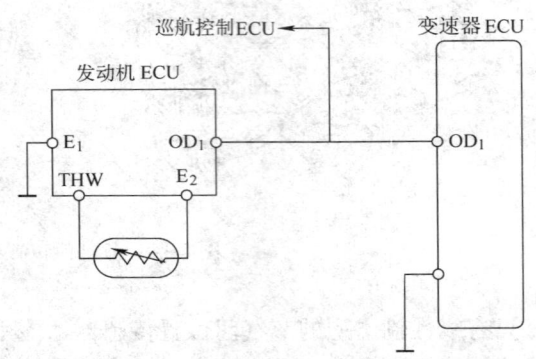

图 5-16 冷却液温度传感器线路

止离合器不接合。发动机温度信号是发动机 ECU 检测并通过专线或数据总线传给变速器 ECU 的，冷却液温度传感器线路连接如图 5-16 所示。

自动变速器油（ATF）温传感器一般安装在变速器的阀体上或是在电磁阀的线束上，用于监控自动变速器油液的温度，并将其温度的变化转变为电信号送给自动变速器 ECU，作为自动变速器 ECU 进行换档控制、油压控制、锁止离合器控制的依据。汽车在起步或低速大负荷行驶时，液力变矩器转速比小，传动效率低，发热严重，造成油液温度高。当超过某一温度界限时（如大众 01M 型电控自动变速器为 130℃，大宇新典雅为 140℃），表明自动变速器内部负荷过大或散热不良或油液过少。为防止其内部机件损坏，自动变速器 ECU 控制变矩器锁止离合器接合。如果温度还降不下来，则自动变速器 ECU 控制自动变速器降低一个档位工作。随着汽车行驶速度的提高，变矩器的转速比增大，发热减少，油液温度下降，自动变速器又重新开始正常的换档行驶程序。

目前大部分车型的温度传感器采用负温度系数的热敏电阻，即当温度低时电阻大，温度升高时电阻下降。有一部分车型的油温传感器采用正温度系数的热敏电阻，如用在欧洲车型较多的德国的 ZF 公司生产的自动变速器。

11. 转速传感器

转速传感器分为输入轴转速传感器和输出轴转速传感器，输入轴转速传感器安装在变速器的输入轴或与输入轴连接的离合器附近的壳体上，用来检测变速器的输入轴转速；输出轴转速传感器安装在输出轴或与输出轴连接的离合器鼓附近的壳体上，用来检测输出轴转速，如图 5-17 所示。

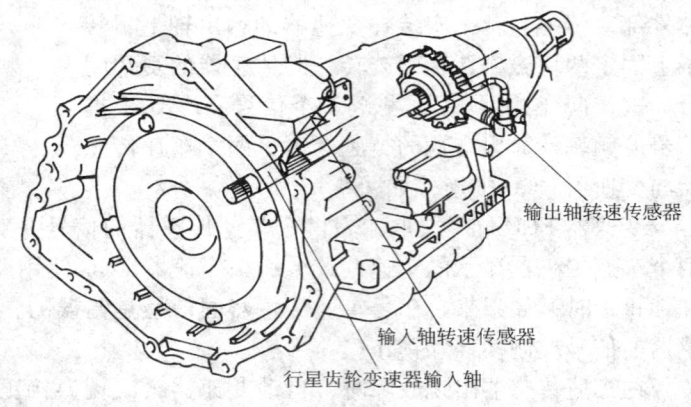

图 5-17 转速传感器位置

输入轴和输出轴转速传感器的结构、工作原理与车速传感器相同。变速器 ECU 接收输入轴和输出轴转速传感器的信号主要用来监控变速器的机械传动机构的工作状态，根据信号修正变速器的工作压力，并且在信号超出范围时 ECU 会执行失效保护模式。同时变速器 ECU 还根据来自发动机 ECU 的发动机转速信号，计算出发动机的输入转矩，并结合变速器的输入轴转速信号，计算出变矩器的传动比，使油路压力控制过程和锁止离合器的控制过程得到进一步的优化，以改善换档感觉，提高汽车的行驶性能。

三、电子控制装置及控制内容

电子控制单元是电子控制换档系统的控制装置，称为自动变速器 ECU（变速器 ECU 或 ECT 的 ECU）。

目前，电子控制换档系统 ECU 虽然有的是独立的，但相当多的变速器 ECU 是与发动机 ECU 组成一体的，例如日本凌志 LS400 型高级轿车用电控自动变速器、丰田 A340E 电控四速自动变速器均属于后者，通常称之为发动机和变速器 ECU。这是因为变速器 ECU 所采用的传感器信号有些是与发动机 ECU 通用的，且变速器 ECU 与发动机控制进行联系的项目较多。

1. 变速器 ECU 的特点

与发动机电子控制器类似，变速器 ECU 由电源、输入电路、输出电路、信号转换器和计算机等组成。其中计算机（亦称微处理机）主要由中央处理器 CPU、存储器和输入输出接口（I/O）等几部分组成。

计算机是电子控制器的核心部件，它能完成比全液压控制式自动变速器更复杂的自动控制，能进行逻辑运算、程序控制及数据处理。更重要的是它可用数字处理办法，将全部换档程序和锁止变矩器程序，持久地存储于变速器 ECU 存储器中。变速器 ECU 存储器可存储多种控制参数，实现动态多参数控制，从而获得最佳的动力性和燃料经济性，这是全液压控制式自动变速器换档难以做到的。它可以只靠改变输入信号及程序来适应不同传动和不同换档规律的需要，而不必改变机械加工工艺设备，使一种操纵装置适用于各种传动。

2. 变速器 ECU 的工作原理

变速器 ECU 根据传感器输送的信号确定换档点和变矩器锁止时机，并控制相应电磁阀工作。变速器 ECU 只允许变速杆处于"P"位或"N"位时，才能起动发动机。起动后换入前进档位后系统便进入自动控制。驾驶人视路况、车速、负载等，通过模式选择开关选择适宜的规律行驶。中央处理器 CPU 每隔一定时间收集一次输入信号，处理这些信息（车速、节气门开度等），并从存储器中读出预置的该节气门开度下的最佳换档点速度，与当时采样的车速比较后，判断是否换档。如需换档则通过接口发出换档指令给换档电磁阀实现升档或降档。当路况需人为干预时，可松开加速踏板提前换高档，踩加速踏板提前换入低档，或将变速杆置于低档，系统则退出自动控制。

3. 变速器 ECU 的控制内容

变速器 ECU 接收各种监测汽车行驶状况和发动机工况的开关、传感器信号，可精确地控制 ECT 的换档时间、变矩器锁止离合器的锁止时间和换档时的发动机转矩；它还具有自诊断功能，自动监测和识别电子控制元件的故障，并通过 O/D OFF 指示灯指示或输出故障码；此外，变速器 ECU 在电子电路发生故障和电磁阀失效时还具有失效安全保护功能，能保证车辆继续行驶。

(1) 换档正时控制 换档正时控制即换档点（变速点）控制，它是变速器 ECU 最基本的控制功能。在 ECT 中，档位（速比）自动进行切换的点称为换档点，换档点由节气门开度和车速决定。换档（升档或降档）车速与节气门开度的关系通常称为换档规律。如图 5-18 所示为变速杆处于"D"位，模式选择开关处于"N"或"P"时的换档规律图。

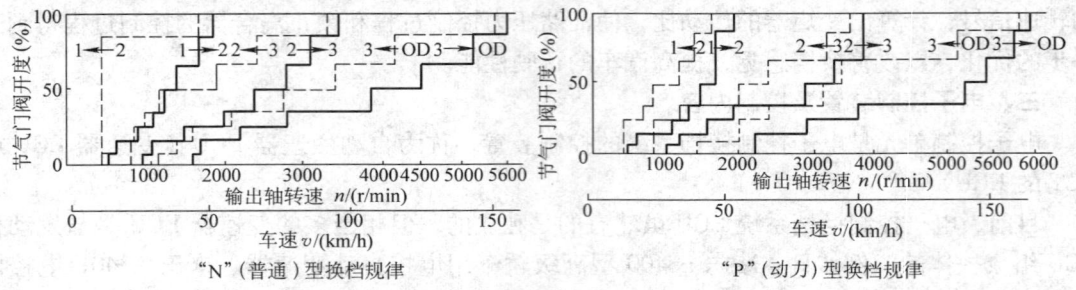

图 5-18 换档规律图

当变速杆在前进档位"D"，且节气门开度相同时，动力型换档规律的各档升档车速以及降档车速都要比经济型换档规律的升档及降档车速高，这样升档车速越高，加速动力性越好，降档时亦然。反之，升档车速越低则燃油经济性就越好。

在选定换档模式后，变速器 ECU 按照换档模式的程序，根据速度传感器输入的车速信号和节气门位置传感器输入的节气门开度信号控制 1、2 号电磁阀线圈电流的通断，即控制这两个电磁阀的接通或断开。用这种方法，ECU 即可控制换档阀，使其切换行星齿轮装置中的离合器、制动器的油路。实现升档或降档。丰田 A140 型自动变速器（四速）换档正时的控制如图 5-19 所示。

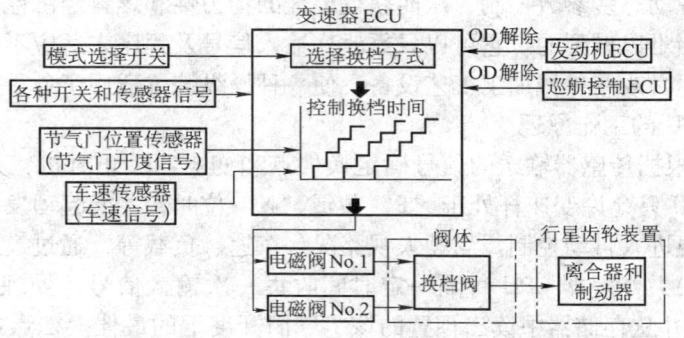

图 5-19 丰田 A140 型电子控制自动变速器换档正时图

(2) 变矩器离合器锁止正时控制 在发动机和变速器 ECU 存储器中，已存入了每种行驶方式（不同档位、不同换档模式）下锁止离合器工作程序，依照这种程序，变速器 ECU 可根据车速信号和节气门开度信号使锁止电磁阀（3 号电磁阀）接通或断开，从而控制锁止时间。

根据锁止电磁阀的接通或断开，锁止信号阀（或锁止控制阀、锁止继电器阀）变换作用于变矩器上的液压油路，使锁止离合器结合或分离。A140E 电子控制变速器的锁止正时控制如图 5-20 所示。

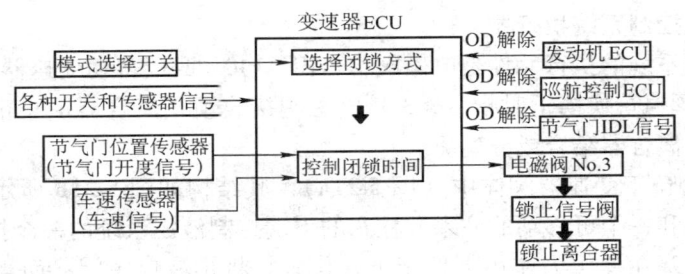

图 5-20　丰田 A140 电子控制自动变速器锁止正时控制

在锁止系统工作时、升档或降档期间 ECU 会把锁止电磁阀电路暂时切断，以减轻换档冲击。

此外，制动开关接通；节气门位置传感器的"IDL"触点接通（节气门全闭）；冷却液温度低于 70°C；巡航控制计算机系统正在工作，实际车速低于其预置车速，但高于 10km/h 时；只要发生上述四种情况之一，变速器 ECU 都将切断锁止电磁阀电路，强制锁止离合器分离。

变速器 ECU 不仅可利用锁止电磁阀来控制锁止正时，还可利用电磁阀来调节锁止离合器液压，从而使锁止离合器平顺地结合和分离。

(3) 超速行驶控制　当超速档开关接通，并且变速杆置于"D"位时，汽车才有可能以超速档行驶。由于超速档的转速比较小，在平坦的柏油路上小负荷行驶时发动机转速与直接档相比几乎下降 1/3，不但降低了油耗，而且使发动机噪声及磨损明显下降。所以，4 个前进档的电子控制自动变速器中第四档为超速档是一大特点。

但是使用超速档是有条件的，对于丰田 A140E 自动变速器，若冷却液温度低于 70°C；或巡航控制计算机系统工作实际车速低于预置车速但高于 10km/h 时，发动机 ECU 和巡航控制 ECU 将给变速器 ECU 送一超速解除信号，变速器 ECU 将不会使 ECT 升速至超速档。

(4) 发动机转矩控制　当发动机和变速器 ECU 根据接收的各种信号判定变速器需要换档变速时，会暂时使发动机点火时间带后（点火延迟），使发动机转矩下降以使离合器结合平缓，换档平顺。

(5) 自诊断功能　当速度传感器、电磁阀等发生故障时 ECU 通过 O/D OFF 指示灯的闪烁输出故障码以指示故障发生的部位。

当变速器 ECU 监测和识别出上述元件有故障时，便将相应的故障码存储在存储器中，由于有备用电源，即使发动机熄火也不会消失。所以，在故障排除后要通过消除故障码的专门程序才能将故障码从存储器中抹掉。

(6) 失效安全保护功能　若 1 号或 2 号电磁阀失灵时，变速器 ECU 将继续控制正常电磁阀工作，使一些换档仍能进行，车辆能继续行驶。当 1、2 号电磁阀都失灵时，可通过变速杆换档。当变速杆移到前进档低（L）、2（S）位和 D 位时，变速器将分别在 1 档、3 档和超速（OD）档工作。

另外，在正常情况下，变速器 ECU 利用主速度传感器（No.2）信号进行控制，当主速度传感器失灵时，则利用辅助速度传感器（No.1）信号进行控制。

四、换档电子控制系统执行器

换档电子控制系统的执行元件是电磁阀,丰田 A140E 四档自动变速器具有三个电磁阀,其中 1、2 号电磁阀执行换档正时指令,3 号电磁阀接收锁止离合器锁止正时指令,通过锁止信号阀,使锁止离合器结合或分离。

1、2 号电磁阀位于变速器阀体中(图 5-21a),其结构如图 5-21b 所示。这两个电磁阀都具有一个电磁铁和一个可移动的柱塞,柱塞的下端控制液压系统的一个排液口。当电磁阀线圈不通电时,柱塞在弹簧力作用下处于下端位置,将排液口关闭;而当电磁阀线圈通电时,由于电磁铁的吸引,柱塞克服弹簧力而上升,打开排液口,从而降低了通向换档阀的控制液压。正是这种液压导致了换档阀的移动和变速器换档。各档位下 1 号和 2 号电磁阀工作情况见表 5-2。

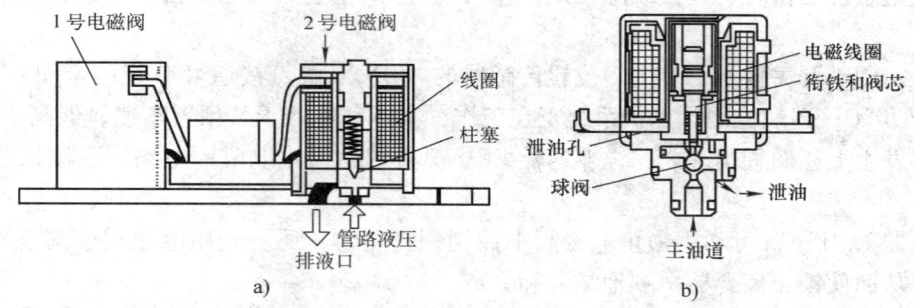

图 5-21　1、2 号换档电磁阀
a)位置　b)结构

表 5-2　1 号和 2 号电磁阀工作情况

电磁阀 \ 档位	1 档	2 档	3 档	4 档
No. 1	接通	接通	关断	关断
No. 2	关断	接通	接通	关断

3 号电磁阀在一些变速器中安装于变速器阀体内,也有的安装在变速器壳体上。它的作用是控制锁止信号阀操纵变矩器锁止离合器的结合与分离,其结构如图 5-22 所示。它也有一个电磁铁和一个可移动的柱塞,柱塞在液压管路中仍起控制排液口开闭的作用。当 3 号电磁阀线圈不通电时,柱塞在弹簧力作用下将排液口关闭,锁止信号阀(或锁止控制阀)起作用,它引导液压油通过输入轴上一个狭窄的孔流入变矩器中,使得锁止离合器远离变矩器前端,保持分离状态;当变速器 ECU 使 3 号电磁阀线圈通电时,柱塞在电磁铁的吸引下克服弹簧力而打开排液口,从而减小了锁止信号阀(锁止控制阀)一端的液压,于是锁止信号阀(锁止控制阀)向上移动,液压油直接通过变矩器轮毂进入变矩器。这时液压油的压力便使锁止离合器紧压在变矩器前端,即锁

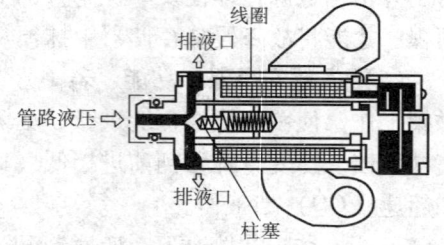

图 5-22　3 号锁止电磁阀

止离合器处于接合状态,从而在变矩器前端和变速器输入轴间产生锁止作用。当变速器变速杆选择在前进档"D"位时,锁止离合器运用于 2 档、3 档和超速档。变速器 ECU 控制锁止正时,以避免换档期间的冲击。

五、换档系统液压控制装置的组成及工作原理

换档系统液压控制装置包括液压调节装置、换档信号装置、换档阀、缓冲安全装置、变矩器控制装置等。

1. 液压调节装置

变速器内部工作的压力油由变矩器泵轮驱动的油泵提供,自动变速器油(或称 ATF)从油泵输出后即进入主油路系统。而变矩器泵轮由发动机直接驱动,故其输出流量和压力均受发动机运转状况的影响。发动机怠速工作时,转速仅 1000r/min 左右,而在最高车速时,发动机转速在 5000r/min 以上,从而使得液压系统输出的油液流量和压力变化很大。因此,在液压油进入主油路和换档系统其他液压控制阀时也应保持稳定的油压力,使系统工作平顺。

(1)主调节阀 主调节阀的作用是根据变速杆的位置、汽车的行驶速度和节气门开度的变化,自动调节流向各液压系统的油压力(管路油压力),使其与发动机功率相符,以防止油泵功率损失。

主调节阀结构如图 5-23 所示,在主调节阀上端,向下的作用力有:来自油泵的管路油压力(管路油压×面积 A)。在主调节阀的下端,向上作用的力有:弹簧力、节气门阀油压力(或称加速踏板控制油压力,大小为:节气门阀油压×面积 C)、在变速杆处于 R 位置时的油压力(大小为:[面积 B − 面积 C]×管路油压)。

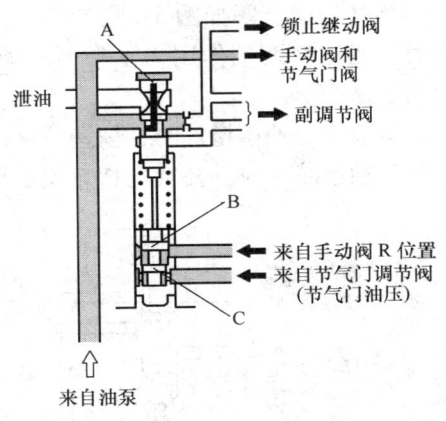

图 5-23 主调节阀

来自油泵的压力油进入主调节阀并使柱塞作用一向下的力,此力克服弹簧力,打开出油口泄油,当向下的作用力与弹簧力平衡时保持管路油压一定,与此同时输出一定油压力给副调节阀和锁止继动阀。

如果管路油压升高(发动机转速升高),向下的作用力增大,阀体下移,开大出油口,泄油量增大,保持管路油压不变。反之亦然。

踩下加速踏板时,从节气门阀来的油压作用在主调节阀下端,向上的作用力增大,关小出油口,使泄油减少,当向上的作用力与向下的作用力达到新的平衡时,管路油压在新的状态下保持平衡。即管路油压的高、低是与节气门位置(加速踏板位置)相关的,节气门开大,向上的力增加,从而使得管路油压增加。反之,节气门关小,向上的力减小,从而使得管路油压下降。这样使得离合器、制动器传递的动力与节气门位置相适应。

变速杆处于 R 位置时,从手动阀 R 位置来的油压也作用在主调节阀的下端,使向上的作用力进一步增加,关小出油口,管路油压进一步升高,以适应倒档的需要。

油泵产生的压力由主调节阀调节后产生管路压力,管路压力是用于控制自动变速器的最基本、最重要的压力,因为它用于操作变速器内所有的离合器和制动器,同时它也是自动变

速器内所有其他压力的压力源（如节气门油压、速控油压等）。

如主调节阀不能正常工作，管路油压就会过高或过低。压力过高，会产生换档冲击，发动机功率损失；压力过低，会引起离合器、制动器打滑，严重时车辆停驶。

（2）副调节阀　副调节阀的作用调节送至变矩器和润滑系统的油压，使之与发动机功率和车速保持一致。

副调节阀如图 5-24 所示，在副调节阀的上端，向下作用的力有：主调节阀油压（面积 D×油压力）；在副调节阀的下端，向上的作用力有：弹簧力。

来自主调节阀的油液进入副调节阀的上端，产生一个向下的作用力，克服弹簧力，打开通往变矩器和润滑系统的油路，当油压力与向上的弹簧力平衡时，为变矩器和润滑系统提供一定压力油。主调节阀压力波动时，如升高，柱塞阀体下移，打开出油口，泄压，使通往变矩器和润滑系统的油压保持不变。

（3）节气门调节阀　节气门调节阀的作用是调节从节气门阀输出的油压，并将它送到主调节阀下端。使主调节阀的输出油压力随节气门的开度变化而变化，以适应发动机动力。

节气门调节阀如图 5-25 所示，节气门调节阀柱塞上端作用有油压力，下端作用有弹簧力。当柱塞两端作用力平衡时，调节阀进、出油口之间通道截面一定，节气门油压一定。

当节气门油压增加时，柱塞下移，开大出油口，关小进油口，稳定主调节阀的油压力；节气门油压减小时，柱塞上移，关小排油口，打开进油口，使油压稳定。

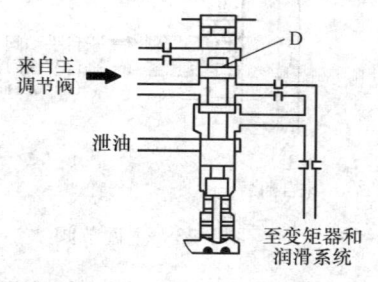

图 5-24　副调节阀

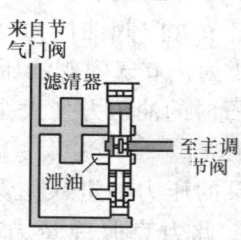

图 5-25　节气门调节阀

（4）二档调节阀　在变速杆处于 2 位置时，二档调节阀调节来自 2-3 换档阀的上端的管路油压，经调节后的油压经过 1-2 档换档阀进入制动器 B_1 时，用以减小换档冲击。

二档调节阀如图 5-26 所示，来自手动阀 2 位置的管路油压作用在阀体的左端，与作用在阀体右端的弹簧力平衡，以保持至制动器 B_1 的油压力。管路油压增加时，阀体右移，关小进油口，压力减小；管路油压减小时，阀体左移，开大进油口，压力增加。将稳定的油压力送至制动器。

（5）低档调节阀　在变速杆处于 L 位置时，低档调节阀调节来自手动阀的管路油压，调节后的油压经 1-2 换档阀进入制动器 B_3 的油压保持稳定，减少换档冲击。

低档调节阀如图 5-27 所示，来自手动阀 L 位置的管路油压作

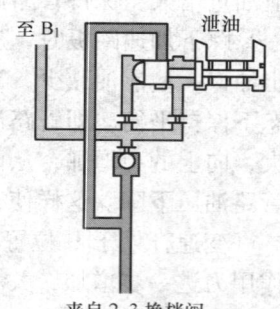

图 5-26　二档调节阀

用在阀体的左端，与作用在阀体右端的弹簧力平衡，以保持至制动器 B_3 的油压力。管路油压增加时，阀体右移，关小进油口，压力减小；管路油压减小时，阀体左移，开大进油口，压力增加。将稳定的油压力送至 B_3 制动器。

2. 换档信号系统

自动变速器的换档由换档阀控制，而给自动变速器换档阀提供换档操纵信号的（压力油）有两个，即所谓的两控制参数：发动机负荷和车速（即通常所称的节气门油压和速控油压）。

在电子控制换档系统中，换档阀所需的发动机负荷信号（压力油）由节气门阀提供；所需的车速信号（压力油）由变速器 ECU 控制的电磁阀提供。由于电磁阀控制的压力油均来自主调节阀，故在此不赘述。

(1) 节气门阀　节气门阀受加速踏板控制，其作用是产生一随节气门开度而变化的油压力，此油压力的主要作用如下：

①作用于主调节阀下端，控制管路油压的高低，使之与节气门开度相适应。

②调节主油道压力，为各换档阀、手动阀提供压力油。

节气门阀由节气门阀体和强制降档阀组成，如图 5-28 所示。

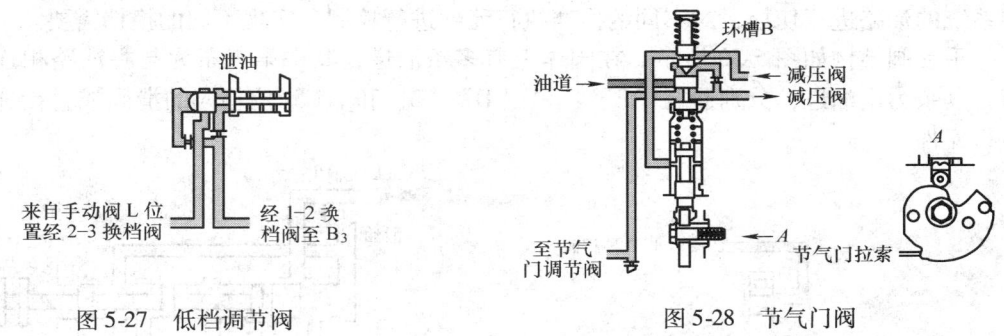

图 5-27　低档调节阀　　　　图 5-28　节气门阀

来自油泵的主油道油压由节气门阀的进油口进入，由于进油口的节流作用，出油口压力低于进油口压力，出口的油液被送到主调节阀下端。

踩下加速踏板时，强制降档柱塞上移压缩弹簧，使向上的作用力增大，节气门阀体上移，使进油口开大，从节气门输出到主调节阀下端的油压增高。节气门开度越大，强制降档柱塞压缩弹簧的力越大，阀体上移越多，相应的主调节阀下端油压越高。从而使发动机节气门开度（即发动机负荷）的大小与主调节阀输出油压有了对应关系。

节气门油压在输出到用油部位的同时，还作用在环槽 B 上。由于环槽 B 的上下截面不相等，因而产生向下的作用力，当负荷油压上升到一定数值时，作用在环槽 B 的油压使阀体下移，使节气门阀的进油口关小，并使阀体保持稳定，此时的负荷油压也就稳定在某一特定数值。

节气门油压的作用极其重要，油压过高或过低都会使自动变速器换档速度产生变化。油压过低自动变速器换高档的速度会比标准值低，反之则换高档的速度会比标准值高。

(2) 减压阀　减压阀的作用是使节气门油压与车速建立某种联系，即使节气门油压与速控油压有一定的关联性。

在自动变速器中，档位的变换是由速控油压与节气门油压共同控制的，加速踏板的位置相同，车辆行驶的速度可能不同。例如节气门开度不变，车辆下坡，车速增加，自动变速器应适时换入高速档。此时如果节气门油压不随车速有所改变，则车辆换档时机与平路上就会有很大区别。为此目的，在车速增加时，将速控油压引至节气门阀的上方，产生一向下的作用力，使节气门油压下降，由于节气门油压作用在各换档阀的上方，从而使得各换档阀上方的力减小，下方的弹簧压力相对不变，这样换档时刻就提前了，这时也应有与之相应的节气门油压，这一任务便由减压阀产生的油压力作用在节气门阀上端完成。

如图5-29所示，在减压阀的上方作用着来自1-2换档阀的油压，油压力向下；中部环槽作用着节气门油压，由于环槽截面上大下小，环槽内的作用力向上。

节气门油压一定时，若来自1-2换档阀的油压升高，减压阀下移，开大进油口，输出的断流压力高，此压力作用在节气门上方，使节气门阀体下移（图5-28），关小节气门阀的进油口，使节气门油压下降。反之则升高。

3. 换档阀组

换档阀组根据换档信号系统提供的油压信号，控制自动变速器中液压控制油路的方向，由此决定所处的不同档位。换档阀组主要由手动阀、换档阀等组成。

（1）手动阀　手动阀由变速杆通过联动装置控制，通过手动阀可对自动变速器液压控制系统的油路进行切换，对不同的换档执行元件进行控制，实现不同的换档需要。

手动阀结构如图5-30所示，在阀体上有多条油道，其中第三条为与主油路相连的进油道，其余为出油道，分别通往"P""R""D""2"和"L"位相应的滑阀或直接通往换档执行元件。

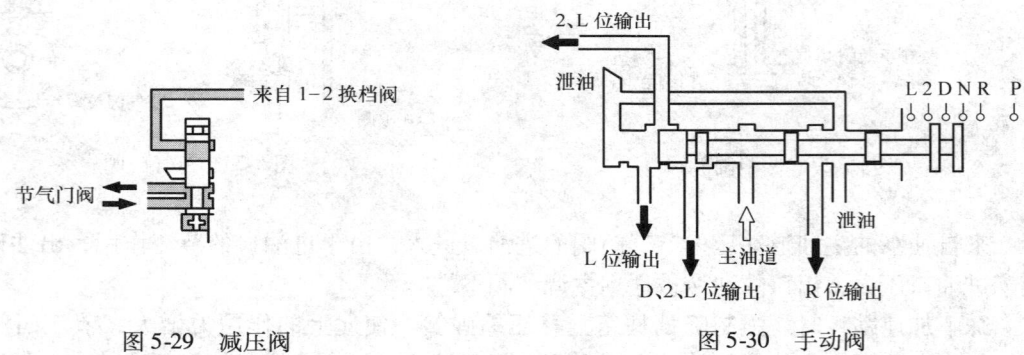

图5-29　减压阀　　　　　　　　　　　图5-30　手动阀

手动阀是安装在控制系统阀板总成中的多路换向阀，由驾驶室内的自动变速器变速杆控制。变速杆的作用与普通手动变速器的变速杆不同，手动变速器变速杆的工作位置就是变速器的档位，变速器有几个档位，变速杆就有几个工作位置。而自动变速器变速杆的位置是自动变速器的工作方式，与档位数并不对应。如变速杆置于前进档（D）位置时，对三档自动变速器而言，变速器可根据换档信号在$D_1 \sim D_3$档之间自动变换；对四档自动变速器而言，变速器则可根据换档信号在$D_1 \sim D_4$档之间自动变换。当变速杆置于前进低档2位（或S位）时，自动变速器只能在$2_1 \sim 2_2$（或2_3）档之间自动变换。当变速杆置于前进低档1位（或L位）时，自动变速器被限制在1档工作。手动阀还提供倒档（R）、空档（N）、驻车档（P）等功能。

（2）换档阀　换档阀通过控制换档执行元件进油通道是否开通而实现自动变速器的升

降档，换档阀开、闭进油通道是根据节气门油压和速控油压（电磁阀控制油压）的平衡状况自动进行的，档位变换由离合器和制动器执行完成。

换档阀是一种由弹簧和液压力作用式的方向控制阀，有两个工作位置，可以实现升档或降档的自动变换。因为每个换档阀只有两个位置，只能在两个档位之间切换，故对三档自动变速器而言要设置两个换档阀；对四档变速器而言要有三个换档阀。下面以丰田 A140E 电子控制变速器为例叙述各换档阀工作原理。

1）1-2 换档阀。1-2 换档阀的作用是控制自动变速器 1、2 档之间的变换，实质上是控制通向 B_2 的油路（见表4-3），因为 1 档时 C_0、C_1、F_0、F_2 工作；2 档时 C_0、C_1、B_2、F_0、F_1 工作。1 档时 1 号电磁阀接通泄油，2 号电磁阀断开关闭泄油口，3 号电磁阀断开关闭泄油口；2 档时 1、2 号电磁阀均接通泄油，3 号电磁阀断开关闭泄油口。

如图 5-31 所示为 1-2 档换档阀。变速器处于 D_1 档时，2 号电磁阀断开，关闭了泄油口，油压作用在 1-2 换档阀上方，油压力克服弹簧力使柱塞处于下端，关闭了通往 B_2 制动器的油路，变速器不能升到 D_2 档，如图 5-31a 所示。与此同时，另有管路油压通过 3-4 换档阀被送至超速离合器 C_0 及通过手动阀的油压作用于离合器 C_1，这时 C_0、C_1 起作用，此时变速器处于 D_1 档。

当变速器 ECU 检测到车速达到升 D_2 档车速时，ECU 发出信号，接通 2 号电磁阀电路，打开泄油口泄油。此时 1-2 换档阀上端油压消除，柱塞在弹簧力作用下上移，打开通往 B_2 制动器和蓄压器的油路，变速器升至 D_2 档，如图 5-31b 所示。

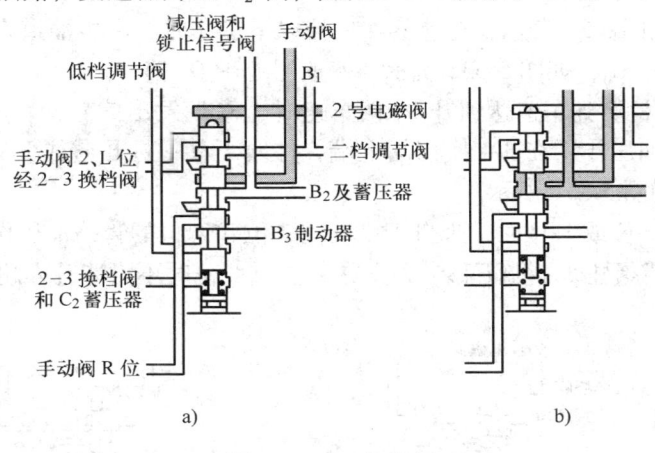

图 5-31　1-3 换档阀
a) D_1 档位置　b) D_2 档位置

2）2-3 换档阀。2-3 换档阀的作用是控制自动变速器 2、3 档之间的变换，实质是控制通往 C_2 的油路，因为 2 档时 C_0、C_1、B_2、F_0、F_1 工作，3 档时 C_0、C_1、C_2、B_2、F_0 工作。3 档时 1 号电磁阀断开关闭泄油口，2 号电磁阀接通泄油，3 号电磁阀断开关闭泄油口。

2-3 档换档阀如图 5-32 所示，变速器处于 D_2 档时，由于 1 号电磁阀接通泄油，换档阀柱塞上端无油压作用，柱塞在弹簧力作用下处于上端，从手动阀来的油液无法送到 C_2 离合器，变速器不能升入 D_3 档，如图 5-31a 所示。

当变速器 ECU 检测到车速达到升 D_3 档车速时，ECU 发出信号，切断 1 号电磁阀电路，关闭泄油口。此时油压作用在 2-3 换档阀上端，柱塞下移，打开通往 C_2 离合器和蓄压器的油路，变速器升至 D_3 档，如图 5-32b 所示。

若变速器手动阀处于 2 或 L 位置时，来自手动阀的管路油压经 2-3 档换档阀上部的中间被送到 2 档调节阀和制动器 B_1，此时制动器 B_1、B_2 均参加工作，由 B_1 提供有发动机制动效果的 2 档传动（2 位置 2 档或 L 位置 2 档时 C_0、C_1、B_1、B_2、F_0、F_1 工作）。

如果手动阀处于 L 位置，来自手动阀的管路油压经 2-3 档换档阀下部→低档调节阀→1-2 档换档阀下部送到制动器 B_3，实现由 B_3 提供有发动机制动效果的 L_1 档传动（L_1 档时 C_0、C_1、B_3、F_0、F_2 工作）。

3）3-4 换档阀。3-4 换档阀的作用是控制自动变速器 3、4 档之间的变换，实质是切换超速离合器 C_0 和超速制动器 B_0 的油路，因为三档时 C_0、C_1、C_2、B_2、F_0 工作，四档时 B_0、C_1、C_2、B_2 工作。四档时 1、2 号电磁阀均断开关闭泄油口，3 号电磁阀接通打开泄油口泄油（使变矩器锁止）。

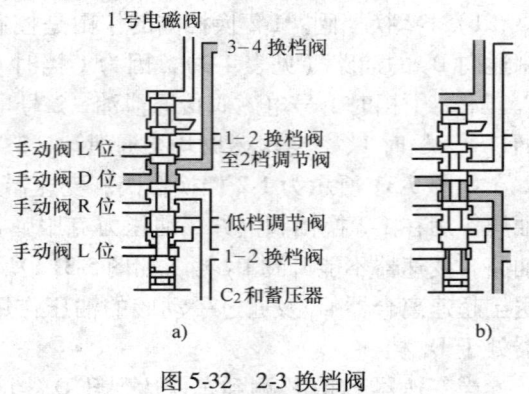

图 5-32　2-3 换档阀
a) D_2 档位置　b) D_3 档位置

3-4 档换档阀如图 5-33 所示，变速器在三档以下工作时，由主油道来的油压经 3-4 换档阀被送到超速离合器 C_0，如图 5-33a 所示。变速器处于 D_3 档。

当变速器 ECU 检测到车速达到升 D_4 档车速时，ECU 发出信号，切断 2 号电磁阀电路，关闭泄油口。此时油压作用在 3-4 换档阀上端，柱塞下移，打开通往 B_0 制动器的油路，变速器升至 D_4 档，如图 5-33b 所示。

当手动阀处于 2 位或 L 位时，来自于手动阀 2 位和 L 位的管路油压作用在 3-4 档换档阀下端，使 3-4 档换档阀柱塞不能下移，因此在 2 位或 L 位时不可升入超速档。

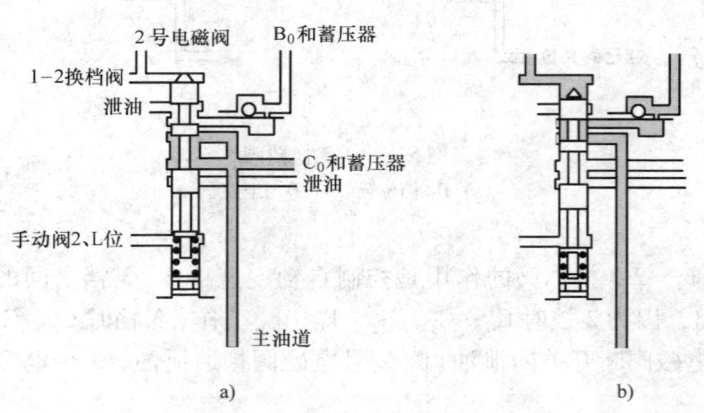

图 5-33　3-4 换档阀
a) D_3 档位置　b) D_4 档位置

4. 缓冲安全系统

为防止自动变速器在换档时出现冲击，液压控制自动换档系统中装有许多起缓冲和安全作用的液压阀和减振器。这类装置统称为缓冲安全系统。

（1）蓄压器　蓄压器也称为蓄压减振器或储能器，常用来缓冲换档冲击，一般由减振活塞和弹簧组成，如图 5-34 所示。它与离合器或制动器并联安装，压力油进入离合器或制动器活塞工作腔 A 的同时也进入减振器，将减振器活塞压下，以此方式降低 A 腔压力，防止离合器或制动器片快速接合时引起的冲击。

图 5-35 所示为自动变速器中的蓄压器，当变速器换档时，来自手动阀的油液经过节流孔在进入离合器等换档执行元件的同时也进入蓄压器的活塞上部。在压力油通入执行元件的初期，油液经节流孔后油压不是很高，主要作用是消除离合器、制动器这些执行元件摩擦片间的间隙，使其开始接合。此后，压力迅速增大，若没有蓄压器的话，摩擦片将

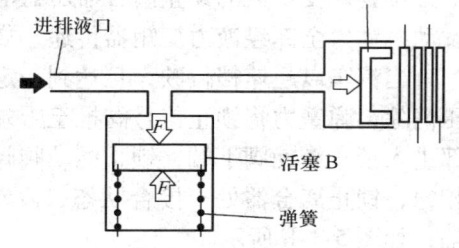

图 5-34　蓄压器工作原理图

在瞬间接合并被加载，从而造成较大的换档冲击。有蓄压器以后，情况就不一样了；油压的升高使蓄压器活塞克服弹簧力上升，容积增大，油路中部分压力油进入蓄压器工作腔，延长了换档执行元件液压缸的充油时间，油压的增长速度减缓，摩擦片逐渐接合，因而减小了换档冲击。

而离合器或制动器解除工作时，回流的液压油在蓄压器压力的作用下推开单向阀，从二个泄油孔迅速泄压，使之快速解除工作状态，同样减小换档冲击。

（2）缓冲单向阀　缓冲单向阀主要用来减小管道内瞬时压力冲击的作用。如图 5-36 所示，通常情况下，缓冲单向阀柱塞在下部弹簧的作用下关闭泄油口，使管道内保持一定的油压力。当管道内油压瞬时过高时，油压将克服弹簧力使缓冲单向阀柱塞下移，打开泄油口泄压，以缓冲和保持管道油压。

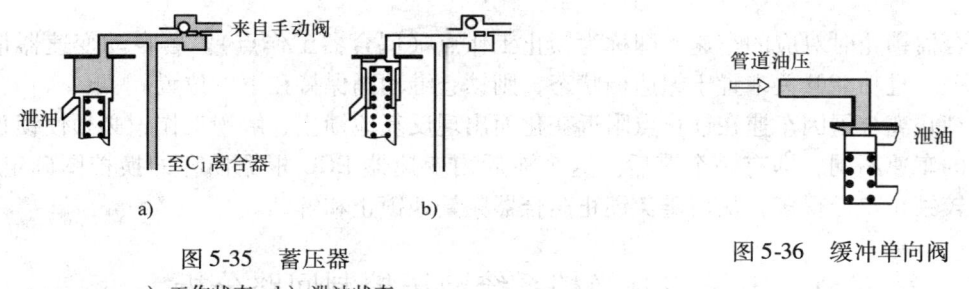

图 5-35　蓄压器
a）工作状态　b）泄油状态

图 5-36　缓冲单向阀

5. 液力变矩器控制装置

自动变速器中的液力变矩器工作时，其内部的工作油液要传递发动机的大部分功率，而由于液力变矩器效率不够高，损失的功率转化成热的形式，使得油液的温度升高，过高的油温会加速油液的老化变质，破坏密封，甚至沸腾产生气泡，影响正常工作。另外，变矩器工作轮中有些区域，工作液体的流速高，压力低，往往出现气蚀，使得传递的转矩减小。因此，液力变矩器控制装置的作用就是把变矩器中的高温油引出加以冷却，然

后加压送回到变矩器进行补偿。如果是锁止式液力变矩器,控制装置则还要控制变矩器中的锁止离合器。

电子控制变速器中的液力变矩器的锁止是由锁止信号阀、锁止继动阀和3号电磁阀共同控制。如图5-37所示,锁止信号阀阀芯上方作用着主油道油压,下方与手动阀D位油路相通。当车速较低时,3号电磁阀关断,锁止信号阀在主油道压力作用下保持在下方位置,从而将通往锁止继动阀下端的油路切断,使锁止继动阀在上方弹簧力和油压力的作用下保持在下方位置,变矩器的锁止离合器压盘前端与副调节阀油道相通,锁止离合器处于分离状态,发动机动力全部经液力变矩器传递,如图5-37a所示。

当汽车以超速档行驶,且达到一定的车速时,3号电磁阀接通泄油,锁止信号阀上端油压消除,弹簧力将锁止信号阀推至上端,来自手动阀D位置油路的压力油经锁止信号阀中部进入锁止继动阀下端,锁止继动阀阀芯升至上位,使锁止离合器压盘后端与副调节阀油道相通,锁止离合器处于接合状态,发动机动力经锁止离合器直接传至行星齿轮变速器输入轴,如图5-37b所示。

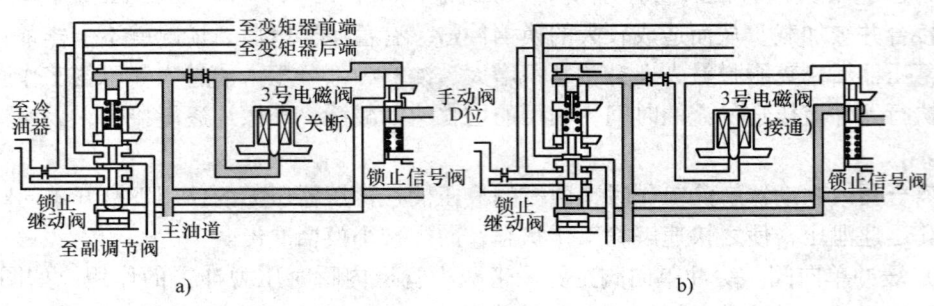

图5-37 锁止继动阀和锁止信号阀工作原理
a) D_3 档位置 b) D_4 档位置

锁止离合器锁止时对应的车速,即称为锁止工作点(偶合器工作点)。若自动变速器带有多功能开关,且功能开关未置于超速档状态,则锁止继动阀保持在下方位置。

为防止锁止离合器因车速在锁止点附近变化而出现反复地锁止、解锁工作,必须使锁止点与解锁点的车速不同,即有一个滞后。这个滞后由变速器ECU根据内存的换档图确定,此时的车速较锁止点低得多,从而避免锁止离合器频繁地锁止和解锁。

第三节 电子控制换档系统液压控制回路分析

电子控制换档系统通过控制电磁阀的通断状态来控制通向各换档阀的油路,由于换档阀油路的改变,从而使不同的离合器和制动器工作,从而实现自动换档的目的。下面以丰田A140E电子控制变速器和大众01M电子控制变速器为例,分析液压控制回路。

一、丰田A140E电子控制变速器液压控制回路分析

A140E自动变速器油泵由液力变矩器驱动,只要发动机起动,油泵即进行工作,为液力变矩器和各润滑表面提供压力油,同时有部分压力油通往散热器进行冷却。液压控制系统的

主油路压力、液力变矩器油压和润滑油压由主调节阀、副（辅助）调节阀进行调节，主油路压力油不经手动阀直接流经3-4档换档阀来控制超速档离合器 C_0 或 B_0，除超速档外，其他任何档位超速档离合器 C_0 都结合。变速器 ECU 接受档位开关、节气门位置传感器、车速传感器等各种信号，视变速杆位置、节气门开度和车速不同，控制换档电磁阀和锁止电磁阀的通断电，使自动变速器在不同工况下工作。

1. P 位油路分析

变速杆（手动阀）置于 P 位时，汽车是停车位置，理论上不需要任何执行元件工作，但由于 P 档后面就是 R 档，而 R 档需要 C_0、C_2、B_3 工作，为了避免 3 个液压元件同时动作引起换档冲击和振动，在 P 档便使 C_0 进入工作状态，当变速杆移至 R 位时，只需要对 C_2、B_3 进行控制即可。

P 位油路如图 5-38 所示（见书后插页），手动阀处于 P 位时，进油路为第三道（从右向左数共六道，第一道为常通泄油，第三道为进油，其余为控制出油道），无出油路。

P 位油路走向如下：

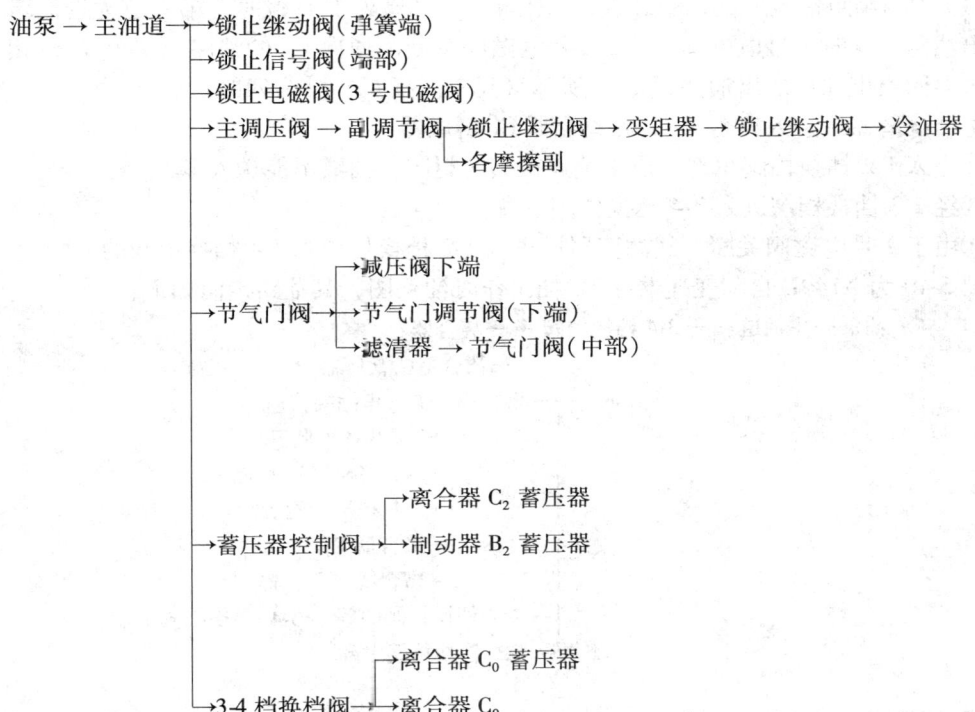

2. R 位油路分析

变速杆置于 R 位时，手动阀第三道进油，第二道出油，与 P 档位相比，增加了手动阀第二道油路。由于手动阀第四道油路未通，三个换档阀上端都无压力油（因而不需要换档电磁阀动作），三个换档阀在弹簧力作用下处于上端位置，超速档离合器 C_0、直接档离合器 C_2、低倒档离合器 B_3 工作，其油路如图 5-39（由于其他部分油路与 P 位相同，在此和下面的分析中只叙述不同部分）所示（见书后插页），油路走向如下：

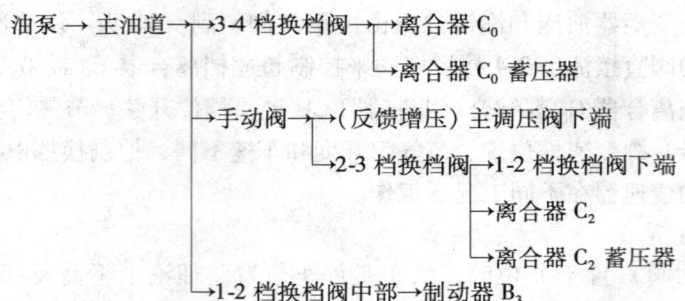

3. N位油路分析

变速杆置于N位时,手动阀第三道进油,无出油路,其油路与P位相同,在此不再叙述。

4. D位油路分析

变速杆处于D位置时,变速器可根据手动阀接通的油路和电磁阀控制的油路自动变换从 $D_1 \sim D_4$ 四个不同的档位。

(1) D_1 档油路分析(此时 C_0、C_1 工作) 手动阀处于D位时,第三道为进油路,第四道为出油路。这时1号电磁阀接通,2号电磁阀关断。通向 C_0 的油路与P和N位相同,经手动阀第四道出油口的出油如图5-40所示(见书后插页)分为四路:

①经滤清器后进入离合器 C_1 和离合器 C_1 蓄压器。
②进入1-2档换档阀中部,由于油道被阀芯封闭,油液不能送入 B_2。
③经2-3档换档阀进入3-4档换档阀下端。
④由于2号电磁阀关断,经滤清器后进入1-2档换档阀和3-4档换档阀的上端。

图5-40为A140E自动变速器在 D_1 档工作时油路图,其油路走向如下:

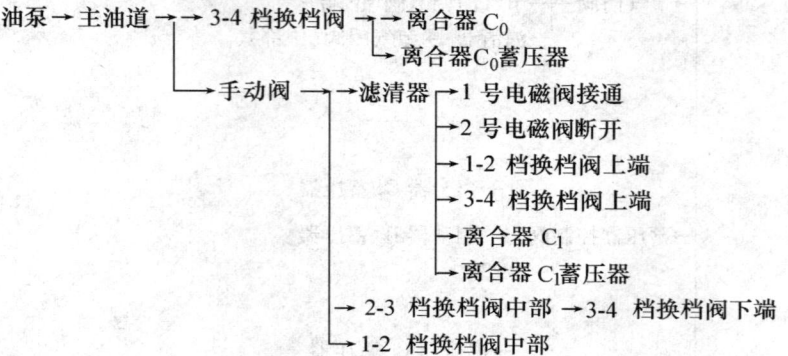

(2) D_2 档油路分析(此时 C_0、C_1、B_2 工作) D_2 档时手动阀的进出油路与 D_1 档相同,这时1号电磁阀和2号电磁阀都接通。

在 D_1 档车速较低时,由于2号电磁阀处于关断状态,1-2档换档阀的上方作用有主油道油压,使阀体处于下方,通往 B_2 的油道被封闭(图5-40)。

随着车速的提高,车速传感器和节气门位置传感器将速度信号和节气门开度信号传给变速器ECU,经比较产生升档信号。1号电磁阀和2号电磁阀都接通,卸除1-2档换档阀上端的主油道油压,阀体下移,接通通往制动器 B_2 的油路,自动变速器升入 D_2 档,同时接通减压阀和锁止信号阀油路，为自动变速器升入 D_3 档做必要准备。D_2 档工作时的油路如图 5-41 所示（见书后插页）。其油路走向如下：

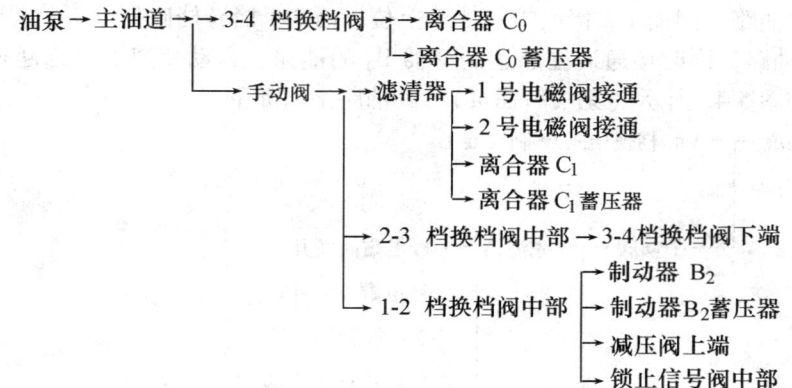

变速器升入 D_2 档后，减压阀上端被引入液压油，将减压阀阀芯压下，从节气门阀来的油被引入节气门下端，产生一与车速相关的控制压力。

（3）D_3 档油路分析（此时 C_0、C_1、C_2、B_2 工作） D_3 档时手动阀的进出油路与 D_1 档相同，这时 1 号电磁阀断开，2 号电磁阀接通。

在 D_2 档车速较低时，由于 1 号电磁阀处于接通状态，2-3 档换档阀的上方无主油道油压作用，在弹簧作用下，2-3 换挡阀处于上端，通往 C_2 的油道被封闭（图 5-41）。

随着车速的提高，1 号电磁阀关断，2 号电磁阀接通，主油道油压作用于 2-3 档换档阀上端，阀体下移，接通通往离合器 C_2 的油路，自动变速器升入 D_3 档。D_3 档工作时的油路如图 5-42 所示（见书后插页）。其油路走向如下：

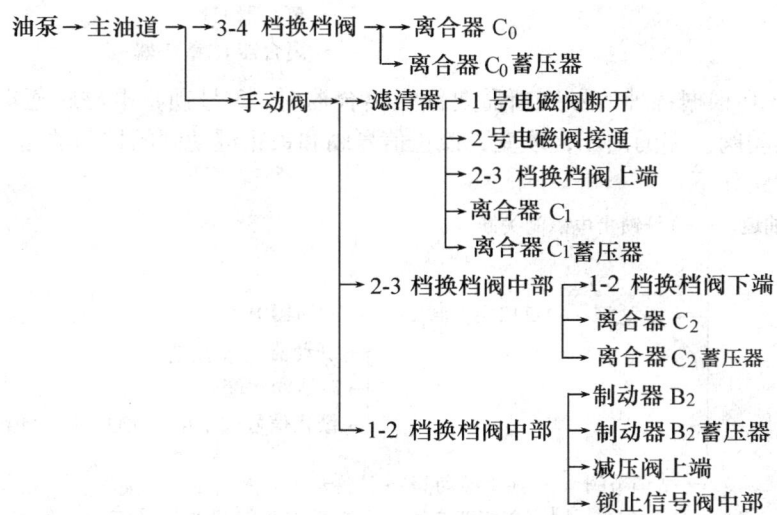

（4）D_4 档油路分析（此时 B_0、C_1、C_2、B_2 工作） D_1 档手动阀的进出油路与 D_1 档相同，这时 1 号电磁阀断开，2 号电磁阀断开。

当车速继续提高时，自动变速器达到升入 4 档要求时，1 号电磁阀和 2 号电磁阀都关断，这时 1-2 档换档阀、2-3 档换档阀、3-4 档换档阀上端都作用有主油道油压。由于 1 号电磁阀关断，2-3 档换档阀体处于下端位置，切断了通往 3-4 档换档阀下方的油路而接通了 1-2 档换档阀下端的油路，因而 1-2 档换档阀处于上位，而 3-4 档换档阀处于下位，切断通往超速离合器 C_0 的油路，同时接通通往超速制动器 B_0 的油路，自动变速器升入超速档。D_4 档工作时的油路如图 5-43 所示（见书后插页）。其油路走向如下：

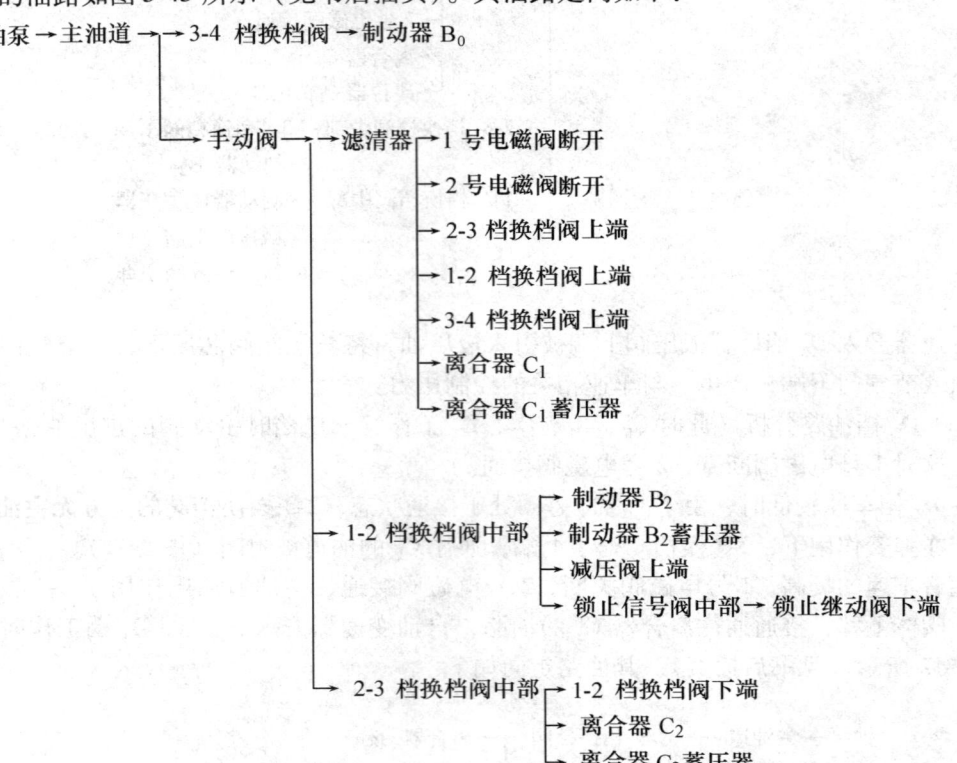

当变速器 ECU 根据各种信号判断需要锁止离合器时，3 号锁止电磁阀通电，泄除锁止信号阀、锁止继动阀上端的油压，改变了锁止信号阀和锁止继动阀的控制油路，使锁止离合器接合。锁止油路如下：

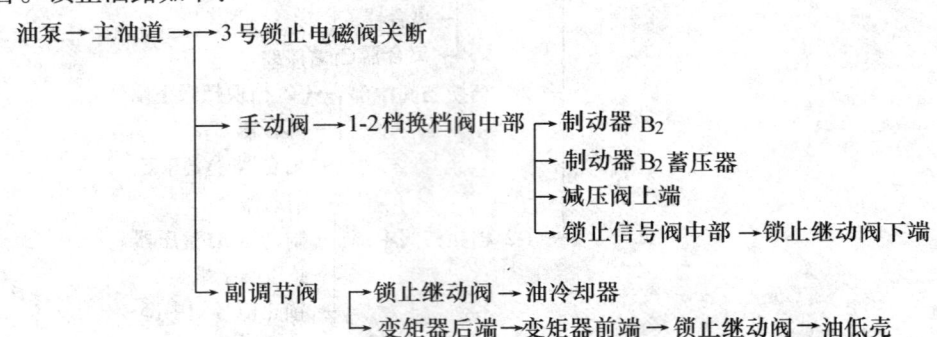

5.2 位油路分析

手动阀处于 2 位时，第三道为进油，第四、五道为出油。

(1) 2_1 档油路分析（此时 C_0、C_1 工作） 2 位 1 档（2_1 档）时，1 号电磁阀接通，2 号电

磁阀断开，虽然多了第四道出油路，但通往换档执行元件的油路与"D_1"档完全相同，2_1档时无发动机制动效果。2_1档工作时的油路如图5-44所示（见书后插页）。其油路走向如下：

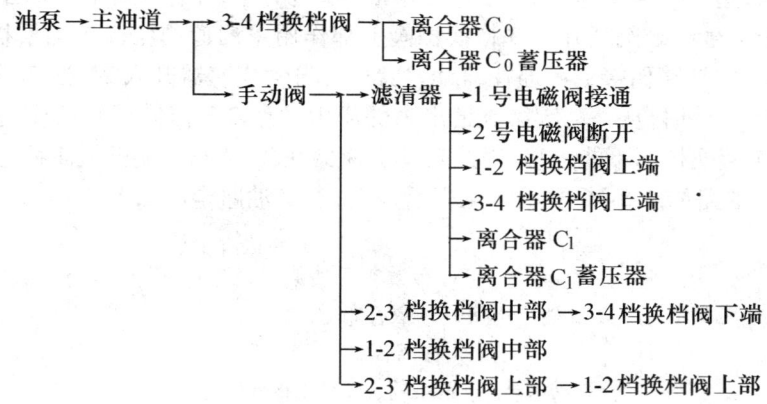

由于这时1-2档换档阀上端作用有主油道油压，阀体处于下端，通往制动器B_1、B_2的油路被封闭，变速器已为进入2_2档做好了准备。

（2）2_2档油路分析（此时C_0、C_1、B_1、B_2工作）　2位2档（2_2档）时，1号和2号电磁阀接通。

随车速升高，当达到换档车速时，1号和2号电磁阀都接通，这时作用于1-2档换档阀和3-4档换档阀上端的主油道的油压泄除，1-2档换档阀在弹簧作用下上移，来自手动阀第四道的油通过1-2档换档阀进入制动器B_2，来自手动阀第五道的油经2-3档换档阀、1-2档换档阀进入制动器B_1使自动变速器提供一带发动机制动效果的2档（D_2档时由于B_1不工作，所以无发动机制动效果）。

2_2档工作时的油路如图5-45所示（见书后插页）。其油路走向如下：

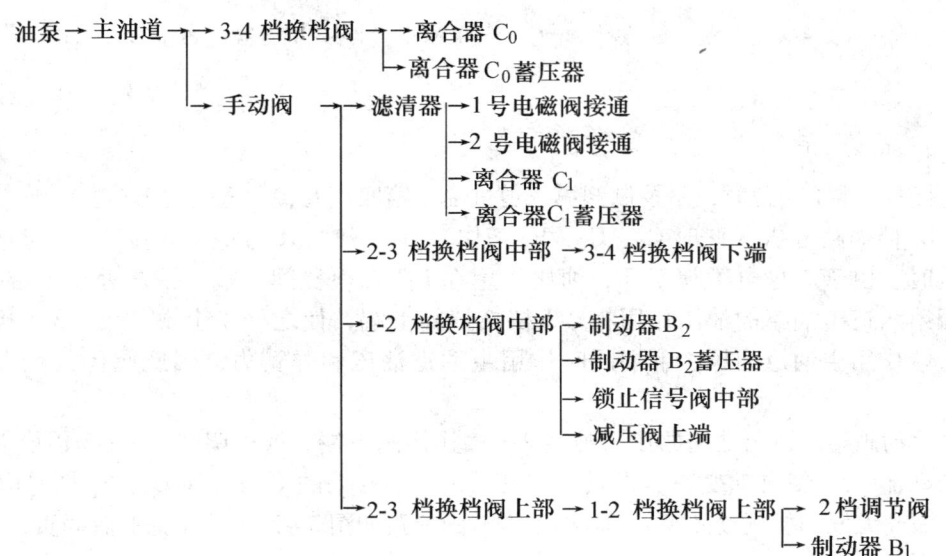

(3) 2_3 档油路分析（此时 C_0、C_1、C_2、B_2 工作） 2 位 3 档（2_3 档）时，1 号电磁阀断开，2 号电磁阀接通泄油。

车速继续升高，达到换档车速时，1 号电磁阀断开，这时 1-2 档换档阀、3-4 档换档阀仍处于上端位置。由于 1 号电磁阀断开，2-3 档换档阀上部作用主油道油压，2-3 档换档阀下移，切断了通往制动器 B_1 的油路而接通了通往 C_2 的油路，使自动变速器升入 2_3 档，2_3 档油路与 D_3 档油路的区别在于 2_3 档时，从手动阀第五道出来的压力油经 2-3 档换档阀后作用在 3-4 档换档阀的下端，使 3-4 档换档阀不能上移，因此自动变速器在 2_3 档时不能升入 4 档。

2_3 档工作时的油路如图 5-46 所示（见书后插页）。其油路走向如下：

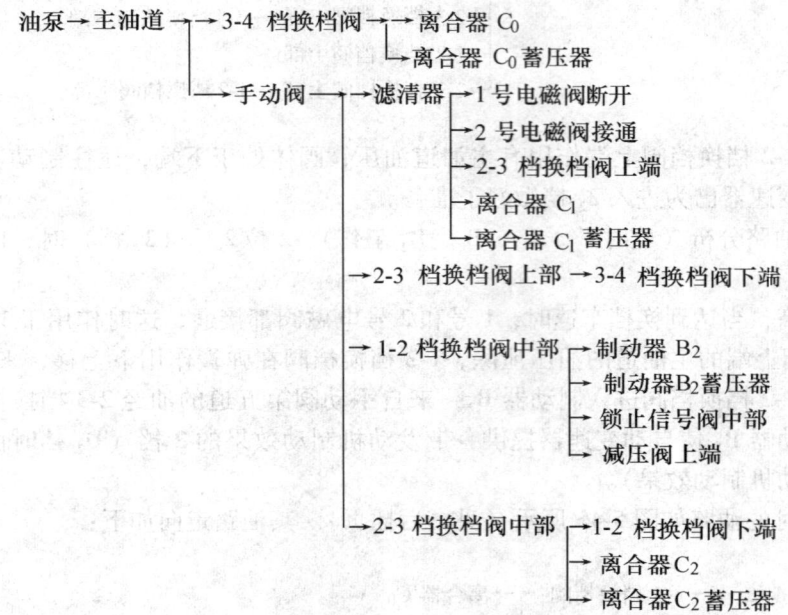

6. L 位油路分析

变速杆置于"L"位时，手控制阀第三道进油，第四、五、六道同时出油。

(1) L_1 档油路分析（此时 C_0、C_1、B_3 工作） L_1 档时，1 号电磁阀接通、2 号电磁阀断开。这时，由于 2 号电磁阀断开，油压作用在 1-2 档换档阀上端，使之处于下端位置。由手动阀第六道出油路的油压作用在 2-3 档换档阀下端，使之处于上端位置。3-4 档换档阀由于上端作用主油道油压、下端同时作用主油道油压和弹簧力，因此阀体处于上端位置。

来自手动阀第六道出油路的压力油经 2-3 档换档阀下端、低档调节阀、1-2 档换档阀下部通往制动器 B_3，使自动变速器提供一带发动机制动效果的 1 档（在 D_1、2_1 档时由于 B_3 不工作，因此无发动机制动效果）。L_1 档工作时的油路如图 5-47 所示（见书后插页），其油路走向如下：

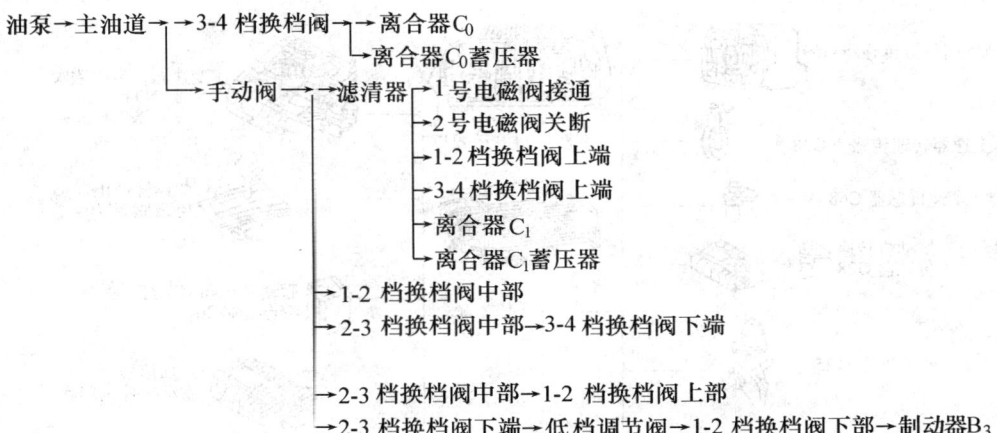

(2) L_2 档油路分析（此时 C_0、C_1、B_1、B_2 工作） 随车速升高，自动变速器升入 L_2 档，L_2 档时，1 号电磁阀接通、2 号电磁阀接通，由于此时 1-2 档换档阀上的油压卸除，阀体上移。切断了从低档调节阀经 1-2 档换档阀到制动器 B_3 的油路，接通了从手动阀第四道经 1-2 档换档阀至制动器 B_2 的油路，也接通了从手动阀第五道经 2-3 档换档阀、1-2 档换档阀至制动器 B_1 的油路，使自动变速器提供有发动机制动的二档。

L_2 档工作时的油路如图 5-48 所示（见书后插页）。其油路走向如下：

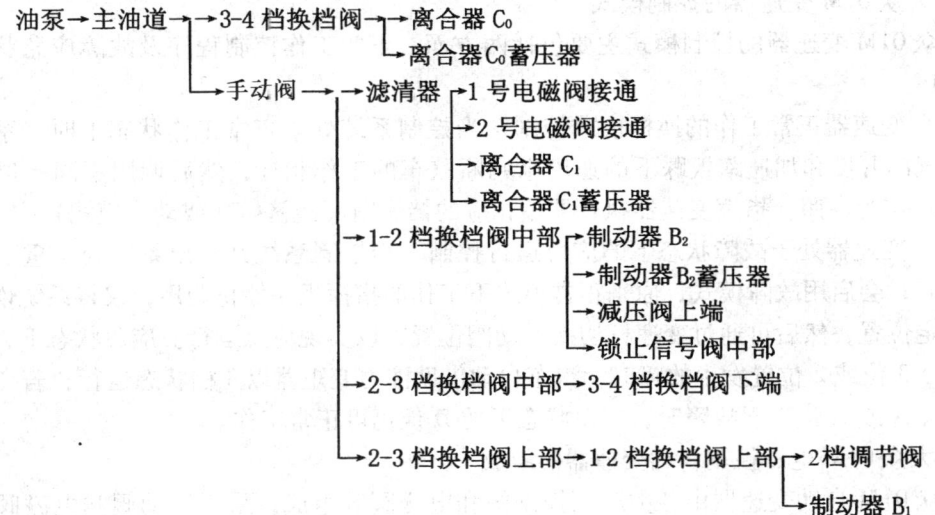

二、大众 01M 电子控制变速器液压控制回路分析

大众 01M 电子控制自动变速器主要由控制程序软件系统及相应的电子元件等硬件系统组成。变速器控制程序软件系统装在自动变速器的控制单元（J217）存储芯片中，是不可见的存储信息；变速器控制系统中的硬件部分如图 5-49 所示，主要由各种传感器、控制部件及执行装置组成。

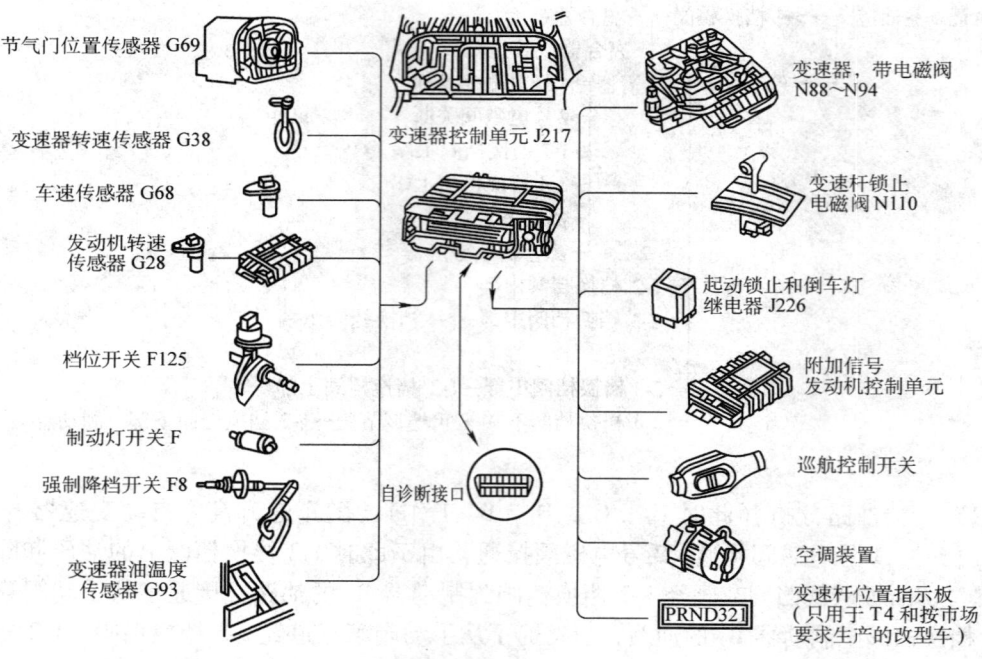

图 5-49　大众 01M 电子控制自动变速器的组成

1. 大众 01M 变速器的控制模式

大众 01M 变速器的控制模式主要包括两方面：正常工作控制程序及故障应急状态下的控制程序。

（1）变速器正常工作的换档模式控制　当控制系统处于正常工作状态下时，系统主要依据节气门开度和加速踏板踩下的速度来判断汽车的工作状况，然后调用不同档位图（换档数据）作为参照，指挥变速器执行器按相应的档位图（经济模式或动力模式）实现换档。

（2）变速器处于故障状态下的应急运行控制　当控制系统判断出系统处于重要的故障下运行时，会启用故障模式，原来正常模式下工作的指挥程序停止调用，仅将系统恢复到相应的设定位置，然后可通过变速杆切换手动阀位置，以实现应急运行。应急状态下，变速杆在 D 位、3 位或 2 位置发生故障时，汽车自动借助液力变矩器以 3 档状态运行；若变速器的 1 位、P、N 或 R 位出现故障时，应急状态下的 D 位仍可正常工作。

2. 大众 01M 电子控制自动变速器的组成

大众 01M 自动变速器由各类液压控制阀和电磁阀等组成，采用手动阀和电磁阀联合控制变速器换档。手动阀直接控制倒档离合器 C_3 及 1、倒档制动器 B_1，其他换档阀通过电磁阀控制。大众 01M 变速器采用的电磁阀有 7 个，分为换档控制电磁阀和油压调节电磁阀。电磁阀都安装在变速器中，由自动变速器控制单元（J217）进行控制。作用如下：

1）换档电磁阀。电磁阀 N88、N89、N90、N92、N94 为换档电磁阀，功能是控制某一油路的通断。其中电磁阀 N88、N90 是在断电时起作用，其余电磁阀是在通电时起作用。

①电磁阀 N88 的功能是控制前进档离合器 C_1 油路的通断。

②电磁阀 N89 的功能是控制 2、4 档制动器 B_2 油路的通断。
③电磁阀 N90 的功能是控制直接档离合器 C_2 油路的通断。
④电磁阀 N92 及 N94 的功能是控制换档的平顺性。

2) 油压调节电磁阀。N91、N93 为油压调节电磁阀，功能是调节自动变速器中各离合器及制动器的油压，在通电状况下起作用。其中电磁阀 N91 用于调节锁止离合器油压，而电磁阀 N93 是用于调节各变速离合器与制动器的工作油压。

3. 大众 01M 电子控制自动变速器油路分析

大众 01M 变速器变速杆有 P、R、N、D、3、2、1 七个位置，在各个不同位置时，各元件和电磁阀工作状况如表 5-3 所示。

表 5-3　大众 01M 电子控制自动变速器不同档位时各元件工作情况

档位 电磁阀	N	R	D_1	D_2	D_3	D_4
N88	×	×	×	×	×	○
N89	×	×	×	○	×	○
N90	×	○	×	×	○	×
N91	×	×	○	○	○	○
N92	×	×	×	×	×	×
N93	○	○	○	○	○	○
N94	×	×	×	×	○	○

离合器、制动器、单向离合器工作情况

C1			✓	✓	✓	
C2					✓	✓
C3		✓				
B1		✓				
B2					✓	✓
F			✓	✓		

注：○——工作，使工作油压作用在液压阀上；×——不工作，卸除作用在液压阀上的工作油压；✓——传递力矩。

(1) N 位油路分析　变速杆位于 N 位置时，变速器 ECU 根据档位信号、车速信号、节气门位置信号确认自动变速器处于空档。

电磁阀 N93 工作，使液压油进入主调节阀左端，使主油压得到调整。电磁阀 N88、N89、N90、N91、N92、N94 都不工作。N91 不工作，是使液压油从变矩器前端流入，后端流出，解除变矩器锁止。

手动阀处于空档位置，从油泵来的主油压送入手动阀后不能被送到其他液压阀，离合器和制动器均不工作，变速器输入轴处于空转状态。

N 位油路如图 5-50 所示（见书后插页），手动阀处于 N 位时，进油路为第三道（共七道，第六道为常通泄油，第三道为进油，其余为控制出油道），第四道出油送到 N92 换档平顺阀上端。

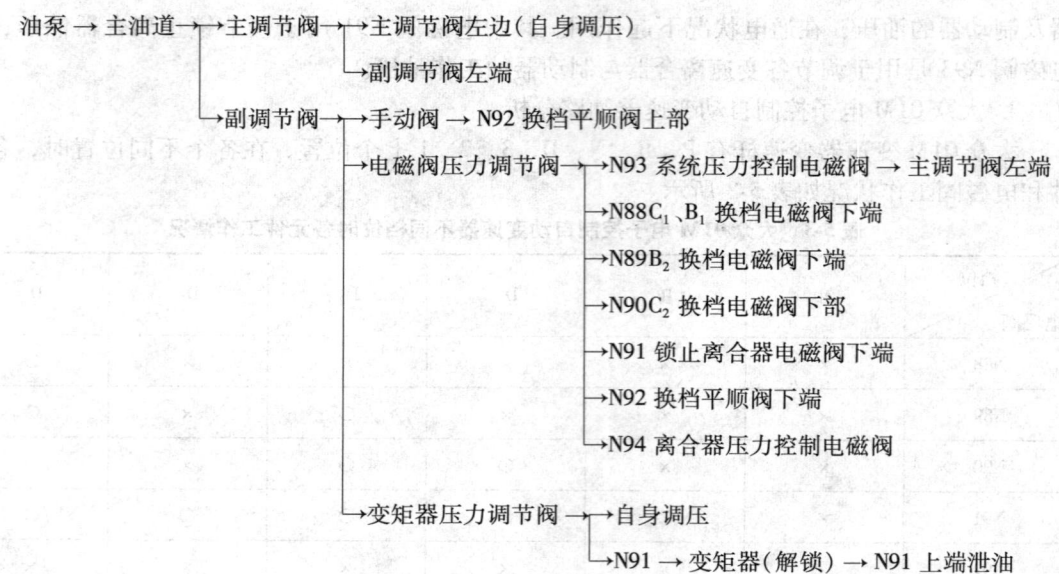

(2) P 位油路分析　变速器变速杆位于 P 位时，手动阀第三道进油，第六道泄油，无液压油送到各换档阀，电磁阀油路与 N 位时相同，在此不赘述。

(3) R 位油路分析　变速杆置于 R 位时，离合器 C_3、制动器 B_1 工作。手动阀第三道进油，第四道、第五道出油，直接控制倒档离合器 C_3 及 1、倒档制动器 B_1。其油路如图 5-51 所示（见书后插页）（由于其他部分油路与 N 位相同，在此只叙述不同部分）。

```
油泵→主油道→副调节阀→手动阀 → N88 $C_1$、$B_1$ 换档电磁阀上端 → N92 换档平顺阀中部 → 1、倒档制动器 $B_1$
                               → 倒档离合器 $C_3$   → 高档供油阀 $C_2$、$B_2$ 左端
```

当速度足够高时，锁止电磁阀 N91 工作，使液压油从变矩器后端流入，前端流出，变矩器进入锁止工况，以减速少发动机功率损失。

(4) D 位油路分析　变速器变速杆处于 D 位时，变速器可根据手动阀接通的油路和电磁阀控制的油路自动变换从 $D_1 \sim D_4$ 四个不同的档位。

手动阀处于 D 位时，第三道为进油路，第二道、第四道为出油路。电磁阀 N91、N93 在各档均工作，作用与前述相同。

1) D_1 档（离合器 C_1 工作）。

D_1 档时，N90 电磁阀工作，使通往直接档离合器 C_2 的液压油处于待命状态。从手动阀第二道出油经 N88（C_1、B_1 换档电磁阀）、C_1 供油泄油转换阀、C_1 协调阀、送到前进档离合器 C_1。自动变速器处于 D_1 档时，其油路如图 5-52 所示（见书后插页）。

油泵 → 主油道 →
- 主调节阀 →
  - 主调节阀左边（自身调压）
  - 副调节阀左端
- 副调节阀 →
  - 手动阀 →
    - N92 换档平顺阀上部
    - 副调节阀右端
    - 高档供油阀 C_2、B_2 →
      - N90C_2 换档电磁阀下端
      - N89 B_2 换档电磁阀下端
    - N88 中部 → C_1 供油泄油转换阀 →
      - C_1 协调阀 → C_1 离合器
      - B_2 协调阀
  - 电磁压力调节阀 →
    - N93 系统压力控制电磁阀 → 主调节阀左端
    - N88C_1、B_1 换档电磁阀下端
    - N89B_2 换档电磁阀下端
    - N90C_2 换档电磁阀下端
    - N91 锁止离合器电磁阀下端
    - N92 换档平顺阀下端
    - N94 离合器压力控制电磁阀
  - 变矩器压力调节阀 →
    - 自身调压
    - N91 → 变矩器（锁止）→ N91 上端泄油

D_1 档时，从 C_2、B_2 高档供油阀来的油液被送到电磁阀 N89（B_2 换档电磁阀）下部，由于 N89 不工作，油液不能通过 B_2 供油泄油转换阀、B_2 协调阀送到制动器 B_2，但为变速器更换 D_2 档做好了准备。

2）D_2 档（离合器 C_1、制动器 B_2 工作）。

D_2 档时，电磁阀 N89 工作，从 C_2、B_2 高档供油阀来的油液可以被送到制动器 B_2，变速器升高一个档位。

在从 D_2 ~ D_4 的档位变换过程中，从主调节阀、电磁压力调节阀和变矩器压力调节阀出来的液压油与 D_1 档位时的一致，在此不再赘述。自动变速器处于 D_2 档时，其油路如图 5-53 所示（见书后插页）。

油泵 → 主油道 →
- 副调节阀右端
- 副调节阀 → 手动阀 → N92 换档平顺阀上部
- 手动阀 →
  - 高档供油阀 C_2、B_2 →
    - N90 C_2 换档电磁阀下部
    - N89B_2 换档电磁阀下部 → B_2 供油泄油转换阀 →
      - B_2 协调阀上部 → B_2 制动器
      - N90 C_2 换档电磁阀中部
  - N88 中部 → C_1 供油泄油转换阀 →
    - C_1 协调阀 → C_1 离合器
    - B_2 协调阀

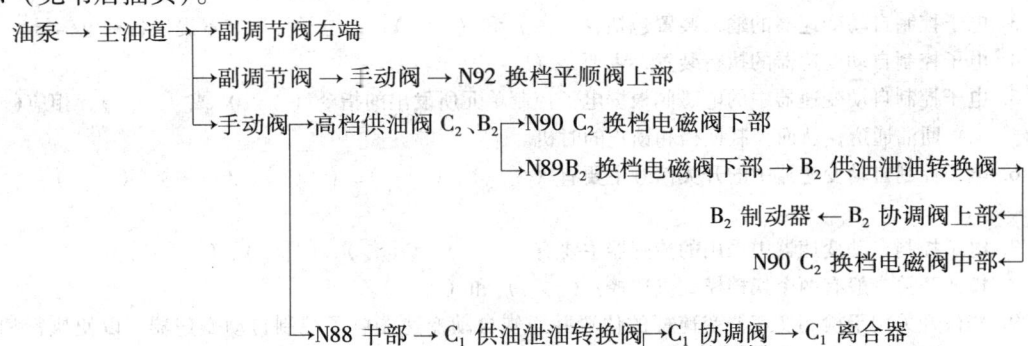

3) D_3 档（离合器 C_1、离合器 C_2 工作）。

D_3 档时，电磁阀 N89 不工作，切断从 C_2、B_2 高档供油阀送到制动器 B_2 的油路，同时电磁阀 N90 也不工作，使阀芯下移，接通从 C_2、B_2 高档供油阀到离合器 C_2 的油路，使变速器升高一个档位。自动变速器处于 D_3 档时，其油路如图 5-54 所示（见书后插页）。

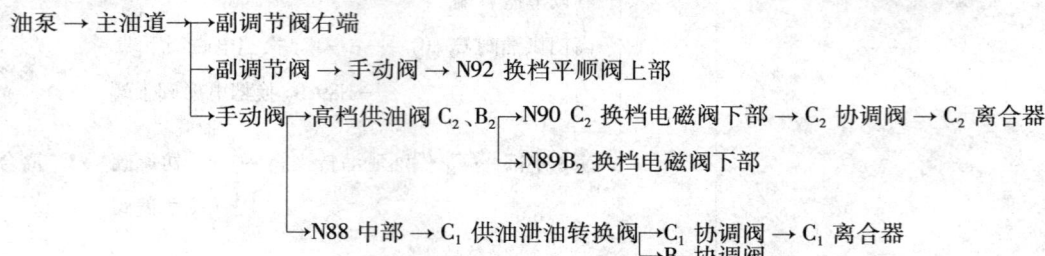

4) D_4 档（离合器 C_2、制动器 B_2 工作）。

D_4 档时，电磁阀 N89 工作，打开从 C_2、B_2 高档供油阀送到制动器 B_2 的油路，同时电磁阀 N88 工作，切断从手动阀通向离合器 C_1 的油路，使变速器升至 D_4 档，其油路如图 5-55 所示（见书后插页）。

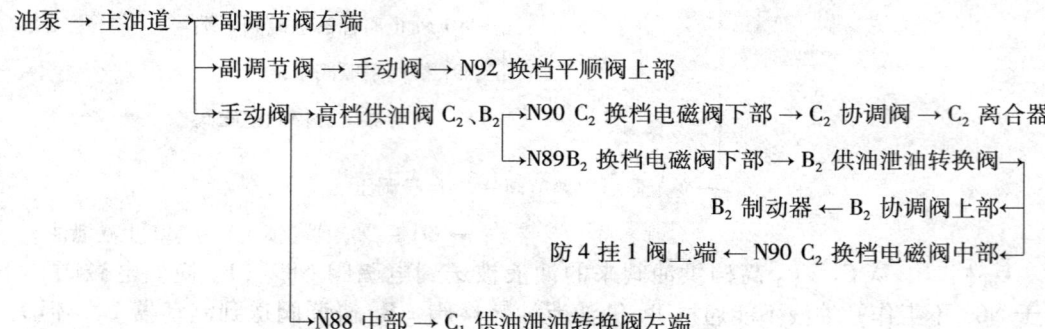

复习思考题

一、填空

1. 电子控制自动变速器基本上与传统的液压控制自动变速器相同，两者之间最大的区别在于电子控制自动变速器分别通过（　　）和（　　），将发动机节气门开度和车辆行驶速度转变为电信号，对变速器换档进行控制。

2. 电子控制自动变速器主要由（　　）、（　　）和（　　）三部分组成。

3. 电子控制自动变速器的输入装置包括（　　）和（　　），为电子控制装置提供各种电信号。

4. 电子控制自动变速器的执行装置，主要是（　　）。

5. 电子控制自动变速器中的电磁阀根据电子控制单元所发出的指令（　　）或（　　），相应（　　）或（　　）回油通道，从而控制换档和锁止的时机。

6. 电子控制自动变速器中的开关信号主要有（　　）、（　　）、（　　）、（　　）、（　　）等。

7. 电子控制自动变速器中采用的传感器主要有（　　）、（　　）、（　　）、（　　）。

8. 模式开关一般有两个换档模式供选择：（　　）和（　　）。

9. 档位开关用于检测变速器变速杆的位置并通知自动变速器电子控制自动变速器，以便执行相应的（　　）。

10. 当点火开关处于起动位置，空档起动开关只有在（　　）或（　　）档时，起动机的控制线路才能接通，发动机才能起动。

11. 强制降档开关用来检测加速踏板打开的程度，此开关闭合，表示驾驶人要求（　　），变速器 ECU 接到此信号后将（　　）一个档位。

12. 大部分的自动变速器都配有超速档开关。超速档开关信号送到变速器 ECU，用于控制变速器是否可以（　　）行驶。

13. 节气门位置传感器用于检测（　　）的开度，并将其转换成电信号至发动机 ECU 和变速 ECU，以便控制（　　）和（　　）。

14. 车速传感器将车辆的行驶速度转换成电信号并输送至变速器 ECU，用于（　　）和（　　）的控制。

15. 变速器 ECU 接收输入轴和输出轴转速传感器的信号主要用来监控变速器的（　　）工作状态。根据信号修正变速器的工作压力，并且在信号超出范围时执行（　　）。

16. 变速器 ECU 主要由（　　）、（　　）、（　　）和计算机等组成。其中计算机（亦称微处理机）主要由中央处理器（CPU）、存储器和输入输出接口（I/O）等几部分组成。

17. 变速器 ECU 接收各种监测汽车行驶状况和发动机工况的开关、传感器信号，可精确地控制自动变速器的（　　）、（　　）和换档时的（　　）；它还具有自诊断功能，自动监测和识别电子控制元件的故障，并通过（　　）指示灯指示或输出故障码；此外，变速器 ECU 在电子电路发生故障和电磁阀失效时还具有（　　），能保证车辆继续行驶。

18. 主调节阀的作用是根据变速杆的档位、汽车的行驶速度和节气门开度的变化，自动调节流向各液压系统的（　　），使其与（　　）相符，以防止变速器油泵功率损失。踩下加速踏板时，主调节阀的输出油压（　　）。

19. 副调节阀的作用是根据节气门开度和汽车行驶车速变化，调节送至（　　）和（　　）的油压，使之与发动机功率和车速保持一致。

20. 节气门阀的作用是产生一个与加速踏板位置相适应的油压力。其最主要的作用是作用于各换档阀的（　　），作为换档信号。

21. 手动阀安装在（　　）内，由驾驶室内的自动变速器变速杆控制。其主要作用是对（　　）进行切换，对不同的换档执行元件进行控制，实现不同的（　　）需要。

二、简答

1. 电子控制自动变速器控制系统主要由哪几部分组成，各有何作用？
2. 试述电子控制自动变速器的工作原理。
3. 电子控制自动变速器有哪些输入装置，各起什么作用？
4. 自动变速器 ECU 进行哪些控制。
5. 试分析 A140E 自动变速器的 P 位油路。
6. 试分析 A140E 自动变速器 2_3 档油路，它与 D_3 档油路有何不同？

第六章 自动变速器基本检查与试验

本章要点：
- 自动变速器检查的内容和方法
- 自动变速器就车试验的内容和方法
- 自动变速器失速试验、时滞试验和道路试验的方法和步骤

自动变速器的结构和工作原理都很复杂，液力变矩器、换档执行元件、阀体、电控系统或其他任何部件出现故障，都会影响自动变速器的正常工作。自动变速器不易拆装，当出现故障和工作不正常时，盲目拆卸分解往往找不出产生故障的真正原因，甚至造成自动变速器不应有的损坏。因此，在进行自动变速器拆卸前应对其进行基本检查，在基本检查无故障后再进行试验。通过检查和试验确定自动变速器故障范围，为拆解维修提供依据。自动变速器维修完后，也应进行全面性能试验，以保证自动变速器的各项性能指标达到标准要求。

第一节 基 本 检 查

顾名思义，基本检查是最基本的检查，也是对自动变速器进行深入试验的基础。基本检查一般包括：

① 节气门及拉索的检查。
② 怠速的检查。
③ 自动变速器油的检查。
④ 电子控制自动变速器控制开关的检查。
⑤ 电子控制自动变速器传感器的检查。
⑥ 电子控制自动变速器控制电磁阀的检查。

下面分别介绍。

一、节气门及拉索的检查

前面已叙述，自动变速器换档点控制是由节气门油压和速控油压共同决定的（电子控制自动变速器的车辆是由节气门位置传感器和车速传感器发出信号给 ECU，由 ECU 控制换档点）。节气门油压是通过节气门拉索控制节气门阀而获得的，如果节气门开度与节气门拉索不能对应，则自动变速器换档工作点会不准确。

1. 节气门开度检查

节气门开度检查的目的：检查节气门在全开（100%）位置、全闭（0%）位置是否准确，从全开→全闭→全开是否顺畅自如。

检查方法：先踩动加速踏板，如发现节气门不能实现全闭或全开，或中途有发卡现象，可卸下节气门传动杆件，用手转动节气门观察能否顺利启闭，从而找出症结所在并予以排除。

节气门不能全闭会失去怠速信号的发送；节气门不能全开会影响汽车最高车速和加速性能，甚至丧失强制换低档的功能，同时会影响失速试验。

2. 节气门拉索的检查

（1）检查、调整节气门拉索的目的　在带有节气门阀的自动变速器中，节气门拉索把发动机进气系统的节气门与自动变速器的节气门阀连接起来，通过节气门与节气门阀的联动，将发动机负荷信号转换成节气门油压信号，以此来控制主油路压力，使主油压随节气门开度的变化而变化，并将此油压送入各换档阀，以控制自动变速器的升降档。

调整节气门阀拉索的正确位置，其目的是使节气门阀控制的油压（油压信号）能正确地反映发动机的负荷，也就是使油压（油压信号）与节气门开度的变化相适应。

控制节气门阀的方式有机械式和真空式两种。使用真空调节器来控制节气门阀时，节气门阀拉索则用在强制降档时，拉动强制降档阀。

（2）节气门阀失调的危害　如果节气门阀位置不正确，节气门阀油压便不正常。如果节气门阀油压调整过低，不仅会影响主油压，还会使换档点提前；如果节气门阀油压调整过高，会引起换档滞后，造成严重的换档冲击。

（3）节气门阀拉索的检查

①目视检查。目视检查拉索连接是否正常，拉索有无损坏、拉索的固定是否可靠，与车体上的固定部分是否弯曲，拉索金属丝是否有折断等现象。

②手感检查。首先检查在加速踏板完全放松时，节气门拉索是否过松。如果节气门拉索过松而自动变速器的节气门阀拉索过紧则会造成节气门阀油压过高，使换档延迟。

③检查连接标记。很多自动变速器的节气门阀拉索是靠标记来定位（节气门阀端的铁挡块或油漆标记），它表示节气门完全关闭时节气门阀拉索的正确位置。通过检查限位标记是否在设定的位置以检查节气门阀拉索是否正确。

④断开拉索连接检查。节气门阀拉索在拉索套内应运动自如，如果拉索的伸缩不畅，必然影响节气门阀的动作与节气门的开度不匹配，造成节气门阀油压不正常，为此可断开拉索连接，用手拉动拉索，感觉拉索在拉索套内的运动情况，如不畅，应修复。

（4）节气门阀拉索的调整　自动变速器节气门阀拉索的连接方式有机械联动式（如调节螺母式、锁止卡片式、隔套式、调整螺钉式、连杆传动式）和真空控制式。其调整方法分述如下：

1）调节螺母式节气门阀拉索的调整。调节螺母型的结构如图 6-1 所示。其检查与调整步骤为：

①踩下发动机加速踏板，检查节气门是否全开，如果节气门不能全开，则应调整加速踏板的联动机构。

②将节气门踏板踩到底（节气门全开位置）。

③检查图 6-1 中的拉索限位标记（或止动块）位置。

④松开调整螺母，调整拉索，使拉索套与拉索止动器（即限位标记）间的距离为 0～1mm。

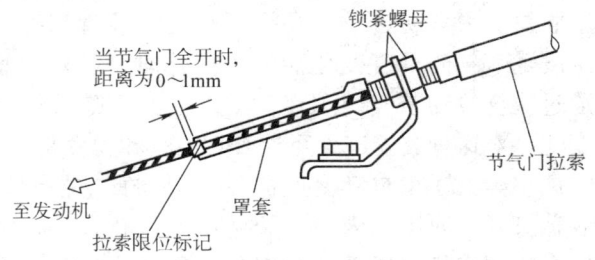

图 6-1　调节螺母式节气门阀拉索的检查与调整

⑤拧紧调整螺母,并复查调整是否正确。

2) 锁止卡片式节气门阀拉索的调整。有些自动变速器节气门阀拉索的结构采用锁止卡片式如图6-2所示。锁止卡片上带有宽窄槽,在调节臂上带有几个环槽,锁止卡片在回位弹簧的作用下卡在图中调节管外部的环槽内,以便将拉索固定。调整时可用手指压下回位弹簧及锁止卡片,使调节管位于锁止卡片的宽槽内,通过对调节管的移动来实现对拉索的调整。

3) 调整螺钉式节气门阀拉索的调整。调整螺钉式节气门阀拉索调整装置如图6-3所示。调整时可在拆下空气滤清器后,旋转拉索末端的调整螺钉,使拉杆摇臂轴上的滚针与传感器外壳上的尖对齐。

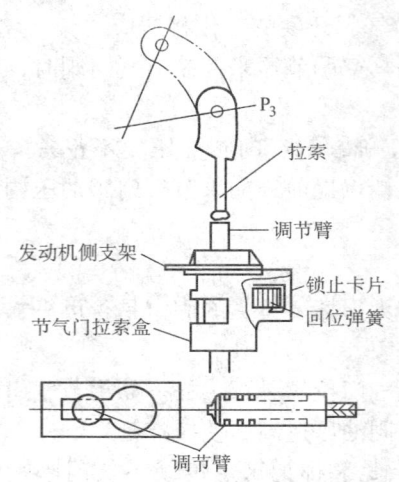
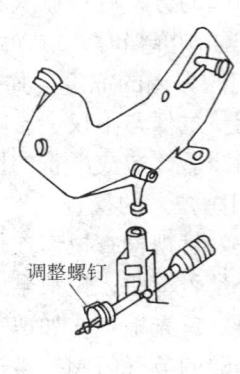

图6-2 卡片式节气门阀拉索的检查与调整　　图6-3 调整螺钉式节气门阀拉索的检查与调整

4) 隔套式节气门阀拉索的调整。通过向内旋转调整螺钉,直至隔套上的螺纹还有1mm左右的自由间隙,旋转调整螺钉使指针尖对准调整螺钉的凹槽即可。

5) 连杆传动式节气门阀拉索的调整。这种装置应用在奥迪100型五缸发动机上,它是用刚性的连接杆将节气门阀与节气门连接起来,而使节气门阀与节气门是联动的。它在方向节球头处有一个调整螺杆,调整时先松开调整螺母,然后旋转球头一端的螺杆进行调整,调整后锁紧螺母。

6) 真空控制式节气门阀的调整。在奔驰和马自达等车型上自动变速器节气门阀采用真空控制式,如图6-4所示。它装有一真空膜盒,膜盒通过一个真空管与进气歧管相连,当进气歧管真空度随节气门开度变化而发生变化时,膜盒的膜片伸缩,膜片通过拉杆拉动节气门阀移动,以使油压随节气门开度的变化而变化。对这种装置应着重检查真空管和膜盒是否有泄漏。

调整奔驰轿车自动变速器节气门阀真空控制装置时,应将橡胶盖打开,取出孔内一个钥匙状的调整片,顺时针方向或逆时针方向调整膜盒内的调整螺母,通过改变作用在膜盒上真空度的大小,来达到改变油压的目的。

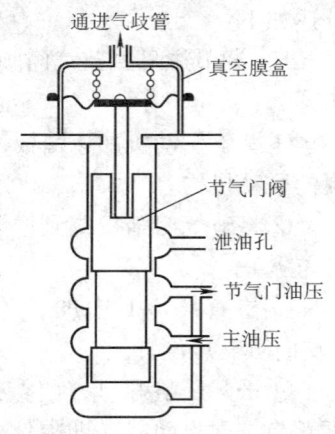

图6-4 真空控制式节气门阀

在真空膜盒泄漏时，会使变速器内的油液吸入进气管参与混合气的燃烧，造成发动机工作不良的故障。对其检查时，可用真空枪检查膜片是否泄漏。

二、怠速的检查

检查发动机怠速的目的是确定当自动变速器变速杆置于 P 位或 N 位时，汽车发动机的怠速转速是否在规定的范围内。

怠速过低或过高对发动机都有危害。发动机怠速低时，换档容易引起车身振动或发动机熄火；怠速高时，换档容易产生冲击和振动，并且在 D 位或 R 位时"爬行"严重。

怠速检查的条件：发动机达到正常工作温度，空气滤清器安装良好，进气系统所有的管路和软管均已接好，所有附件（包括空调在内的用电器）均已关掉，所有的真空管路，包括废气再循环（EGR）装置在内，均已正确连接，电控燃油喷射系统的配线插接器完全插好，点火正时正确，自动变速器变速杆位于空档位置。

怠速检查方法：将转速表接至发动机，开始怠速检查，使发动机以 2500r/min 的转速高速空转 1.5s，然后再检查怠速转速的高低。装有自动变速器的汽车发动机怠速为 750r/min 左右。若怠速不符合规定，则应检查怠速控制阀和进气装置，并予以调整。

三、自动变速器油的检查

自动变速器油液（ATF）的检查，包括油液液面高度、油液品质以及油液泄漏部位的检查。

1. 自动变速器油液液面高度的检查

（1）油液液面高度标准 每台自动变速器油液的加油量都有明确的规定。总的原则是当把液力自动变速器及换档执行元件各操纵油缸都充满之后，在自动变速器油底壳里的油面高度应低于行星齿轮机构等自动变速器中的旋转件的最低位，以免阀体在工作中渗入空气或油液在使用中剧烈地搅动产生泡沫，影响液力自动操纵油路系统的工作。

（2）油液液面过低、过高的危害 油液液面过低，将使油泵进油口进空气，即油液混入空气，导致油压降低，管道压力建立缓慢，行星齿轮系统润滑不良，离合器和制动器打滑，加速性能变坏。油液面过低，多为外部泄漏而造成，应找出原因按规定加满。

油液液面过高，旋转的行星齿轮系统搅动油液，使空气进入而形成泡沫，且油液易过热氧化而形成胶质，影响各滑阀、离合器和制动器伺服油缸的正常工作，油液液面过高还可能使油液从加油口或通风管处喷油，致使发动机罩下起火。油液液面过高多为油液加注过多造成，应从加油管吸出或从放油螺塞处将多余的油液放出。

（3）油液液面高度的检查 由于自动变速器的结构特点不同，其油液液面高度的检查方法也不同，通常有油尺检查法和溢流孔检查法两种。

1）油尺检查方法。油尺有双刻线、三刻线和四刻线三种，如图 6-5 所示。

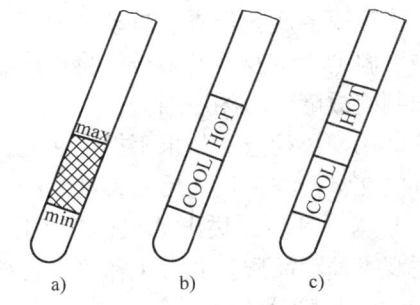

图 6-5 三种自动变速器油面高度检查油尺
a）双刻线油尺 b）三刻线油尺 c）四刻线油尺

双刻线油尺检查步骤如下：

①检查自动变速器油液面高度之前，应起动发动机，怠速运转或行车使自动变速器油温达到正常温度（50~80℃）。

②将车辆停放在平坦的路面上，拉紧驻车制动器，保持发动机怠速运转，将变速器变速杆分别置于各个档位停留片刻，以使各控制阀油腔、油道充满自动变速器液压油，最后将变速杆置于P位或N位。

③打开油尺锁定杆，拉出油尺，用干净的布擦拭后完全插入，拉出油尺检查油面高度，双刻线油尺油面应处在max和min之间（图6-5a）。检查完后插回油尺，并将其锁定。

与双刻线油尺相比，三刻线和四刻线油尺的检查方法略有不同。三刻线油尺上对应两个区间（图6-5b），下方的COOL区间为油温低于50℃时的冷态油液面范围，上方的HOT区间为油温50～80℃时的热态油液面范围；四刻线油尺上对应三个区间（图6-5c），最下方的COOL区间为冷态油液面范围，最上方的HOT区间为热态油液面范围，中间为正常油温时的油液液面范围。

2）溢流孔检查方法。部分车型没有设计自动变速器油液液面高度检查尺，而是在自动变速器油底壳上设一溢流孔，图6-6所示，为波罗（POLO）轿车001型自动变速器用于检查油液液面高度溢流孔。溢流孔平时用螺塞拧紧，检查油液液面高度时将车辆水平停放，保持发动机怠速运转，将变速杆分别置于各个档位停留片刻，然后将变速杆置于P位或N位，拧开螺塞，如果有少量油液溢出即为合适。例如，大众系列01N、001、01M型自动变速器规定在35～45℃时溢流孔刚好有ATF油液流出为正常。

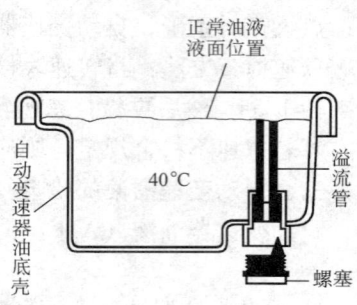

图6-6 溢流孔检查自动变速器油面高度

2. 自动变速器油液品质的检查

自动变速器随着运行时间的延长和内部相对运动件的磨损，不可避免地会产生各种故障，同时伴有自动变速器油液变质、变色。因此，在诊断自动变速器故障时，可以通过油液颜色和品质的变化来判断故障产生的原因。

（1）正常油液的颜色 正常的油液颜色为红色或粉红色的透明液体，并有类似新机油的气味。使用半年以上的油液为略带褐色的红色透明液体，是正常的自动变速器油液。

（2）检测方法

①拆下油底壳检查。自动变速器在使用时由于磨料多沉淀在油底壳，要想准确地分析油液中磨料的含量及种类，最好将油液放尽后拆下油底壳，从油底壳沉淀中分析磨粒的成分，以便判断故障产生的原因。

②用油尺检查。如果不拆油底壳，则应首先将发动机发动，使发动机怠速运转，并将变速杆放在空档与1档间反复移动几次，以便使变速器油液进行充分流动到位，然后将变速杆置于P位或N位，拔出油尺，用干净的纸巾擦拭油尺上的油液或用拇指与食指缓捻油液，以便观查油液品质。此项工作可结合检查油液液面高度同时进行。

（3）故障分析

①油液变成黑色并有烧焦味。产生这种现象的主要原因是制动器、离合器严重磨损，摩擦材料产生的磨粒污染油液所致。主要是由于离合器、制动器装配间隙不当，油压不足，油面过低造成制动器离合器分离不彻底或打滑。

②油液变成红褐色并有烧焦味。产生这种现象主要是变速器油液使用时间过长或油质不佳；离合器或制动器有轻微的打滑，以及使用不当或变速器经常在超负荷下工作而造成摩擦

片磨损。发现此种现象，应换用新油液，以免导致自动变速器严重工作不良。

③从加油口冒气或油液极易变质变色。此现象多由液力变矩器锁止离合器分离不彻底，离合器、制动器打滑，制动器、离合器装配间隙过小或油冷却系统因循环不畅冷却效果不佳等原因造成油温过高，从而导致油液变质并产生蒸气。

④油液呈现乳色泡沫状。此现象是因为冷却液进入油冷却器造成，冷却液渗入油液中在油流循环中被搅动使油液成乳状。这种现象出现后将影响自动变速器正常工作，严重时会导致变速器早期损坏。

⑤油液中有气泡并伴有"嗡嗡"的响声。此种现象多为油液加注过多或过少，油液加注过多，淹没自动变速器内的旋转元件，使油液被高速旋转的元件搅动造成气泡进入液压系统产生异响。油液加注过少，空气从油泵进入液压系统产生异响。产生此现象必会影响自动变速器性能，应立即排除。

⑥油液中有杂质。自动变速器相对运动的元件是由铝合金、铜合金、钢、橡胶、尼龙、铜基粉末冶金摩擦材料等组成，这些运动的元件若因某种原因磨损时，其磨粒必掺杂在油液中。因此，通过分析磨粒成分，可判断故障产生在何处。若油液中有尼龙磨削成碎块，则为单向离合器骨架损坏；若油液中有橡胶碎块或磨粒，则为制动器、离合器活塞密封橡胶圈损坏；若有白色发亮的金属屑，则可能是滚针轴承或齿轮严重磨损。

⑦纤维丝状物堵塞滤网。由于拆卸组装制动器时，使用易脱落的丝毛物品擦洗自动变速器，导致油底壳内有纤维状丝毛杂质，这些杂质极易堵塞滤网，使自动变速器不能正常工作。

3. 自动变速器油液泄漏的检查

（1）油液泄漏部位的检查　大多数外部渗漏是可用眼睛发现的，对于难以发现的渗漏，可按照如下方法进行检查：

①将车辆停稳后，在自动变速器正下方放一块大的硬纸板，等待1~2min后，根据滴在硬纸板上油滴的位置确定大概的滴漏部位。

②仔细检查可疑的渗漏组件和它周围的区域，要特别注意衬垫的配合面。在不易观察到的部位，可用一面小镜子协助检查。

③如果还不能发现渗漏，可用清洗剂或溶剂将可疑部位彻底清洗干净，然后让汽车以不同的车速行驶几公里再检查可疑渗漏部位。

④对于难以发现的外部渗漏，还可以向怀疑漏油的部位喷显像粉，再用紫外线灯照射，可将渗漏处显示出来。

（2）油液泄漏的主要原因

①油底壳与自动变速器壳体接合面漏油，可能的原因有：油液液面或油压过高，通风孔堵塞；油底壳固定螺钉拧得过松或过紧，油底壳密封凸缘变形，自动变速器壳体的密封表面损坏，自动变速器壳体等铸件有裂纹或气孔，密封衬垫损坏。如果是用密封胶而不是用衬垫来密封油底壳和自动变速器壳体接合面的，则可能是密封胶不良。

②油封渗漏，可能的原因有：油液液面或油压过高，通风孔堵塞，密封孔损坏，油封安装不当或损坏，穿过油封的轴表面损伤，轴承松动使轴产生过大的位移。

③油液从通风管或加油管流出，可能的原因有：油液加注过多，冷却液进入油液，自动变速器壳体有气孔，油尺没有插到位，通风管堵塞，回油孔堵塞。

4. 自动变速器油液的更换

（1）自动变速器油的使用　自动变速器油的级别和型号较多，其中应用比较广泛的型号有 Dexron 和 Mercon。

其中 Dexron 有 Dexron-Ⅰ型、Dexron-Ⅱ型、Dexron-ⅡE 型、Dexron-Ⅲ型。

目前世界上使用最为广泛的自动变速器油是 Dexron-Ⅱ型。日本和欧洲大部分自动变速器都使用这个牌号的自动变速器油，丰田公司在新型自动变速器上改用自己生产的 T 型和 T-Ⅳ型自动变速器油。美国通用汽车公司的许多自动变速器使用的是 Dexron-Ⅲ型。Dexron 各种型号间互溶性较好。目前，主要制造厂商的自动变速器推荐用油如表 6-1 所示。

表 6-1　主要制造厂商的自动变速器推荐用油

公司名称	推荐用油	公司名称	推荐用油
通用汽车公司	Dexron-Ⅲ	标致汽车公司	ESSOLT 71141
福特汽车公司	Mercon	雷诺汽车公司	ESSOLT 71141
克莱斯勒公司	Mopar 自动变速器油	丰田汽车公司	T 型或 T-Ⅳ型
大众汽车公司	VW ATF	马自达汽车公司	Mercon
奔驰汽车公司	奔驰专用油	日产汽车公司	Dexron-ⅡE
雪铁龙汽车公司	ESSOLT 71141	现代汽车公司	Mopar plus 型 7176、钻石 SP2
三菱汽车公司	Dexron-Ⅲ、钻石 SP2	本田汽车公司	Honda 自动变速器油、PaEMI-DM、Dexron-Ⅱ、Dexron-Ⅲ

厂家规定的自动变速器油的型号和级别通常写在油尺或油底壳上。加错了自动变速器油，对自动变速器的破坏是比较明显的。

如应加 Mercon 而错加了 mercon（Mercon 与 mercon 是两种油），会造成离合器和制动器打滑，加速磨损，容易造成烧蚀和变速器过热。

如应加 mercon 而错加了 Mercon，会造成离合器和制动器工作粗暴，换档时汽车有前后窜动的感觉。

如加的不是自动变速器油，而是手动变速器使用的齿轮油，离合器和制动器很快就烧蚀了。

（2）自动变速器油的更换周期　通常在我国道路条件和使用环境下，自动变速器轿车每正常行驶 40000～80000 km 应更换一次自动变速器油。如国内常见轿车自动变速器的换油周期是：上海大众、一汽大众与一汽轿车、东风雪铁龙、广州本田系列轿车和福特等系列轿车均为 60000km 换一次油，丰田系列轿车一般规定每 40000km 换一次油液。

（3）自动变速油的更换方法

①换油之前应先将车辆行驶一段路程，使自动变速器油温达到正常工作温度（50～80℃）。

②拆下自动变速器油底壳底部的放油螺塞，将油底壳内的油液放干净。有些车型的自动变速器油底壳上没有放油螺塞，应拆卸油底壳放油。

③放油后应将油底壳以及其他有关零件清洗干净。有些自动变速器油底壳上的放油螺塞是带磁性的，有些自动变速器油底壳内还专门放置了一块磁铁，目的都是为了吸附油液中的铁屑，清洗时应注意将吸附的铁屑清洗干净。

④每次换油时必须清洗自动变速器油滤清器滤网，更换滤清器滤芯。

⑤清洗装复后，加入规定牌号和容量的自动变速器油液，起动车辆行驶一段路程至正常油温后再次检查油液液面高度，直至调整到符合要求为止。

⑥提倡使用专用自动变速器换油设备换油。目前有专用自动变速器清洗换油设备，用此设备换油既可将自动变速器彻底清洗，又可将旧油液全部换出。采用油底壳螺塞放油法只能换掉50%～60%的旧油，其余的油液在液力变矩器和冷油器内无法换出，因此须应用专用设备更换自动变速器油液。

四、自动变速器控制开关的检查

自动变速器控制开关检查的主要目的是：检查和判断各开关是否损坏和失效，与开关连接的导线、插接件是否接触不良、断路或短路故障，检测内容和步骤根据车型不同各异，下面以凌志LS400轿车自动变速器为例进行介绍，其他车型可根据自动变速器控制系统电路参照进行。凌志LS400电子控制自动变速器电路如图6-7所示。

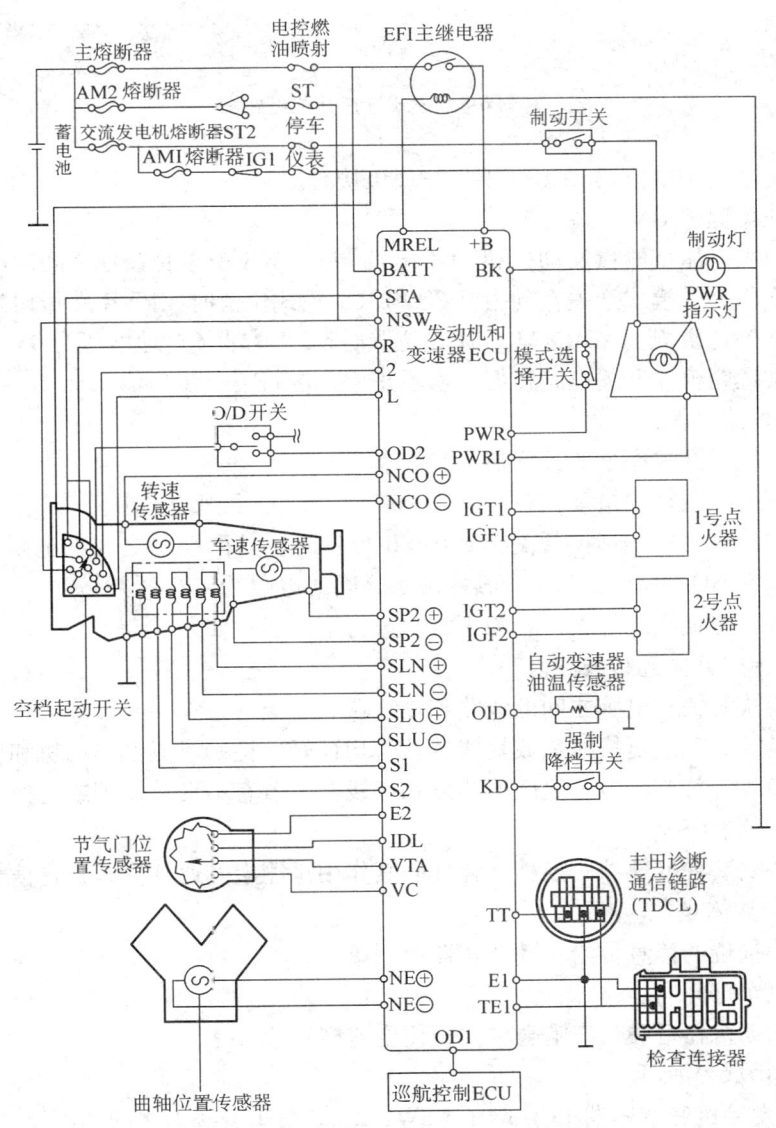

图6-7 凌志LS400 ECT控制电路图

1. 模式选择开关的检查

模式选择开关用于驾驶人选择自动变速器是按普通（NORMAL）模式还是按动力（POWER）模式规律进行自动换档，其电路如图 6-8 所示。

1）检查电脑 PWR 端子与车身接地（搭铁）之间的电压。

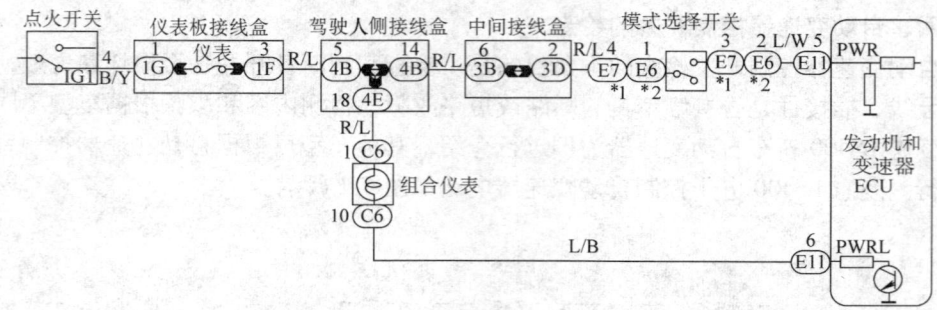

图 6-8 模式选择开关电路图

①拆下发动机和变速器 ECU（不拆开线束接线器）。

②点火开关置于 ON。

③用万用表电压档测量发动机和 ECT 电脑端子 PWR 与车身接地之间的电压。

正常情况应为：模式开关在动力（POWER）模式位置时，PWR 端子对地电压为蓄电池电压；模式开关在常规（NORMAL）模式位置时，PWR 端子对地电压为 0V。

若为正常说明模式开关电路良好；若不正常，进行下一步检修。

2）检查模式开关。

①脱开与模式开关相连的接线器。

②用万用表电阻档测量模式开关两端子（E_6、E_7）之间的电阻。

正常电阻值为：模式选择开关在 POWER 位置时，其两端子之间的电阻为 0Ω（导通）；模式选择开关在 NORMAL 位置时，其两端子之间的电阻为 ∞（断开）。

若不正常，更换模式开关；若为正常，进行下一步检修。

3）检查模式开关连接线路。

①检查模式开关与电脑之间的线路和接线器。

若有不良，修理或更换线束或接线器；若均良好，检修或更换发动机和变速器 ECU。

②检查模式开关与蓄电池之间的线路和接线器。若有不良，修理或更换线束或接线器。

2. 档位开关的检查

档位开关安装在变速器的换档摇臂处。其作用是测定变速杆位置，将信号传至发动机和变速器 ECU，具体是：

①将各档选位的信息传给自动变速器控制单元。

②控制倒车灯开启。

③制止起动机在行驶状态啮合，并锁住变速杆。

其电路如图 6-9 所示。

1）检查发动机和变速器 ECU 端子 NSW、2、L 与车身接地之间的电压。

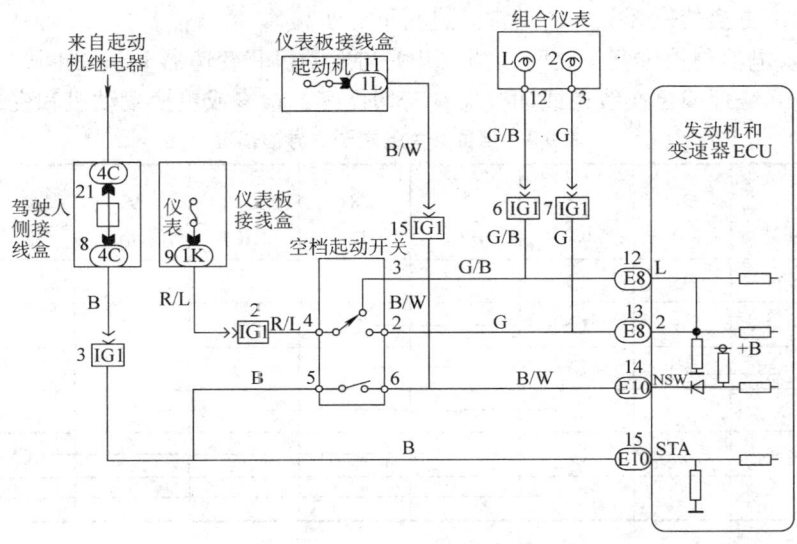

图 6-9 档位开关电路图

①拆下发动机和变速器 ECU（不拆开线束接线器）。
②点火开关 ON。
③变速杆置于以下位置时，用万用表电压档测量发动机和变速器 ECU 端子 NSW、2、L 与车身接地之间的电压，应符合表 6-2。

表 6-2 档位开关与 ECU 连接端电压值表

档位	NSW—车身接地	2—车身接地	L—车身接地
P、N	<1V	<1V	<1V
R	10～14V	<1V	<1V
D	10～14V	<1V	<1V
2	10～14V	10～14V	<1V
L	10～14V	<1V	10～14V

若正常说明档位开关电路良好；若不正常，进行下一步检修。

2）检查档位开关。
①点火开关 OFF。
②用举升机举起车辆。
③拆下档位开关，如图 6-10 所示，用万用表电阻（或导通）档依次测量档位开关各个端子之间的导通情况，导通情况如表 6-3。

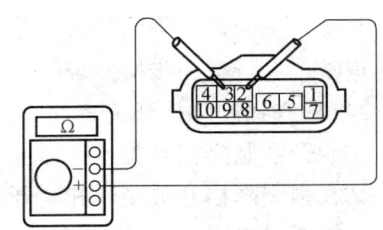

图 6-10 档位开关各端子导通情况的检查

若不正常，更换档位开关；若正常，进行下一步检修。

3）检查蓄电池与档位开关之间，档位开关与发动机和变速器 ECU 之间的连接线路和插接器若有不良，修理或更换线束或插接器；若均良好，检修或更换发动机和变速器 ECU。

表6-3　档位开关各端子之导通情况

端子 档位	6 (B)	5 (N)	4 (C)	7 (PL)	8 (RL)	10 (NL)	9 (DL)	2 (2L)	3 (1L)
P	○―	―○	○―	―○				
R			○―	―	―○				
N	○―	―○	○―	―	―	―○			
D			○―	―	―	―	―○		
2			○―	―	―	―	―	―○	
L			○―	―	―	―	―	―	―○

3. 强制降档开关的检查

汽车行驶中急加速需要的驱动转矩应特别大，除了增大发动机输出功率外还可通过减速实现增矩，这时变速器进入低档位行驶，可提高汽车驱动加速性能。在电控自动变速器中由强制降档开关来感知汽车已进入大节气门开关状态，然后根据强制降档开关送来的信号，由电控单元或强制降档继电器控制强制降档电磁阀动作，操纵油路实现强制降档。我们对强制降档检查调整的目的就是为了让强制降档开关能正确反映加速踏板是否达到大开度状态，一般是在节气门开度达到85%左右时接通此开关，过早或过迟接通对汽车行驶与变速器工作都不利。其电路如图6-11所示。

1）检查发动机和变速器 ECU 端子 KD 与车身接地之间的电压。

①点火开关 ON。

②在加速踏板完全踩下或松开时，测量发动机和变速器 ECU 端子 KD 与车身接地之间的电压。

加速踏板完全踩下时，电压小于 1V；加速踏板松开时，电压应为 10 ~ 14V。

若正常说明强制降档开关电路良好；若不正常，进行下一步检修。

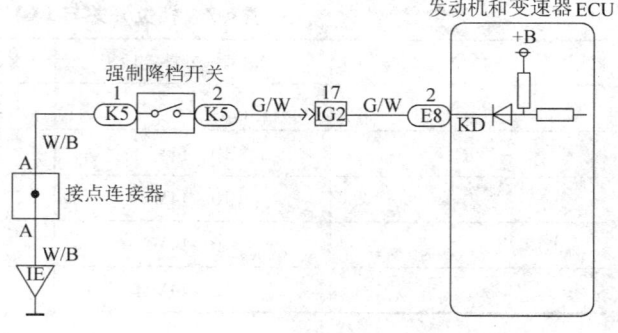

图6-11　强制降档开关电路图

2）检查强制降档开关。

①脱开强制降档开关连接器。

②在强制降档开关接通和断开时，用万用表测量强制降档开关连接器端子1、2之间的电阻。接通时电阻为0Ω；断开时电阻为∞。

若不正常，更换强制降档开关；若正常，进行下一步检修。

3）检查强制降档开关连接线路。

检查强制降档开关与电脑之间的线路和插接器。若有不良，修理或更换线束或插接器；若均良好，检修或更换发动机和变速器 ECU。

4. 制动开关的检查

制动开关是在踩下制动踏板时，向发动机和变速器 ECU 发出信号。取消锁止离合器的动作，防止车辆在锁止情况下行驶时，由于突然制动而使发动机失速，其电路如图 6-12 所示。

1）检查制动灯是否良好。

踩下和松开制动踏板，检查制动灯能否正常亮、灭。若不正常，修理制动灯电路；若正常，进行下一步检查。

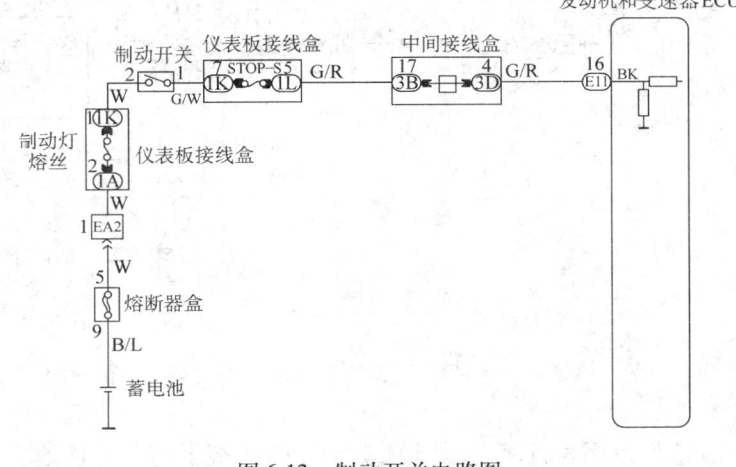

图 6-12　制动开关电路图

2）检查制动信号。

①万用表拨至直流电压档，将两表笔分别与 TDCL（图 6-7）的 TT 和 E1 端子连接。

②点火开关置于 ON，但不起动发动机。

③将加速踏板踩到底，直至电压表指示值为 8V 时，踩住加速踏板不动。

④踩下和松开制动踏板，检查电压值。

踩下制动踏板时,电压为 0V;松开制动踏板时,电压为 8V。若不正常,进行下一步检修。

3）检查制动开关连接线路。

检查制动开关与电脑之间的线路和插接器。若有不良，修理或更换线束或插接器；若均良好，检修或更换发动机和变速器 ECU。

5. 超速档（O/D OFF）开关的检查

超速档开关是向发动机和变速器 ECU 发出信号，使自动变速器能进行 $D_3 \sim D_4$ 档之间的变换，其电路如图 6-13 所示。

1）检查超速档开关工作情况。

①点火开关 ON。

②将超速档开关按下（置于 ON 状态，开关触点处于断开位置），看超速档切断（O/D OFF）指示灯是否熄灭。

③将超速档开关松开（置于 OFF 状态，开关触点处于闭合位置），看超速档切断（O/D OFF）指示灯是否亮起。

若不正常，检查 O/D OFF 指示灯是否烧毁；若未烧毁，进行第 3 步检查。若正常，进行下一步检查。

2）检查发动机和变速器 ECU 的 OD2 端子与车身接地之间的电压。

①拆下发动机和变速器 ECU（不拔开线束插接器）。

②点火开关 ON。

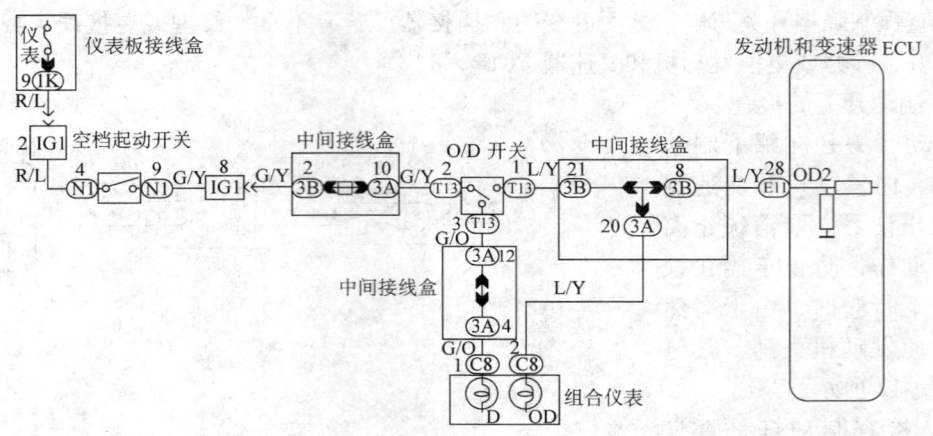

图 6-13 超速档开关电路图

③用万用表直流电压档测量电脑 OD2 端子与车身接地之间的电压，正常电压应为蓄电池电压。

若不正常，检修超速档切断（O/D OFF）指示灯与电脑之间的线路和插接器。如果线路和接线器均良好，则应检修或更换发动机和变速器 ECU。

若正常，说明超速档开关与超速档切断（O/D OFF）指示灯电路无故障，O/D OFF 指示灯不亮是由其他电路故障引起，进行下一步检查。

3）检查超速档开关。

拆下超速档开关插接器，用万用表欧姆档检查超速档开关端子 1、2 之间的电阻。

正常情况应为：超速档开关处于 ON 状态时，电阻∞；超速档开关处于 OFF 状态时，电阻为 0Ω。

若正常，检修或更换组台仪表；若不正常，更换超速档开关。

6. 巡航控制信号的检查

当启用巡航控制行驶时，为了使换档次数减至最少，使上坡时能平稳巡航，在某些情况下可能暂时禁止使用超速档。巡航控制 ECU 会根据需要将超速档切断信号输至发动机和变速器 ECU。发动机和变速器 ECU 会取消换超速档工作，其电路如图 6-14 所示。

1）检查发动机和变速器 ECU 的 OD_1 端子与车身接地之间的电压。

①拆下发动机和变速器 ECU。

②点火开关 ON。

③用万用表直流电压档测量发动机和变速器的 ECU OD_1 端子与车身接地之间的电压。

正常应为 4~6V；若不正常，进行下一步检查。

2）检查巡航控制 ECU 的 OD 端子与车身接地之间的电压。

①脱开巡航控制 ECU 的插接器。

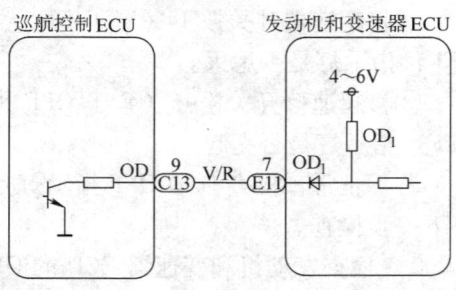

图 6-14 巡航控制超速档取消电路图

②点火开关 ON。
③测量巡航控制 ECU 插头侧 OD 端子与车身接地之间的电压，应为 4～6V。
若正常，应检查或更换巡航控制 ECU；若不正常，进行下一步检查。
3）检查巡航控制 ECU 与发动机和变速器 ECU 之间的配线或连接线路。
若有不良，修理或更换线束或插接器；若均良好，检修或更换发动机和变速器 ECU。

五、电子控制自动变速器传感器的检查

电子控制自动变速器传感器检查的主要目的是：检查和判断各传感器是否损坏和失效，与其连接的导线、插接件是否接触不良、断路或短路故障，仍以凌志 LS400 轿车自动变速器为例进行介绍。

1. 节气门位置传感器的检查

节气门位置传感器安装在节气门轴一端。发动机和变速器 ECU 根据车速传感器和节气门位置传感器传来的信号控制换档点和锁止正时。节气门位置传感器电路如图 6-15 所示。

1）检查主节气门位置信号。
①万用表调至直流电压档，将两表笔分别连接 TDCL（图 6-7）的 TT 端子和 E1。

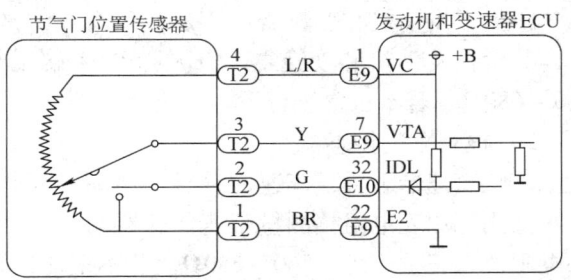

图 6-15　节气门位置传感器电路图

②点火开关 ON。
③逐步踩下加速踏板，从节气门全关到全开位置时，电压从 0～8V 呈阶梯形变化。
若不正常，更换节气门位置传感器；若正常，进行下一步检查。

2）检查怠速信号。
①点火开关 OFF。
②用万用表电阻档测量节气门全闭时，IDL 端子与 E2 端子之间的电阻应为 0Ω；节气门止动螺钉与节气门摇臂间隙为 0.65mm 时，IDL 端子与 E2 端子之间的电阻应为 ∞。
若不正常，调整或更换节气门位置传感器；若正常，进行下一步检查。

3）检查节气门位置传感器与发动机和变速器 ECU 之间的配线或连接线路。
若有不良，修理或更换线束或插接器；若均良好，检修或更换发动机和变速器 ECU。

2. 车速传感器的检查

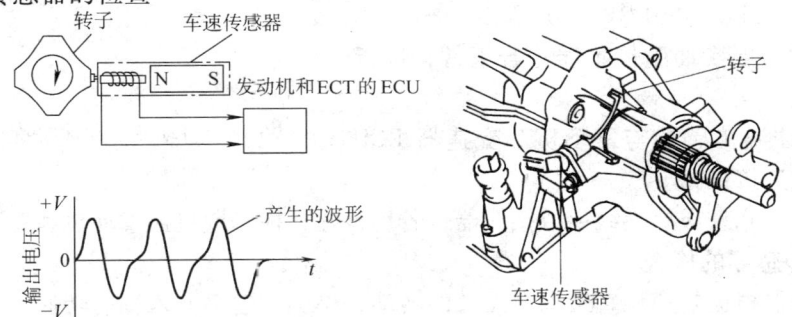

图 6-16　车速传感器及输出信号

车速传感器安装在自动变速器输出轴,如图6-16所示。车速传感器可检测出变速器输出轴转速(2号车速传感器),并将信号输至发动机和变速器ECU。发动机和变速器ECU根据这些信号确定车速。当安装在输出轴上的转子转动时,车速传感器线圈便会产生脉冲信号电压,并将该电压输至发动机和变速器ECU。

发动机和变速器ECU根据车速传感器和节气门位置传感器传来的信号控制换档点和锁止正时,如果车速传感器发生故障,发动机和变速器ECU则利用来自曲轴位置传感器(1号车速传感器,主要用于向里程表中的车速表传送信号)和节气门位置传感器的输入信号作为备用信号。车速传感器电路如图6-17所示。

1)检查发动机和变速器ECU端子SP2⊕与SP2⊖之间的电阻。

①拆下发动机和变速器ECU。

②检查发动机和变速器ECU的SP2⊕端子与SP2⊖端子之间的电阻。正常电阻值为:560~680Ω。若不正常进行下一步检查。

2)检查车速传感器。

①从变速器上拆下车速传感器。

②用万用表电阻档测量车速传感器端子1、2之间的电阻值,正常应为:560~680Ω。若不正常,更换车速传感器;若正常,进行下一步检查。

3)检查车速传感器与发动机和变速器ECU之间的配线或连接线路。

若有不良、修理或更换线束或接线器;若均良好,检修或更换发动机和变速器ECU。

3. 自动变速器油温传感器的检查

自动变速器油温传感器是一个热敏电阻,它将油温转换为电阻值,输入发动机和变速器ECU,用于防止油温低时变速器换入超速档和锁止离合器接合,其电路如图6-18所示。

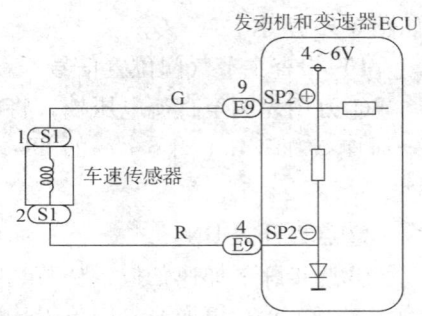

图6-17 车速传感器电路图

1)检查油温传感器。

①拆下油温传感器。

②用万用表电阻档,测量油温传感器从10~110℃之间变化时(可将油温传感器放在盛有水的烧杯中加热),端子1、5之间的电阻值。正常值为:10℃时,6.5kΩ;110℃时,0.2kΩ。

若不正常,更换油温传感器;若正常,进行下一步检查。

2)检查油温传感器与发动机和变速器ECU之间的配线或连接线路。

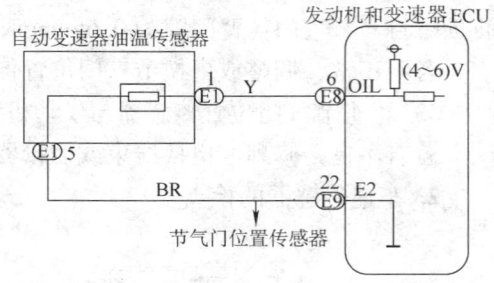

图6-18 自动变速器油温传感器电路图

若有不良、修理或更换线束或接线器;若均良好,检修或更换发动机和变速器ECU。

4. 转速传感器的检查

转速传感器根据超速档直接离合器鼓的转动,检测超速档输入轴的转速。将转速传感器信号与车速传感器信号进行比较,发动机和变速器ECU便可测定各档位的换档正时,并根据不同情况准确地控制发动机转矩和油压,从而使换档平滑,转速传感器电路如图6-19所示。

1) 检查发动机和变速器 ECU 端子 NCO⊕ 与 NCO⊖ 之间的电阻。

①拆下发动机和变速器 ECU。

②检查发动机和变速器 ECU 的 NCO⊕ 端子与 NCO⊖ 端子之间的电阻。正常电阻值为:560~680Ω。若不正常进行下一步检查。

2) 检查转速传感器。

①从变速器上拆下转速传感器。

②用万用表电阻档测量转速传感器端1、2之间的电阻。正常电阻值为:560~680Ω。

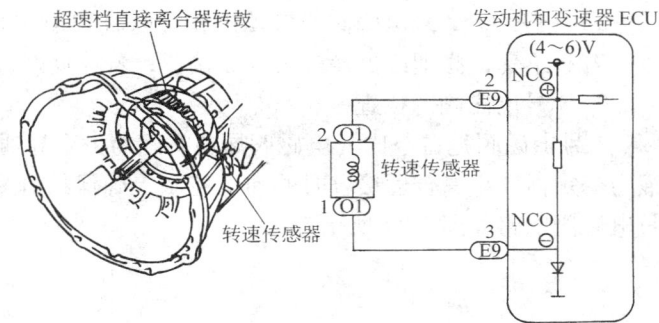

图6-19 转速传感器电路图

若不正常,更换转速传感器;若正常,进行下一步检查。

3) 检查转速传感器与发动机和变速器 ECU 之间的配线或连接线路。

若有不良,修理或更换线束或接线器;若均良好,检修或更换发动机和变速器 ECU。

六、电子控制自动变速器控制电磁阀的检查

凌志 LS400 轿车自动变速器采用4个电磁阀,其中1、2号电磁阀为换档控制电磁阀;3号电磁阀为锁止离合器控制电磁阀;4号电磁阀用于控制蓄压器背压的大小,其目的是控制作用在离合器和制动器上的油压升高速度,减小换档冲击。

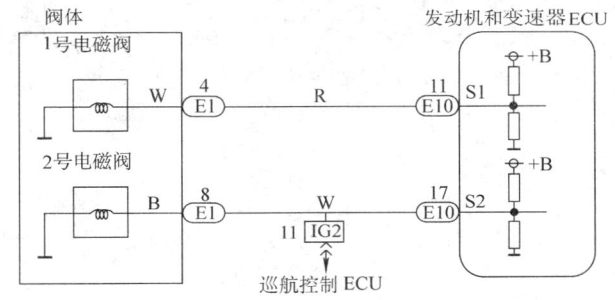

图6-20 换档电磁阀电路图

1. 1、2号电磁阀的检查

1、2号电磁阀用于控制自动变速器档位,其电路如图6-20所示。

1) 检查1、2号电磁阀的电阻值。

①用举升器将车辆升起。

②拆下自动变速器油底壳。

③脱开电磁阀连接器。

④用万用表电阻档测量电磁阀与车身接地之间的电阻值,如图6-21a所示,应为10~16Ω。

若不正常,更换电磁阀;若正常,进行下一步检查。

2) 检查1、2号电磁阀阀门情况,如图6-21b所示。

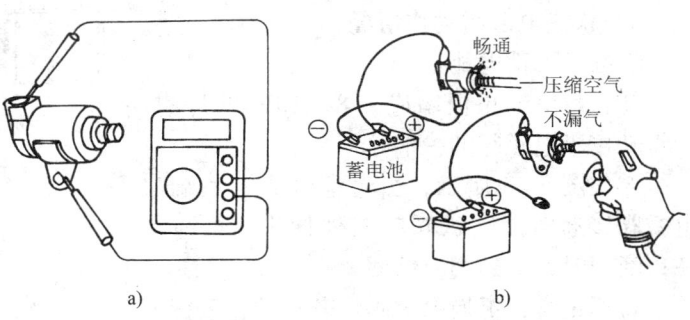

图6-21 检查1、2号电磁阀

①在电磁阀进油口端施加490kPa的压缩空气。

②电磁阀不通电（断开）时，应不漏气；电磁阀通电（接通）时，气应畅通。

若不正常，更换电磁阀；若正常，进行下一步检查。

3）检查1、2号电磁阀与发动机和变速器ECU之间的配线和插接器。

若有不良，修理或更换线束或插接器；若均良好，检修或更换发动机和变速器ECU。

2. 3号电磁阀的检查

3号电磁阀是占空比（电磁阀导通时间与一个导通、切断周期时间之比）电磁阀，用于液力变矩器锁止离合器接合时的油压控制，确保接合平稳。占空比越大，锁止油压越高。3号电磁阀电路如图6-22所示。

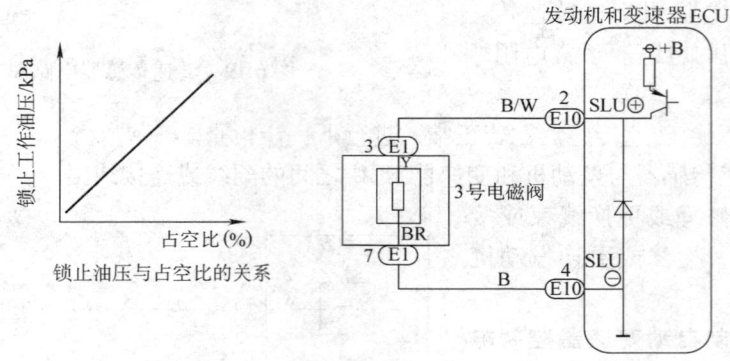

图6-22　3号电磁阀电路图

1）检查电磁阀电阻。

①用举升机举起车辆。

②拆下油底壳。

③脱开电磁阀连接器。

④用万用表电阻档测量电磁阀两端子之间的电阻，正常值为：3.6~4.0Ω。

若不正常，更换电磁阀；若正常，进行下一步检查。

2）检查电磁阀动作情况。

①准备一蓄电池。

②在蓄电池正极串连一8~10W的灯泡，并将其接于电磁阀的一端。

③如图6-23所示，当将蓄电池另一端与电磁阀接通时，电磁阀应向外伸出，灯泡点亮；断开时，电磁阀应缩回。

若不正常，更换电磁阀；若正常，进行下一步检查。

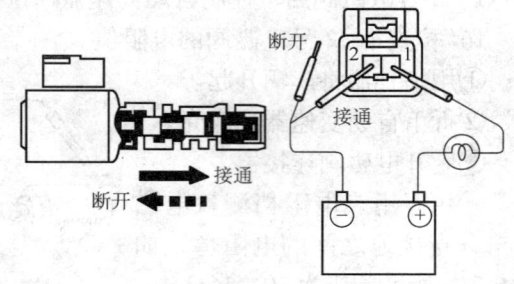

图6-23　3号电磁阀动作情况检查

3) 检查3号电磁阀与发动机和变速器 ECU 之间的配线和插接器。

若有不良,修理或更换线束或插接器;若均良好,检修或更换发动机和变速器 ECU。

3. 4号电磁阀的检查

4号电磁阀与3号电磁阀相同,也是一占空比电磁阀,但占空比越大,作用在离合器上的油压越低,4号电磁阀电路如图6-24所示。

1) 检查电磁阀电阻。

①用举升机举起车辆。

②拆下油底壳。

③脱开电磁阀插接器。

④用万用表电阻档测量电磁阀两端子之间的电阻,正常值为:5.1~5.5Ω。

若不正常,更换电磁阀;若正常,进行下一步检查。

2) 检查电磁阀动作情况。

与检查3号电磁阀相同。

3) 检查4号电磁阀与发动机和变速器 ECU 之间的配线和插接器。

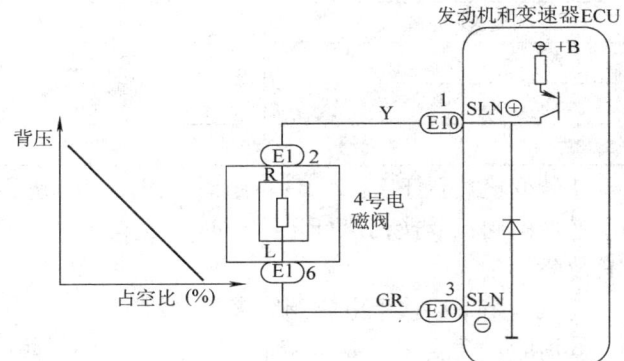

图 6-24 4号电磁阀电路图

若有不良,修理或更换线束或插接器;若均良好,检修或更换发动机和变速器 ECU。

第二节 自动变速器试验

自动变速器在基本检查时无故障,但运行中仍存在故障,则可能是自动变速器内部的某些离合器、制动器有故障,或某些阀门有故障。在拆下维修之前可进一步进行试验,通过试验发现和缩小故障范围,为维修提供依据。自动变速器试验包括:手动换档试验、失速试验、时滞试验、油压试验、道路试验等。

一、手动换档试验

所谓手动换档试验就是将电控自动变速器所有换档电磁阀的线束插接器全部脱开,此时自动变速器 ECU 不能通过换档电磁阀来控制换档,自动变速器的档位只取决于变速杆的位置。通过手动换档试验可以确定故障发生在控制电路还是变速器内部存在机械故障。不同车型的电子控制自动变速器在脱开换档电磁阀线束插接器后的档位和变速杆的关系不完全相同。丰田轿车的各种电子控制自动变速器在手动换档试验时,变速杆位置和档位的关系见表6-4。

表6-4 丰田自动变速器手动换档试验时变速杆位置和档位的关系

变速杆位置	P	R	N	D	2	L
档位	驻车档	倒档	空档	超速档	3档	1档

手动换档试验的步骤:

①脱开电子控制自动变速器的所有换档电磁阀线束插接器。

②起动发动机,将变速杆拨至不同位置,进行道路试验(将驱动轮悬空进行台架试

验)。

③观察发动机转速和车速的对应关系以判断自动变速器所处的档位。不同档位时,发动机转速与车速的关系可以参考表6-5,由于变矩器的减速作用与传递的转矩有关,因此表中的车速仅作为参考,实际车速将随着节气门开度的不同而有一定的变化。

表6-5 变速杆置于不同位置时发动机转速与车速

变速杆位置	发动机转速/(r/min)	车速/(km/h)
L	2000	18~22
2	2000	50~55
D	2000	70~75

④若变速杆置于L、2、D位置时,发动机转速和车速与表6-5相同,则表明电子控制自动变速器的阀板及换档执行元件基本上工作正常。否则表明自动变速器的阀板或换档执行元件有故障。

⑤试验结束后接上电磁阀线束插接器。

⑥清除自动变速器ECU存储器中的故障码,防止因脱开电磁阀线束插接器而产生的故障码保存在自动变速器ECU存储器中,影响自动变速器的故障自诊断。

二、失速试验

变速杆置于D或R位置时,踩下制动踏板不动。当完全踩下加速踏板时,发动机处于最大转矩工况,而此时自动变速器的输出轴及输入轴均静止不动,即液力变矩器的涡轮不动,只有液力变矩器壳及泵轮随发动机一同转动,此工况称为发动机失速工况,此时的转速称为发动机的失速转速,这种试验称为失速试验。

1. 失速试验的目的

失速试验的目的是在不拆卸自动变速器的情况下,通过测量自动变速器变速杆在D和R位时发动机的最高转速,来分析判断发动机的输出功率、液力变矩器和自动变速器中的离合器、制动器等换档执行元件的工作是否正常。

另外,修复后的自动变速器,也要进行失速试验以检查故障是否已经排除。

2. 失速试验的方法

失速试验的程序如图6-25所示。

①将自动变速器油液温度升至50~80℃。

②用三角木固定前、后车轮,拉紧驻车制动器,将车辆制动。

③保持发动机怠速运转,分别将变速杆置于D位和R位测试。

④测试时,左脚踩紧制动踏板,右脚将加速踏板踩到底,迅速读出发动机转速达到最高并稳定时的转速,该转速称为失速转速。

⑤读取发动机转速后立即松开加速踏板。

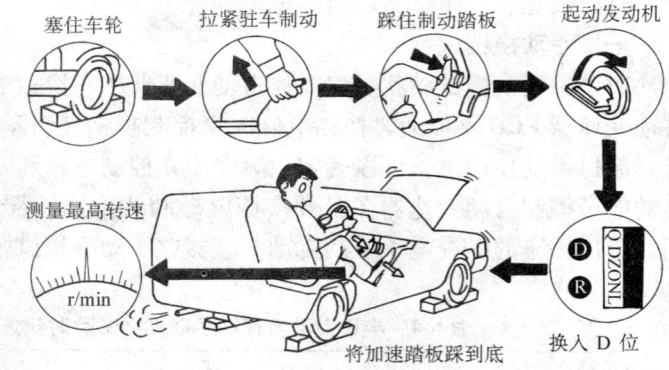

图6-25 自动变速器失速试验

⑥将变速杆拨至 P 位或 N 位使发动机怠速运转 1min。以防止油液温度过高而变质。
⑦将变速杆拨入其他档位（R 位、L 位或 2 位、1 位），做同样的试验。

3. 试验结果分析

①将所测得的失速转速与原厂的自动变速器维修手册数据进行对比，看是否符合规定。各种自动变速器失速转速是不同的，常见车型的变速器失速转速见表 6-6。

表 6-6　常见车型的变速器失速转速

车型	变速器型号	失速转速/(r/min)	车型	变速器型号	失速转速/(r/min)
福特 3.8L	AOD	2140～2439	三菱	F4A33	1800～3200
福特 2.5L	AXOD	2260～2600	沃尔沃	AW30-40	2700
福特 2.3L	ATX	2155～2500	沃尔沃	AW30-43	2100
克莱斯勒 2.2L	A413	2200～2410	沃尔沃 2.4L	AW50-42LE	2600
克莱斯勒	AW4	2100～2400	宝来	01M	2000
通用	4L30-E	2000～2300	桑塔纳	01N	2350～3050
丰田 LS400	A341E	2050～2350	奇瑞	4HP14	1950～2250
丰田佳美	A540E	2250～2550	风神蓝鸟	PL4F03A（03V）	1900～2200
丰田花冠	A245E	2300～2400	马自达	FN4A-EL	2000～2600
马自达 3.0L	A4LD	2720～3170	波罗	AG150	2300～2500
本田雅阁	MPXA	2500±150	起亚千里马 1.3L	A4AF3	2400～2800
本田雅阁	MPOA	2650±150	东南富利卡	R4AW4-C-FI	2000～2300
三菱	F3A20、F4A20	1800～2800	三菱	W4A32、W4A33	1800～2800

②如果 D 位和 R 位的失速转速相同，且都低于规定值，表明发动机功率不足。如果失速转速比规定值低 600r/min，表明液力变矩器导轮的单向离合器打滑。

③如果 D 位和 R 位的失速转速都超过规定值，可能是油量不足、油质过差、主油路压力过低、离合器和制动器打滑。

如果失速转速过高，高于规定值 500 r/min，可能是变矩器叶片损坏。

④如果在 D 位的失速转速高于规定值，而在 R 位的失速转速正常，表明前进档油路油压过低或前进档离合器打滑，可能是离合器摩擦片磨损或控制油压过低、油泵或调压阀故障所致。

⑤如果在 R 位的失速转速高于规定值，而在 D 位的失速转速正常，表明倒档及高档离合器打滑，原因也是摩擦片磨损或倒档油路油压过低。

做上述试验时，由于变矩器的涡轮已制动，发动机的全部机械能都转变为变矩器内自动变速器油的动能，冲击和摩擦很大，故每次从踩下加速踏板到松开加速踏板的整个过程的时间不要超过 5s，试验次数不要多于 3 次，以防油温急剧升高损坏变矩器。

三、时滞试验

在怠速状态将变速杆从 N 位置换入 D 或 R 位置，从开始换档直到感到汽车出现振动（即变速杆换入某一档位瞬间，液压控制系统发生作用，动力经行星齿轮、传动装置到达驱动轮时）存在一定的时差，称为时滞。时差大小取决于自动变速器油路油压高低、油路密封情况、离合器和制动器磨损情况。测量自动变速器时差大小的试验称为时滞试验。

1. 时滞试验的目的

时滞试验的目的是判断主油路油压和离合器、制动器等换档执行元件的工作是否正常。

2. 时滞试验的方法

时滞试验的程序如图 6-26 所示。

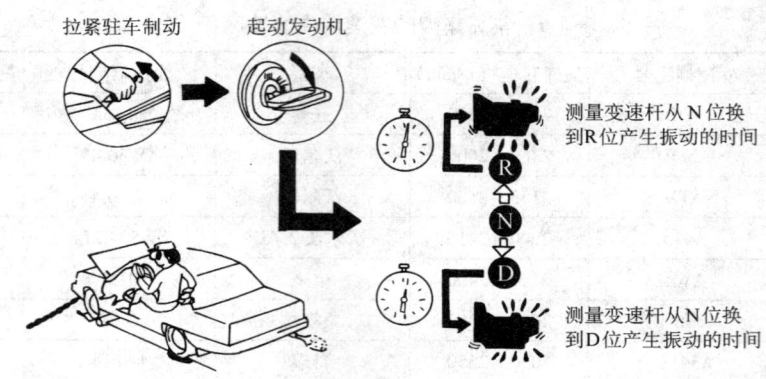

图 6-26　自动变速器时滞试验

①将自动变速器油液温度升至 50~80℃。

②拉紧驻车制动器。

③使发动机保持标准怠速运转，将变速杆位置分别从 N 位置换入 D 和 R 位置。

④用秒表测量从 N 位置换入 D 和 R 位置后、直至有振动感时所经历的时间。每次试验间隔时间为 1min，取 3 次试验时间的平均值。

标准值：N—D 时滞不大于 1.2s，N—R 时滞不大于 1.5s。

3. 试验结果分析

影响时滞时间长短的因素有：油液是否脏污、控制油压的高低、执行元件的间隙、蓄压器工作行程等。

①试验中测得的时间在规定值范围内时，表明自动变速器部件正常。

②如果变速杆从 N 位换入 R 和 D 位，时滞时间都过长，则原因可能为油液脏污，控制油液的压力过低，或超速档离合器、直接档离合器间隙过大。

③如果变速杆换入 R 位正常，而换入 D 位时滞时间过长，则原因可能为前进档控制阀阻滞；前进档位油路或换档执行元件活塞有泄漏，使压力降低；前进档离合器等元件间隙过大；D 位或相应执行元件的液压蓄压器背压泄漏或弹簧变软及折断。

④如果变速杆换入 D 位正常，而换入 R 位时滞时间过长，则原因可能为倒档控制阀有阻滞；倒档油路或倒档执行元件活塞及蓄压器等有泄漏，使压力降低；倒档离合器、制动器、直接档离合器等摩擦元件间隙过大；倒档蓄压器背压泄漏或弹簧过软与折断。

四、油压试验

油压过高，会造成自动变速器换档时冲击过大，液压系统也容易损坏；油压过低，会使离合器、制动器等换档执行元件打滑，影响自动变速器的正常工作，且加速离合器和制动器摩擦片的磨损，严重时会导致摩擦片烧坏。

1. 油压试验的目的

油压试验的目的是检测液压控制系统的故障。通过测试油压可以判断油泵、主调压阀、节气门阀、速控阀等阀门工作是否正常。油压试验对诊断换档粗暴、换档时刻错误等故障有重要意义。

2. 油压试验前的准备

①驾驶被检汽车，使发动机及自动变速器达到正常工作温度（50~80℃）。

②检查发动机怠速和自动变速器油的液面高度，并使其达到规定标准。

③准备一个量程为 2MPa 的压力表。

3. 判断自动变速器各个油路测压孔位置

1）通常测压孔在自动变速器外壳上用几个方头螺塞堵住，在《自动变速器维修手册》上以图示的方法标有自动变速器测压孔的位置。

2）如果没有资料确定各油路的测压孔时，可用举升器将汽车升起，在发动机怠速运转时分别将各个测压孔螺塞松开少许，观察各测压孔在变速杆位于不同位置时是否有压力油流出，以此区分和确定各油路测压孔的位置。即：

①变速杆位于 D 或 R 位时都有压力油流出，为主油路测压孔。

②变速杆位于 D 位时才有压力油流出，为前进档油路测压孔。

③变速杆位于 R 位时才有压力油流出，为倒档油路测压孔。

④变速杆位于 D 位，并且在驱动轮转动后才有压力油流出，为速控阀油路测压孔。

4. 主油路油压测试程序

测试主油路油压时，应按图 6-27 所示方法分别测出前进档和倒档的主油路油压。

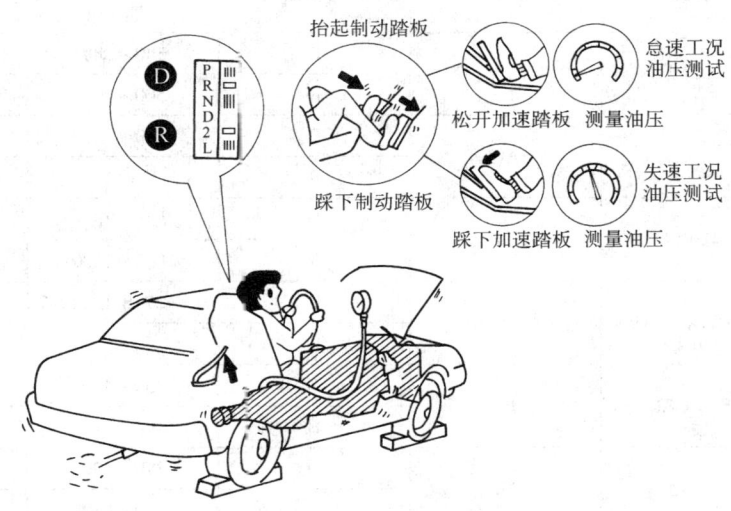

图 6-27 主油路油压试验

1）前进档（D）怠速工况主油路油压的测试。

①拆下变速器壳体上主油路测压孔或前进档油路测压孔螺塞，接上油压表。

②起动发动机,将变速杆放在前进档 D 位置,读出发动机怠速运转时的油压,该油压即为怠速工况下的前进档主油路油压。

2)前进档(D)失速工况下的主油路油压的测试:用左脚踩紧制动踏板,同时用右脚将加速踏板完全踩下,在失速工况下读取油压。该油压即为失速工况下的前进档主油路油压。

将变速杆放在 N 或 P 位置,使发动机怠速运转 1min 以上。将变速杆放在 S、L 位置(或 2、1 位置),重复上述步骤,读出各个前进低档位在怠速工况下和失速工况下的主油路油压。

3)倒档(R)怠速工况主油路油压的测试。

①拆下自动变速器壳体上的主油路测压孔螺塞或倒档油路测压孔螺塞,接上油压表。

②起动发动机,将变速杆放在倒档位置。在发动机怠速运转工况下读取油压值,即怠速工况下的倒档主油路油压。

4)倒档(R)失速工况下的主油路油压的测试:用左脚踩紧制动踏板,同时用右脚将加速踏板完全踩下,在发动机失速工况下读取油压,即失速工况下的倒档主油路油压。

将变速杆放在 N 位,让发动机怠速运转 1min 以上,以保证离合器和制动器完全分离,以及自动变速油液的冷却。

5. 测试结果分析

将测得的主油路油压与标准值进行比较,即可确定所测油压是否符合要求。不同车型自动变速器的主油路油压不完全相同,表 6-7 为几种常见车型自动变速器主油路油压标准。如果主油路油压不正常,表明油泵或液压控制系统有故障。表 6-8 列出了主油路油压不正常的可能原因。

表 6-7 自动变速器主油路油压标准

车型	自动变速器型号	发动机型号	变速杆位置	主油路油压/kPa	
				怠速工况	失速工况
宝来	01M	AUM	D	340~380	1240~1320
			R	500~600	2300~2400
威驰		5AFE	D	440~460	980~1079
			R		1706~1844
奇瑞	4HP14	CAC480M	D	700~1000	1000~1300
			R	1000~1200	1000~1200
蓝鸟	RL4F03A(03V)		D	D=637;S、L=1147	1275
			R	883	1765
马自达 M6	FN4A-EL	B3	D、S、L	330~470	1160 以上
			R	490~710	1600~1820
赛欧	AF13	1B	D	370~430	1100~1280
			R	540~630	1470~1690
东南富丽卡	R4AW-C-FI		D	363~420	1009~1156
			R	539~598	1401~1646
凌志 LS400	A341E、A342E	1UZ-FE	D	382~441	1206~1363
			R	579~657	1638~1863

(续)

车型	自动变速器型号	发动机型号	变速杆位置	主油路油压/kPa	
				怠速工况	失速工况
尼桑	L4N71B	VG30E、VG30S	D	314~373	1157~1275
			R	549~686	2187~2373
		LD28	D	382~481	1020~1196
			R	726~824	1922~2079
宝马	ZF4HP22/EH	325e、524td 528e 系列	D	588~735	
			R	1078~1274	
		535i、635csi 735i 系列	D	588~735	
			R	1470~1666	

表 6-8 主油路油压不正常的原因

试验项目	试验结果	故障原因
怠速主油压	所有档位的主油压均低于标准值	①油泵故障 ②主油路调压阀卡死 ③主油路调压阀弹簧过软 ④主油路电磁阀故障 ⑤节气门拉索或节气门位置传感器调整不当 ⑥节气门阀卡滞 ⑦主油路泄漏 ⑧自动变速器油滤清器堵塞
	前进档和前进低档的主油路油压均过低	①前进档离合器活塞漏油 ②前进档油路泄漏
	前进档的主油路油压正常，前进低档的主油路油压过低	①1 档离合器或 2 档离合器活塞泄漏 ②前进低档制动器油路泄漏
	D 位主油路油压正常 R 位主油路油压过低	①倒档离合器活塞泄漏 ②低档、倒档制动器油路泄漏
怠速主油压	D 位和 R 位的主油路油压均过高	①节气门拉索调得过紧或节气门位置传感器调整不当 ②主油路调压阀卡滞 ③节气门拉索卡滞在节气门开启较大的位置 ④自动变速器油液温度传感器损坏（信号超限） ⑤主油压电磁阀卡滞或内部短路
失速主油压	D 位和 R 位失速油压均低	①自动变速器油液滤清器堵塞 ②自动变速器油液冷却器堵塞
	个别档位失速油压较低	与失速油压低的档位相关的离合器、制动器油路内部泄漏

五、道路试验

自动变速器道路试验的目的是对自动变速器各项性能进行综合性测试，以确定自动变速器工作是否正常及其故障部位。自动变速器内部的各离合器、制动器是否打滑，变速杆在各位置时换档点的速度是否正确,换档时车辆的平顺性,行驶时自动变速器内有无异常响声,各种行驶模式时车辆的行驶性能,液力变矩器的锁止离合器工作状况和发动机制动作用等。

1. 试验前的准备

①发动机、底盘等各总成或系统的技术状态完好,自动变速器已通过基本检查,车辆以中低速行驶约10min,使发动机和自动变速器都达到正常工作温度(50~80℃)。

②将超速档开关置于ON位置(O/D OFF指示灯熄灭),并将模式开关置于常规模式。

③准备被试车型的原厂自动变速器维修手册(内有如图6-28所示的换档规律图或换档点表),以便对照检查。

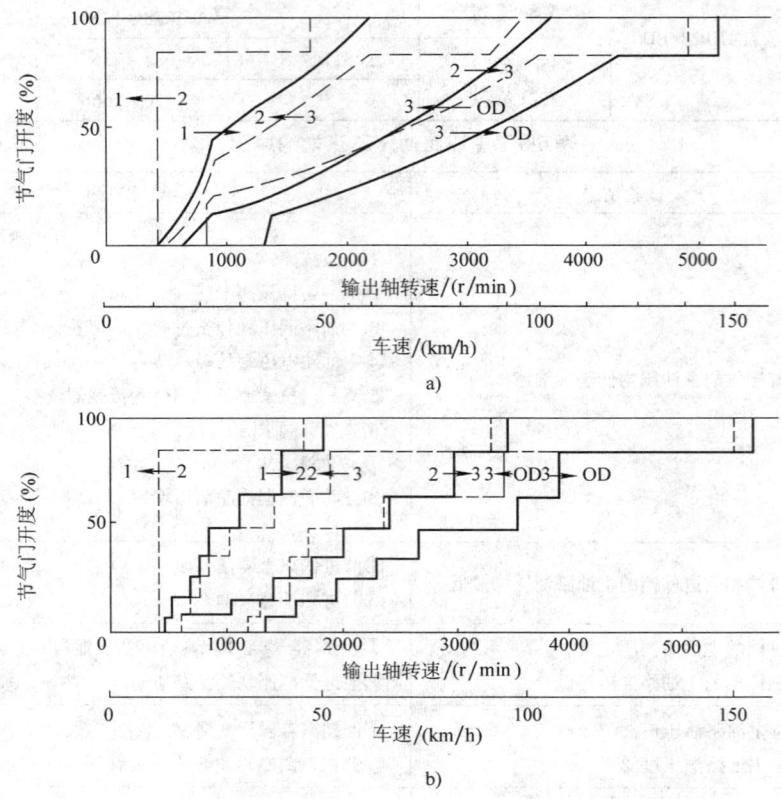

图6-28 丰田A43D自动变速器换档图

④因为道路试验只能凭感觉以及车速表、转速表检查其性能,所以试车人员应具有驾驶多种自动变速器汽车的经验,以便能敏锐地感觉换档冲击。

道路试验是检验自动变速器的工作性能和诊断常见故障的有效手段,只要车辆还能行驶应尽量做道路试验。

2. 自动变速器道路试验的内容

(1)连续升档的试验 自动变速器自动升档时发动机转速会瞬时地下降,同时车身有轻微冲动。试验者凭此现象可判定自动变速器是否升档。试验时将变速杆置于D位置,打开O/D档开关,踩下加速踏板使节气门开度保持在50%左右,试验自动变速器由汽车起步加速连续升档情况。

自动变速器正常时，起步后随着车速的升高，试验者应能感觉到自动变速器顺利地逐级由1档升2档、2档升3档、3档升4档（超速档）。如果自动变速器不能升入3档或超速档，表明电液控制系统或换档执行元件（离合器、制动器）有故障。

(2) 升档车速（换档点）的试验　升档车速的试验是指在汽车道路试验中，变速杆在D位置，节气门保持在某一固定开度时，测定各档位的升档和降档时的车速（即换档点）是否正确。换档点的试验是道路试验的重要内容。

1) 升档车速试验的内容。升档车速试验主要包括以下两方面的内容：

①升档车速是否正常，是否出现提前换档（即升档时车速低于和降档车速高于规定值）或换档滞后（即升档车速高于和降档车速低于规定值）。

②换档时是否平顺，是否出现冲击、打滑或异响。

2) 升档车速试验的方法。

将变速杆置于D位置，打开O/D档开关，踩下加速踏板将节气门稳定在某一开度，使汽车起步加速。当觉察到自动变速器自动换档（车身有轻微地冲动感）时，记录下各升档时的车速，然后与被测车自动变速器换档图中的有关数据对照，看其是否在规定的范围之内。

3) 升档试验结果的分析。

①一般四档自动变速器在节气门开度保持50%时，由1档升2档的升档车速为(25~35)km/h，2档升至3档的升档车速为(55~70)km/h，3档升至4档（超速档）的升档车速为(90~120)km/h。只要升档车速基本保持在上述范围内，而且试车行驶中加速良好，无明显的换档冲击，就可认为其升档车速基本正常，则可初步判定节气门位置传感器、节气门阀拉索、车速传感器及控制系统基本正常。

若升档车速过低一般是控制系统的故障所致，而升档车速过高则可能是控制系统或换档执行机构的故障所致，则应重点检查节气门位置传感器、车速传感器、节气门阀拉索和控制阀中的节气门调压阀、速控阀和主油路调压阀。

②电控自动变速器的换档冲击十分微弱，如果感觉换档冲动过大，表明自动变速器的控制系统或换档执行机构有故障，其原因可能是主油路油压过高或换档执行机构打滑。

③升、降档点车速是不一样的，降档的车速比升档点的车速低，但自动变速器降档时不易察觉，所以在道路试验中无法检验降档车速，一般只通过升档车速判断自动变速器有无故障。

(3) 升档时发动机转速试验　在进行升档车速试验的同时，应注意观察试验中发动机转速的变化情况，发动机转速是判断自动变速器工作是否正常的重要依据之一。

升档时发动机转速的测定与升档试验同时进行，在记录下各升档车速的同时，记下发动机转速，通常汽车由起步加速直至升入高速档的整个行驶过程中，发动机转速将低于3000r/min。通常在加速至即将升档时，发动机转速可达到2500~3000r/min；在刚升档后的短时间内发动机转速将下降至2000r/min左右。

如果在整个行驶过程中发动机转速始终过低，加速至升档时仍低于2000r/min，说明升档时间过早或发动机动力不足；如果在行驶过程中发动机转速始终偏高，升档前后的转速2500~3000r/min之间，而且换档冲击明显，说明换档时间过迟；如果在行驶过程中发动机转速过高，经常高于3000r/min，在加速时达至4000~5000r/min，甚至更高，则说明自动变速器的换档执行元件（离合器或制动器）严重打滑，应拆检自动变速器。

（4）锁止离合器工作状况的试验　道路试验中可以对液力变矩器的锁止离合器工作质量进行检查，将汽车加速至超速档并以高于 80km/h 的速度行驶，节气门保持在低于 50% 开度的位置，使变矩器进入锁止状态。此时快速将加速踏板踩下，使节气门至 2/3 开度，同时检查发动机转速的变化情况。如果发动机转速没有太大变化，表明锁止离合器处于接合状态；若发动机转速升高很多，则表明锁止离合器没有接合，其原因是锁止控制系统有故障。

（5）发动机制动作用的试验　将自动变速器变速杆置于低档 S、L（或 2、1）位置，在汽车以 2 档或 1 档行驶时，突然松开加速踏板。如果车速立即随之下降，表明有发动机制动作用，否则表明控制系统锁止电磁阀、或锁止离合器、或前进强制离合器有故障。

（6）强制降档功能的试验

将自动变速器变速杆置于 D 位置，保持节气门开度为 1/3 左右，在汽车以 2 档、3 档或超速档行驶时，突然将加速踏板踩到底，自动变速器应能立即强制降低一个档位。在强制降档时，发动机转速会突然升高至 4000r/min 左右，并随着加速升档，转速逐渐下降。如果没有出现强制降档，表明强制降档功能失效；如果强制降档时发动机转速过高，并在升档时出现换档冲击，表明换档执行机构打滑，应分解维修自动变速器。

复习思考题

一、填空

1. 自动变速器的基本检查是最基本的检查，也是对自动变速器进行深入试验的基础。基本检查一般包括（　　）、（　　）、（　　）、（　　）、（　　）。

2. 节气门开度检查的目的是：检查节气门在（　　）位置、（　　）位置是否准确，从（　　）→（　　）→（　　）是否顺畅自如。

3. 节气门阀拉索的检查的主要内容为：（　　）、（　　）、（　　）等。

4. 发动机怠速过低或过高对发动机都有危害。发动机怠速低时，换档容易引起（　　）或（　　）；怠速高时，换档容易产生（　　）和（　　），并且在 D 位置或 R 位置时"爬行"现象严重。

5. 油液液面高度的检查通常有（　　）和（　　）两种。

6. 变速器油液液面高度检查的油尺目前有（　　）、（　　）、（　　）三种。

7. 通常在我国道路条件和使用环境下，自动变速器轿车每正常行驶（　　）km，应更换一次自动变速器油。

8. 在正常情况应为：模式开关在动力（POWER）模式位置时，PWR 端子对地电压为（　　）；模式开关在常规（NORMAL）模式位置时，PWR 端子对地电压为（　　）。

9. 超速档开关主要是向变速器 ECU 送控制自动变速器在 $D_3 \sim D_4$ 档变换的信号，当按下超速挡开关时，O/D OFF 指示灯应（　　）。

10. 自动变速器试验包括（　　）、（　　）、（　　）、（　　）等。

11. 手动换档试验的目的是确定导致故障的原因是发生在（　　），还是（　　）。

12. 时滞试验的目的是判断（　　）（　　）和（　　）等换档执行元件的工作是否正常。

13. 自动变速器道路试验的内容主要有（　　）、（　　）、（　　）、（　　）和强制降档功能的试验。

二、简答

1. 自动变速器有哪些基本试验？为什么要进行基本试验？

2. 如何进行自动变速器油量的检查和更换？

3. 如何进行自动变速器油质的检查？
4. 电子控制自动变速器有哪些控制开关？如何进行模式开关的检查？
5. 如何进行档位开关的检查？
6. 如何检查和调整节气门位置传感器？
7. 如何进行电磁阀的检查？
8. 自动变速器试验有哪些？各个试验的目的是什么？
9. 如何进行失速试验？在试验中应注意什么？
10. 道路试验主要检查什么问题？
11. 如何进行升档车速试验？

第七章 自动变速器故障诊断

本章要点：
- 自动变速器故障诊断内容和方法
- 电子控制自动变速器故障诊断方法
- 常见车辆自动变速器故障诊断的方法

第一节 自动变速器常见故障的诊断与排除

本节主要叙述自动变速器常见故障现象、故障原因和故障诊断方法，虽然不能直接套用于所有不同型号的自动变速器，但提供了自动变速器故障诊断的正确思路，对准确而又迅速地排除自动变速器故障具有指导意义。

一、汽车不能行驶

1. 故障现象

1）变速杆置于任一前进档或倒档汽车均不能行驶。

2）汽车冷起动后可以行驶一段时间，但自动变速器油温度升高后汽车就不能行驶。

2. 故障原因

1）因泄漏而使自动变速器油过少或漏光，从而导致变矩器不能传递动力或变速器换档执行机构不能正常工作。

2）油泵损坏或油泵进油滤网严重堵塞，导致自动变速器主油路不能建立正常油压而使汽车不能行驶。

3）变速杆与手动阀之间的连接杆或拉索松脱，使得变速杆置于前进档或倒档时，手动阀仍然在空档或换车档位置。

4）液压控制系统中的主油路或主油路油压调节器有堵塞，导致变矩器不能传递动力或变速器换档执行机构不能正常工作。

5）变速器损坏而不能传递动力。

6）变矩器损坏而不能传递动力。

3. 故障诊断与排除

故障诊断可按图 7-1 所示进行。

1）检查自动变速器的油面高度。如果油面过低或无油，应检查变速器油底壳、液压油散热器及油管等处有无破损漏油；如果油面正常，进行下一步检查。

2）检查自动变速器变速杆与手动阀摇臂之间有无松脱。如果有松脱，应予以装复并调整好变速杆的位置；如果无松脱，进行下一步检查。

3）检查主油路的油压。拆下主油路测压孔上的螺塞，起动发动机。将变速杆置于前进档或倒档，看测压孔有无液压油流出。

①如果测压孔无液压油流出，或虽有油流出但流量很小（油压很低），应打开变速器油

底壳，检查油泵的滤网有无堵塞，若滤网无堵塞，则需拆开变速器检查油泵、油压调节器及有关的油路。

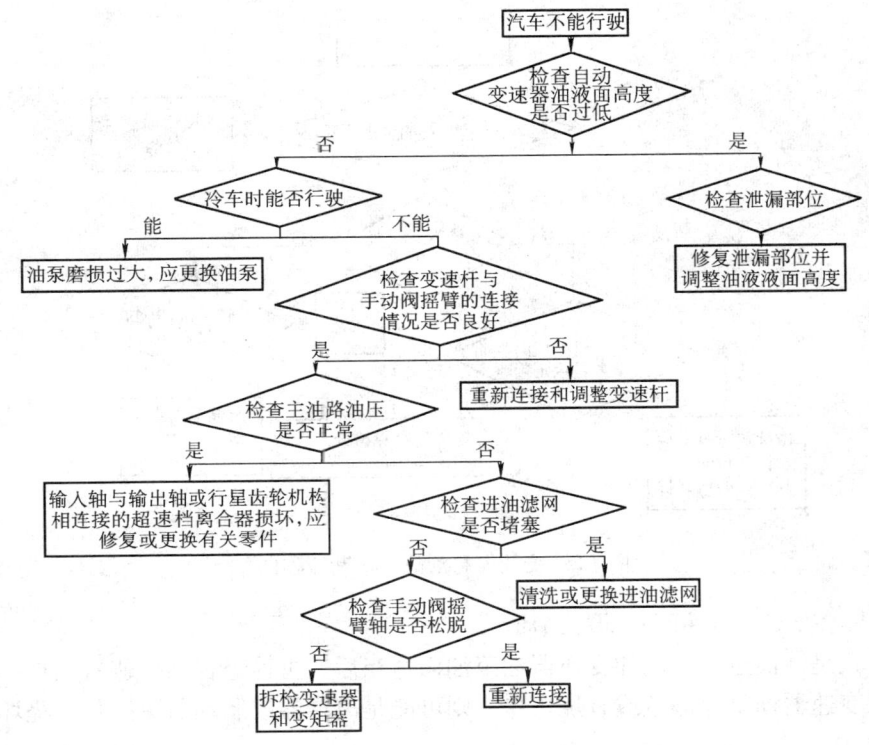

图 7-1　汽车不能行驶故障诊断流程图

② 如果在冷车起动时有一定的油压，而在温度上升后油压明显下降，则说明是油泵磨损严重，应更换油泵。

③ 如果测压孔有大量油喷出，说明变速器不传递动力不是由于主油路无油压造成的。这时，可拆下变速器油底壳，检查手动阀摇臂轴与摇臂之间是否松脱，若没松脱，则需拆检齿轮变速器。如果齿轮变速器无故障，则需检查或更换液力变矩器。

二、自动变速器打滑

1. 故障现象

1）起步踩下加速踏板时，发动机转速上升很快但车速上升缓慢。

2）加速时，发动机转速很高但车速不能很快提高。

3）上坡时，汽车行驶无力，但发动机的转速却很高。

2. 故障原因

1）自动变速器油液面过低造成主油路的油压过低，导致离合器和制动器打滑。

2）离合器或制动器摩擦片（或制动器制动带）磨损严重或已烧焦而引起打滑。

3）油泵磨损严重或主油路有泄漏而造成主油路的油压过低。

4）自动变速器中单向离合器打滑。

5）离合器或制动器活塞密封圈损坏而漏油，导致油压过低。

3. 故障诊断与排除

故障诊断可按图 7-2 所示进行。

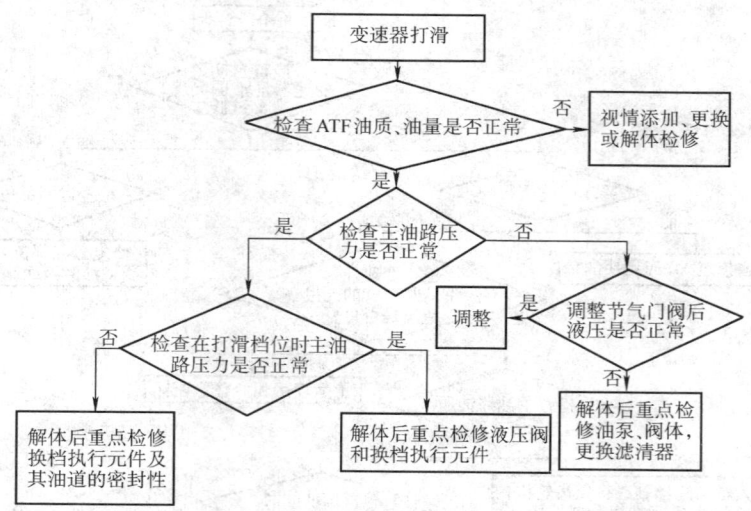

图 7-2　变速器打滑故障诊断流程图

1）首先检查变速器油面和油的品质。

①如果只是油面过低，添加变速器油至油面适当后，再检查自动变速器是否打滑。

②如果变速器油呈棕黑色或有烧焦味，则可能是离合器或制动器摩擦片已烧坏，应拆修自动变速器。

③如果油面和油品质均正常，则进行进一步检查。

2）检查主油路的油压。

如果油压正常，再检查打滑时主油路压力是否正常。若打滑时主油路压力正常，自动变速器解体后应重点检修液压阀和换档执行元件；若打滑时主油路压力不正常，解体后应重点检查油道密封性。

如果油压过低，应对节气门阀油压进行调整。如不能调整正常，解体后应检查油泵滤网、油泵、主油路油压调节阀等。

在判断自动变速器打滑故障时，还可进行道路试验，并根据其打滑的规律判断故障的大致所在。以四前进档辛普森式行星齿轮变速器为例，打滑的规律和可能的故障部位如下：

①若在前进档时都有打滑现象而在倒档时不打滑，则为前进档离合器打滑。

②若在 D 位时的 1 档打滑而在 L 位时的 1 档不打滑，则为前进单向离合器打滑。

③若在 D 位和 L 位下的 1 档都打滑，则为低、倒档制动器打滑。

④若在 D 位时的 2 档打滑而在 2（S）位时的 2 档不打滑，则为 2 档单向离合器打滑。

⑤若在 D 位和 L 位下的 2 档都打滑，则为 2 档制动器打滑。

⑥若只是在 3 档时有打滑现象，则为高、倒档离合器打滑。

⑦若只是在超速档时有打滑现象，则为超速档制动器打滑。

⑧若在倒档和高档时都有打滑现象，则为高、倒档离合器打滑。
⑨若在倒档和 1 档时有打滑现象，则为低、倒档制动器打滑。
⑩若在前进档和倒档时均有打滑现象，则可能是主油路的油压过低。

三、换档冲击大

1. 故障现象

1）汽车起步时，自动变速器变速杆从换车档或空档挂入前进档或倒档时，汽车会有明显的振动。

2）汽车行驶时，自动变速器升档的瞬间，汽车也会有明显的冲击。

2. 故障原因

1）汽车起步换档冲击大，是由发动机怠速过高引起的。

2）所有档位换档冲击大，是由于节气门拉索或节气门位置传感器调整不当而使主油路的油压过高导致换档冲击。

3）主油路油压调节器不良而使主油路的油压过高导致换档冲击。

4）油压电磁阀或其线路不良而使主油路油压异常。

5）减振器不良（如活塞卡住）而使换档瞬间油压过高导致换档冲击。

6）单向阀损坏或单向阀钢球漏装而导致换档执行元件接合过快。

7）换档执行元件打滑。

8）升档过迟而引起换档冲击。

9）电子控制自动变速器电脑故障。

3. 故障诊断与排除

故障诊断可按图 7-3 所示进行。

1）检查发动机的怠速。正常的发动机怠速一般为 750r/min 左右。如果怠速过高，应将其调整至规定的怠速，再检验换档冲击是否消失。

2）检查节气门的拉索或节气门位置传感器的位置，如果不当，予以调整。

3）进行路试，以判断自动变速器有无打滑或升档过迟故障。

4）检查发动机怠速时的主油路油压。如果怠速时的主油路油压过高，应拆检主油路油压调节阀；如果怠速时主油路油压正常，则应拆检前进档离合器或倒档及高档离合器的进油单向阀是否损坏。

5）检查换档时的主油路油压。正常情况下，在换档时，主油路的油压会有瞬间的下降。

如果在换档时主油路的油压有瞬时的下降，但有换档冲击，可能是换档执行元件的间隙太小而造成换档冲击；如果换档时主油路的油压没有下降。则应：

①检查油压电磁阀的线路有无松脱。若正常，进行步骤②。

②检查油压电磁阀能否正常工作。若正常，进行步骤③。

③检查在换档时，电脑有无向油压电磁阀输出信号。若换档时电脑无信号输出，则需更换电脑再试；若电脑有信号输出，进行步骤④。

④拆检自动变速器减振器有无损坏。

四、升档过迟

1. 故障现象

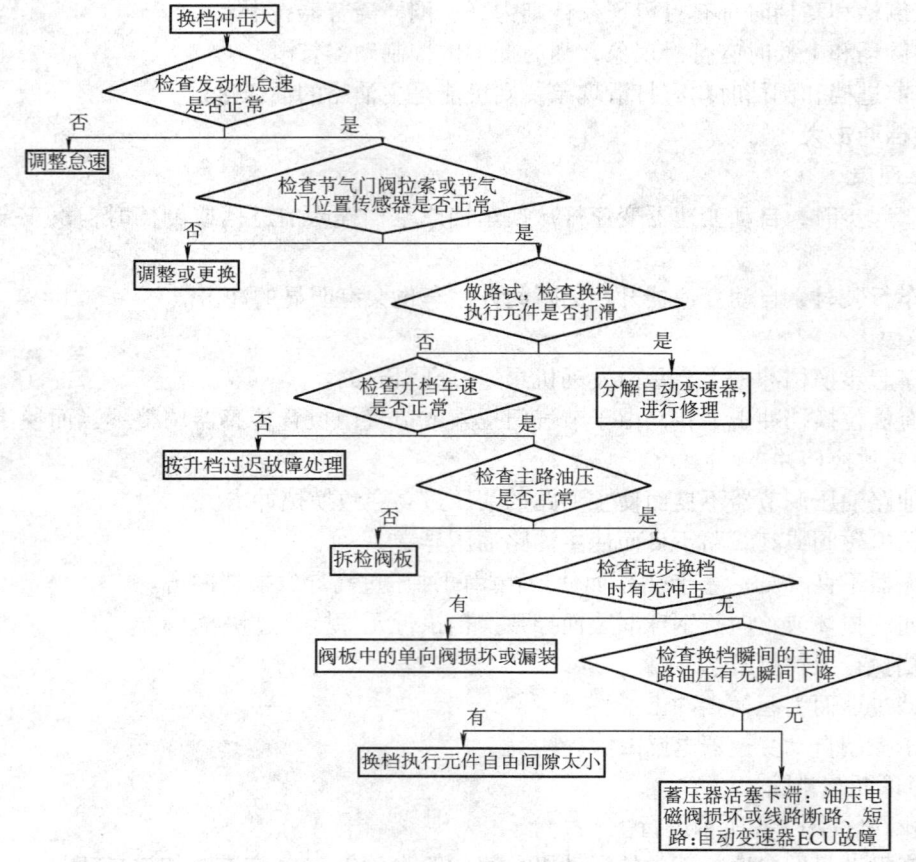

图 7-3 换档冲击大故障诊断流程图

1）在汽车行驶中，自动变速器升档的车速明显偏高，升档时发动机的转速也明显高于正常值。

2）需采用提前升档的操作方法（松开加速踏板）才能使自动变速器升入高档或超速档。

2. 故障原因

1）节气门拉索或节气门位置传感器调整不当。

2）速控阀存在故障，输出轴上速控阀进出油孔密封损坏。

3）主油路油压或节气门油压过高。

4）强制降档开关短路。

5）传感器故障。

3. 故障诊断与排除

故障诊断可按图 7-4 所示进行。

1）检查节气门拉索和节气门位置传感器的调整情况。如果不当，予以调整或更换。

2）检测发动机怠速时的主油路油压。如果油压过高，应通过节气门拉索进行调整。若调整后不能使油压降低，则需拆检油压调节阀及其油路。

3）检测速控油压，速控油压应随车速的升高而增大。将不同转速下测得的速控油压与规定值比较,若油压太低,说明速控阀存在故障或速控阀油路存在泄漏。此时应拆检自动变速器,检查速控阀固定螺钉是否松动,检查速控油路密封环是否损坏,检查阀芯是否卡滞或磨损过度。

如果速控油压正常,升档过迟的原因可能是换档阀工作不良。应拆卸阀体检查,必要时更换。

4) 若为电子控制自动变速器,还应检查自动变速器 ECU 与传感器和油压控制电磁阀之间的线路。如果线路均良好,则进行下一步检查。

5) 检查节气门位置传感器、车速传感器和油压电磁阀。如果均为良好,则需更换 ECU 再试。

五、不能升档

1. 故障现象

汽车行驶中,自动变速器始终在 1 档,不能升入 2 档,或虽能升入 2 档,但不能升入 3 档和超速档。

2. 故障原因

1) 节气门拉索或节气门位置传感器位置不当。

2) 车速传感器不良。

3) 2 档制动器或高、倒档离合器有故障。

4) 强制降档阀卡滞。

5) 换档阀卡滞。

6) 档位开关不良。

7) 换档执行元件打滑。

8) 自动变速器 ECU 不良。

3. 故障诊断与排除

故障诊断可按图 7-5 所示进行。

1) 进行故障自诊断操作,如果有故障码输出,则按所显示的故障码检修故障;如果无故障码输出或故障码所显示的故障排除后故障现象仍未消除,则进行下一步检查。

2) 检查节气门拉索或节气门位置传感器的调整情况。如果不当,予以调整。

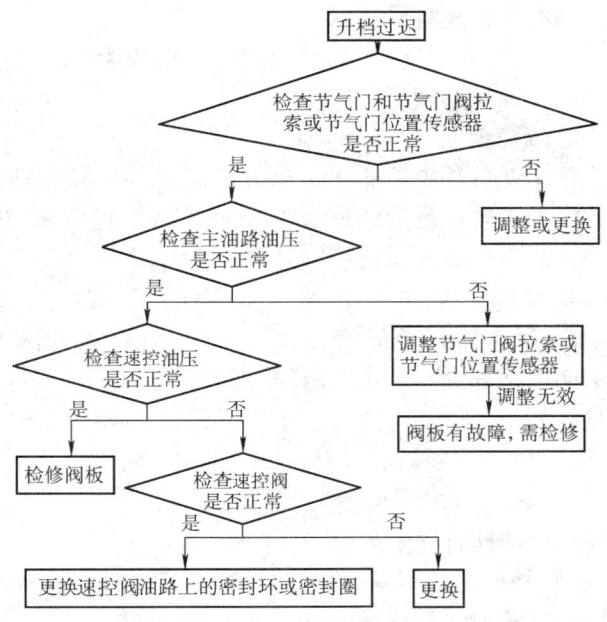

图 7-4 升档过迟故障诊断流程图

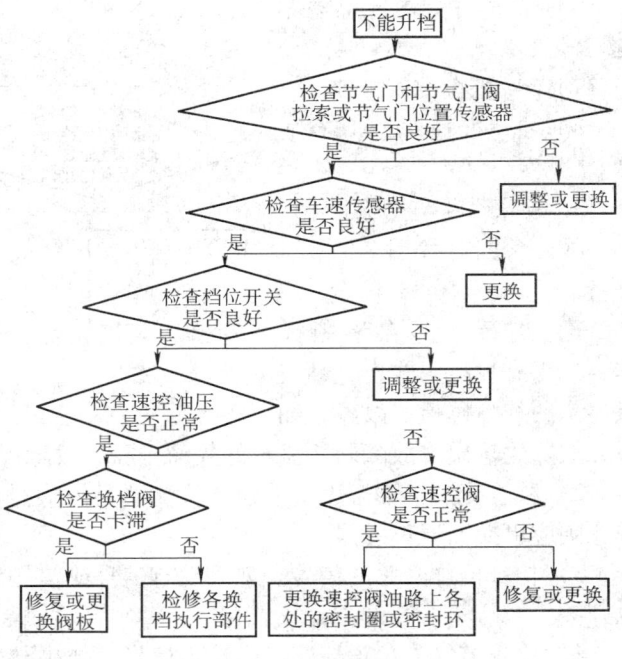

图 7-5 不能升档故障诊断流程图

3) 检查车速传感器及其线路。如果不良，应予以更换。

4) 检查档位开关是否良好。如果有故障，予以调整或更换。

5) 如果上述检查均为良好，则需拆检自动变速器，检查换档执行元件是否磨损严重或有无泄漏而引起打滑。

6) 如果上述检查均为无问题，则需更换自动变速器 ECU 再试。

六、无超速档

1. 故障现象

汽车在行驶中不能从 3 档升入超速档，即车速已达到超速档工作（80～100km/h）范围，发动机转速已达到 3000～4000r/min，但车速上升很慢，采用松开加速踏板几秒钟再踩下的方法自动变速器也不能升入超速档。

2. 故障原因

1) 超速档开关故障或未按下超速档开关，超速电磁阀不良。

2) 超速档制动器打滑。

3) 超速行星排的直接离合器或单向离合器卡死。

4) 档位开关不良。

5) 发动机温度低于 70°C 或发动机温度传感器、变速器油温传感器不良。

6) 节气门位置传感器不良。

7) 3-4 档换档阀卡滞。

8) 自动变速器 ECU 有故障。

3. 故障诊断与排除

故障诊断可按图 7-6 所示进行。

1) 进行故障自诊断操作，如果有故障码输出，则按所显示的故障码检修故障；如

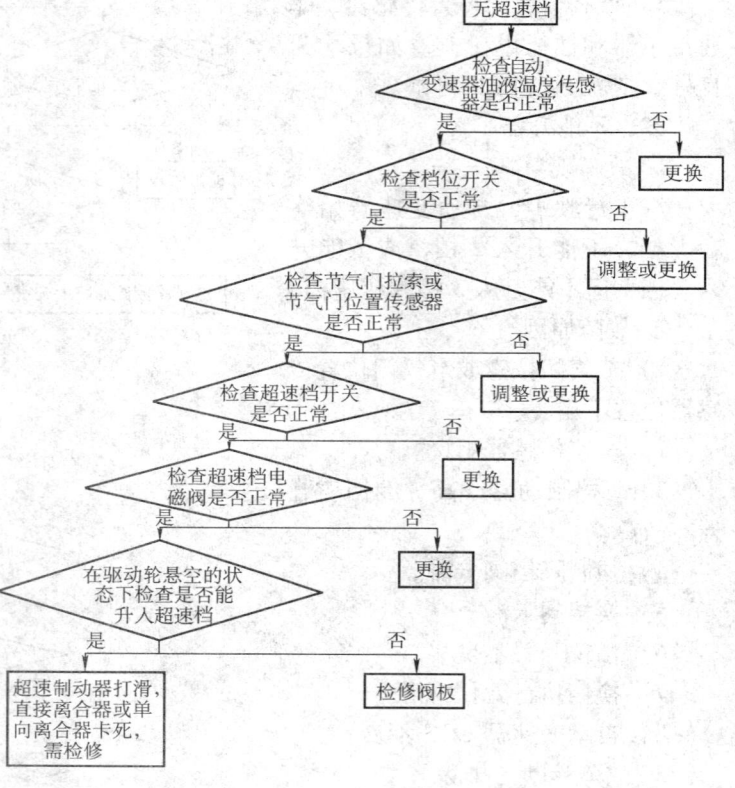

图 7-6 无超速档故障诊断流程图

果无故障码输出或故障码所显示的故障排除后故障现象仍未消除，则进行下一步检查。

2) 检查变速器油温度传感器。检测油温传感器在不同温度下的电阻，如果与标准值不符，则应更换油温传感器。

3) 检查档位开关的信号。如果没有信号或信号与变速杆的位置不符，应调整或更换档位开关。

4) 检查节气门位置传感器的输出信号。如果与标准值不符，应调整或更换节气门位置传感器。

5）检查超速档开关。在超速档开关按钮按下（ON）时，超速档触点断开，超速指示灯应不亮；在超速档开关按钮不按下（OFF）时，超速档触点闭合，超速指示灯应亮起。如果不是这样，则需检查超速档开关电路或更换超速档开关。

6）检查超速电磁阀工作情况。接通点火开关（不起动），在按下超速档开关按钮（ON）时，听超速电磁阀有无工作的响声。如果超速电磁阀不工作，应检查其线路或更换超速电磁阀。

7）检查空载（或驱动轮悬空）状态下能否升档。用举升机将汽车驱动轮悬空，看在空载的情况下，自动变速器能否升入超速档。

①如果空载下能升入超速档，且升档后车速正常，说明控制系统正常，可能是超速制动器在有负载时打滑而造成不能升入超速档。

②如果空载下能升入超速档，但升档后车速偏低，发动机转速下降，则说明超速行星排中的直接离合器或直接单向离合器卡滞。

③如果空载下也不能升入超速档，则为液压控制系统或电子控制系统有故障。

8）如果怀疑是液压控制系统的故障，需拆开自动变速器检查 3-4 档换档阀有无卡滞，若有应予以修理或更换；如果怀疑是电子控制系统的故障，在有关传感器、电磁阀及其线路检查均为良好的情况下，需更换自动变速器 ECU 再试。

七、无前进档

1. 故障现象

倒档时能正常行驶，但变速杆置于 D 位时不能起步，在 2（S）位或 L 位时则可以起步。

2. 故障原因

1）前进档离合器打滑。

2）前进档单向离合器打滑或装反。

3）前进档离合器控制油路严重泄漏。

4）变速杆位置调整不当。

3. 故障诊断与排除

故障诊断可按图 7-7 所示进行。

1）检查变速杆位置是否正常。如果不正常，予以调整。

2）检查前进档主油路油压是否正常。

①如果油压过低，说明前进离合器控制油路有泄漏，应拆检自动变速器，更换前进离合器控制油路中的密封元件。

②如果油压正常，应拆检前进档单向离合器。

③如果油压和前进离合器均不正常，则需拆检前进单向离合器有无打滑，安装方向是否正确。

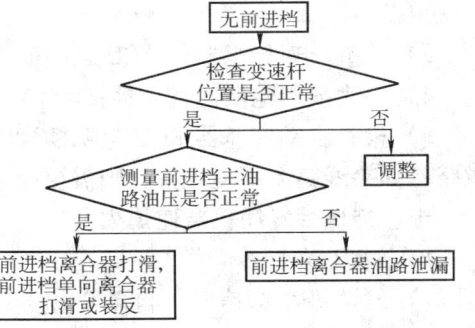

图 7-7　无前进档故障诊断流程图

八、无倒档

1. 故障现象

汽车挂前进档能正常行驶，但挂入倒档时就不能行驶。

2. 故障原因

1）自动变速器变速杆位置不当。
2）倒档控制油路泄漏。
3）倒档及直接（高、倒）档离合器或低、倒档制动器打滑。

3. 故障诊断与排除

故障诊断可按图 7-8 所示进行。

1）检查自动变速器变速杆的位置是否正确。若有异常，予以调整；若为正常则进行下一步检查。

2）检查倒档油路的油压。如果油压过低，说明倒档控制油路有泄漏，应拆检自动变速器；如果油压正常，则应拆检自动变速器，检修倒档及直接档离合器和低、倒档制动器。

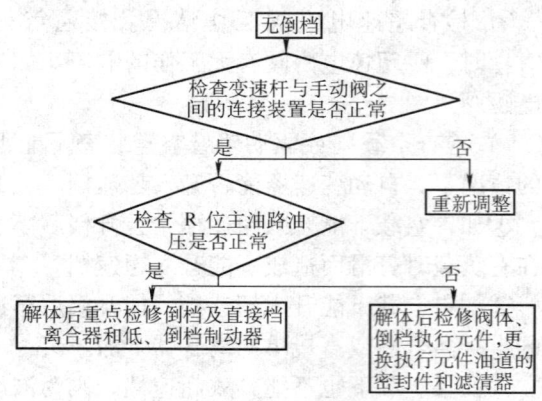

图 7-8 无倒档故障诊断流程图

九、频繁跳档

1. 故障现象

汽车在行驶中，加速踏板没有动，自动变速器会出现突然降档现象，降档后发动机转速升高，并产生换档冲击。

2. 故障原因

1）节气门位置传感器不良或其线路连接不良。
2）车速传感器不良或其线路连接不良。
3）换档电磁阀或其线路连接不良。
4）自动变速器 ECU 有故障。

3. 故障诊断与排除

故障诊断可按图 7-9 所示进行。

1）进行故障自诊断操作，如果有故障码输出，则按所显示的故障码检修故障。如果无故障码输出或故障码所显示的故障排除后故障现象仍未消失，则进行下一步检查。

2）检查节气门位置传感器与 ECU 之间的线路及节气门位置传感器。若有异常，予以修理或更换。

3）检查车速传感器与 ECU 之间的线路及车速传感器。若有异常，予以修理或更换。

4）检查换档电磁阀线束插接器有无松动。若有，予以修理或更换。

5）检查自动变速器 ECU 电源插脚的工作电压。若有电压低或无工作电压，检查有关的线路；如果线路无不良现象，则需更换 ECU。

十、挂档后发动机怠速熄火

1. 故障现象

1）发动机在怠速时，自动变速器由空（N）档或驻车（P）档挂入前进档或倒档时，发动机会立即熄火。

2）在前进档或倒档行驶中，踩下制动踏板停车时，发动机熄火。

2. 故障原因

1）发动机的怠速过低。

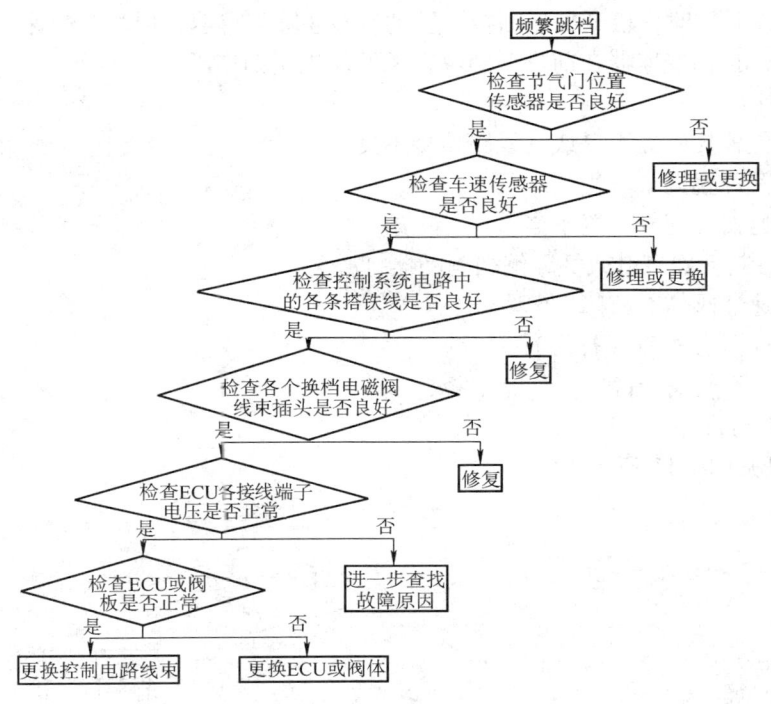

图 7-9 频繁跳档故障诊断流程图

2) 自动变速器锁止离合器控制电磁阀卡滞。
3) 自动变速器档位开关不良。
4) 变速器输入轴转速传感器不良。

3. 故障诊断与排除

故障诊断可按图 7-10 所示进行。

1) 进行故障自诊断操作。如果有故障码输出，则按所显示的故障码检修故障；如果无故障码输出或故障码所显示的故障排除后故障现象仍未消除，则进行下一步检查。

2) 检查发动机的怠速。如果发动机的怠速过低，应予以调整。

3) 检查档位开关。如果档位开关的信号与变速杆位置不符，应予以调整或更换。

4) 检查自动变速器输入轴转速传感器。如果有故障，予以更换。

5) 如果上述检查均为正常，则需拆检自动变速器，检查锁止电磁阀有无卡滞。

十一、无发动机制动

1. 故障现象

1) 汽车在行驶中，自动变速器变速杆由 D

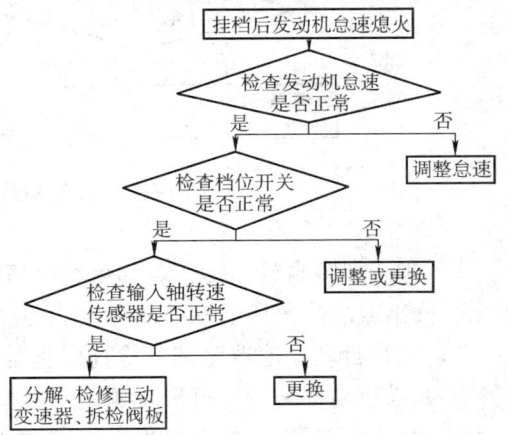

图 7-10 挂档后发动机怠速熄火故障诊断流程图

位换入 2（S）或 L 位时，松开加速踏板，发动机转速降至怠速，但汽车减速不明显。

2）下坡时，自动变速器在前进低档位，无发动机制动作用。

2. 故障原因

1）节气门位置传感器不良或其线路连接不良。

2）档位开关位置调整不当。

3）自动变速器变速杆位置不当。

4）2 档滑行制动器打滑或低、倒档制动器打滑。

5）自动变速器阀体有故障。

6）自动变速器有故障（打滑）。

7）电子控制系统有故障。

3. 故障诊断与排除

故障诊断可按图 7-11 所示进行。

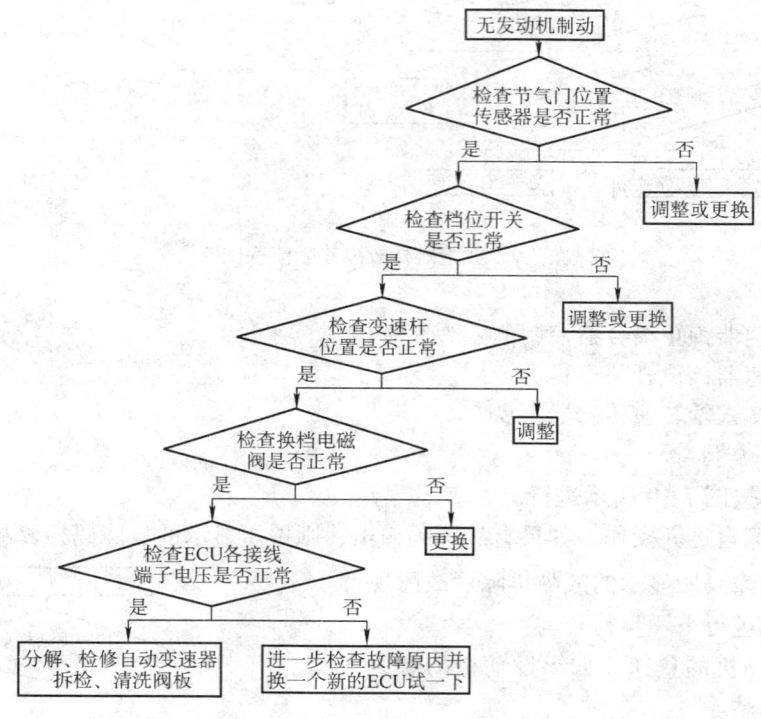

图 7-11　无发动机制动效果故障诊断流程图

1）进行故障自诊断操作。如果有故障码输出，则按所显示的故障码检修故障；如果无故障码输出或故障码所显示的故障排除后故障现象仍未消除，则进行下一步检查。

2）进行自动变速器路试，检查变速器有无打滑和无发动机制动的故障情况。

①如果自动变速器有打滑现象，应拆检自动变速器。

②如果变速杆在 L 位时无发动机制动作用，而在 2（S）位时有发动机制动，则说明是低、倒档制动器打滑，应拆修自动变速器。

③如果变速杆在 2（S）位时无发动机制动作用，而在 L 位时有发动机制动，则说明 2

档滑行制动器打滑，应拆修自动变速器。

3）检查换档电磁阀线束插接器有无松动，电磁阀线圈电阻是否正常，电磁阀加上电压后，换档电磁阀有无工作的响声。如果有异常，修理或更换线束和电磁阀。

4）检查 ECU 与传感器之间的线路有无松脱，检测 ECU 的工作电压是否正常。如果有异常，进一步检查有关的传感器和线路；若均良好，则需更换 ECU 再试。

5）如果更换 ECU 后故障依旧，则需拆开自动变速器，清洗所有的控制阀。

十二、不能强制降档

1. 故障现象

汽车在高档行驶时，突然将加速踏板踩到底不能使自动变速器立即降低一个档位，导致汽车加速无力。

2. 故障原因

1）节气门拉索或节气门位置传感器调整不当。

2）强制降档开关接触不良或位置不当。

3）换档电磁阀损坏或其线路不良。

4）强制降档阀卡滞。

3. 故障诊断与排除

故障诊断可按图 7-12 所示进行。

1）检查节气门拉索或节气门位置传感器的安装是否正常。若有异常，予以调整。

2）检查强制降档开关，在加速踏板踩到底时，强制降档开关触点应闭合。一松开加速踏板，强制降档开关就断开。

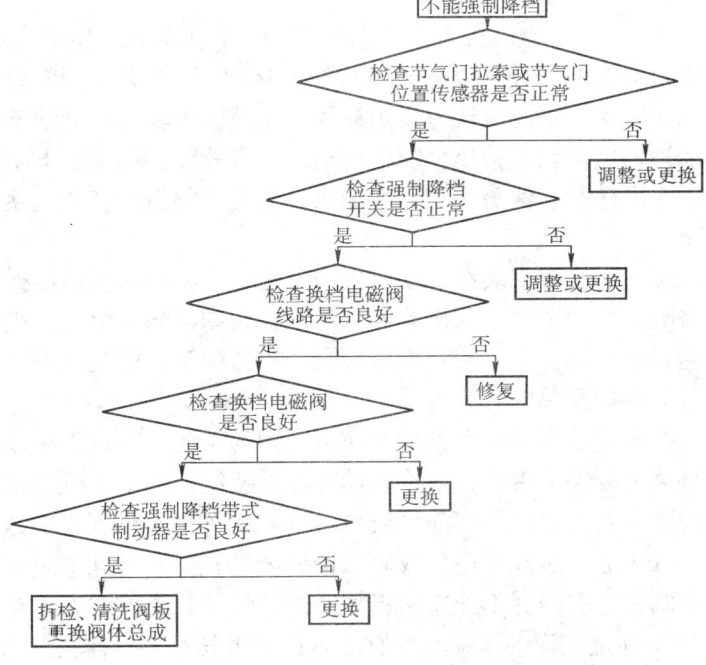

图 7-12 不能强制降档故障诊断流程图

①如果在加速踏板踩到底时强制降档开关触点不能闭合。而用手直接按下强制降档开关时其触点能够闭合，则说明强制降档开关安装位置不当，应予以调整。

②如果在加速踏板踩到底时强制降档开关触点不能闭合，用手直接按下强制降档开关时其触点也不能够闭合，则说明强制降档开关触点接触不良，应更换强制降档开关。

3）检查换档电磁阀线路的连接情况，检测电磁阀的电阻，如果有异常，检修线束或更换电磁阀。

4）拆开自动变速器，检查和清洗强制降档控制阀。

十三、自动变速器异响

1. 故障现象

1）自动变速器变速杆在 N 或 P 位时有异响。这类异响多由 N、P 档时与涡轮相连的传动件产生（因空档或驻车档时，输出轴相连的各传动件已停止运动，所以空档或驻车档的响声与这些元件无关）。

2) 升档或降档时产生不正常响声。

3) 汽车在 D 位的 1 或 2 档行驶时有异响。

2. 故障原因

1) 空档（N）或驻车档（P）异响可能来自发动机、液力变矩器、油泵或空档时与涡轮相连接的元件。

2) 升、降档异响多由传动件之间的间隙过大引起。

3) 引起自动变速器低速行驶时异响的主要原因是：齿轮磨损严重或损坏、输出轴轴承损坏。

3. 故障诊断与排除

1) 自动变速器在 N 或 P 位有异响时，为确认异响究竟产生在何处可将自动变速器变速杆推入 D 位置，将发动机转速提至 1200r/min 左右，倾听异响程度，然后踩下制动踏板使车辆停止不动，即此时液力变矩器的涡轮至输出轴已被制动不转，如果此时异响消失，则为液力变矩器从涡轮至输出轴间的传动机构有故障；如果踩下制动踏板，响声仍然存在，则异响发生在发动机、液力变矩器或油泵。为确认响声究竟产生在什么地方，可按以下方法进一步诊断：

①对起动机安装在发动机上的车辆，可将自动变速器拆下，将档位开关短接，起动发动机看响声是否消失。如果响声依然存在，则异响是由发动机造成；如果异响消失，则为自动变速器本身不良，应着重检查液力变矩器油泵，以及检查空档时参与自动变速器工作的离合器、制动器及单向离合器。

②对起动机安装在自动变速器一侧的车辆，因拆下自动变速器时起动机要一同被拆下，可将液力变矩器拆下，再将自动变速器装回，将发动机发动，发动后倾听异响是否消失，如消失则为液力变矩器、油泵或参与 N 档工作的传动元件有故障。

③为进一步确认空档或驻车档异响的出处，还可以将自动变速器换入 D 位，然后踩住制动踏板，轻轻踩下加速踏板加油，察听异响是否消失或有无较大的变化。如异响消失，则为参与 D 位工作的传动元件有故障；如果异响依然存在，则为液力变矩器或油泵不良。

如果经检查是变矩器或油泵产生异响，应着重检查变矩器安装是否正确，液力变矩器与油泵配合的轴颈的摆差。如均无问题，则应着重检查油泵运动件是否有损伤，是否磨损严重以及检查油泵衬套是否磨损等。如果通过以上检查均无问题，再更换液力变矩器，确认变矩器是否有故障。

2) 升档或降档瞬间异响并伴随撞击。若在升降档过程中有瞬间的冲击和异响，应通过执行机构传动图表，查找自动变速器内的离合器、制动器、单向离合器以及行星齿轮机构中的元件故障。这些元件在自动变速器各档的升降过程中参与工作，必有磨损过甚、间隙过大之处。

3) 汽车在低速行驶时变速器有异响。如果异响是由齿轮或单向离合器故障引起，则异响必产生于参与响声明显的档位的齿轮或单向离合器中，此时可通过各档执行元件工作图表，判断到底是哪一个齿轮或单向离合器损坏。如果响声产生在输出轴上，则响声在各档均能听到，只是由于档位不同异响的轻重不同而已。

4）其他几种情况的异响。

①汽车加速时变速器有异响。当汽车加速时，特别是急加速时有明显的沉闷的"铛"、"铛"金属撞击声时，在判断确实是自动变速器内部发出的声音时，应拆卸自动变速器进行检查排除。产生这种沉闷的敲击声的主要原因有：齿轮机构中的相互干涉、轴承损坏造成旋转件撞击壳体等。

②汽车行驶时自动变速器产生异响。汽车仅高速行驶时产生异响，主要是由于液力变矩器油泵内的液流共鸣产生。判断是否是液力变矩器内发出的声响可通过失速试验，使变速系统的涡轮及其各传动件均停止转动，在失速的瞬间听响声是否消失，如响声消失，则异响是由变矩器产生。对油泵发出的异响，可用听诊器或旋具抵在自动变速器前端，采用踩、放加速踏板，倾听异响随发动机转速变化而变化的情况。

③个别档位变速器有异响。这类异响首先要通过道路试验，确认是哪一个档位或哪几个档位有异响，然后在执行元件工作图表中查出发响的档位都有哪些齿轮参与了该档的工作，然后再从中通过执行元件工作图表的对比中，找出这些元件中哪些还参与了不发响档位的工作，则这些元件肯定不是有故障的元件，余者便是产生异响的元件。

④油面过高或过低产生的异响。油面过高使自动变速器的旋转件搅动变速器油液，使自动变速器油夹杂气泡参与了油泵泵油循环，产生异响。

十四、自动变速器油易变质

1. 故障现象

更换后的变速器油在较短的时间里就会变质。

2. 故障原因

1）使用不当造成油温过高而导致变速器油过早变质，如过于频繁地急加速，经常超负荷行驶，经常超速行驶等。

2）变速器油本身质量不佳，使用的变速器油质量达不到使用要求或受到了污染。

3）变速器至变速器油散热器通道堵塞，如通向散热器的油管堵塞、散热器的限压阀卡滞等，使变速器油得不到及时的冷却而温度过高。

4）变速器中离合器或制动器的间隙过小，在不工作时摩擦打滑，造成油温过高而变质。

5）主油路的油压过低，使得离合器和制动器在工作时打滑而造成油温过高。

3. 故障诊断与排除

1）使汽车以中低速行驶5～10min，当自动变速器达到正常工作温度时，在发动机运转的情况下检查自动变速器油散热器的温度。自动变速器油散热器正常的温度应为60℃左右。

①如果散热器温度过低，说明变速器至变速器油散热器通道有堵塞，应检修其油管、散热器和限压阀。

②如果散热器的温度过高，说明离合器和制动器的间隙太小。

③如果散热器的温度正常，则需检测主油路的压力是否正常。

2）若上述检查均为正常，则可能是自动变速器使用不当或变速器油本身的问题，应将变速器油全部放出，加入规定牌号的变速器油。

第二节 电子控制自动变速器故障诊断原则和程序

自动变速器在长期工作中免不了会出现故障,只是出现故障的多少,表现形式不同而有所差异。但是,只要严格执行操作规程,正确地使用自动变速器,就能做到少出故障,出现故障也不难排除。

一、故障诊断原则

电控自动变速器的故障诊断是一项非常复杂的工作,必须按照一定的原则和程序进行。

1) 分清故障引起的部位。故障是由发动机还是自动变速器液压自动操纵系统、电子控制系统引起的,亦或是液力自动变速器本身引起的,只有分清了故障部位,才能针对性地去查找故障根源,少走弯路。

2) 坚持先简后难、逐步深化的原则。按故障的难易程度,先从最简单、最容易检查的地方开始检查,如开关、拉索、油液状况等,从那些最易于接近的部位、易于忽视的部位和影响因素开始,最后再深入实质性故障。

3) 区别故障的性质。故障是机械性质的、液压系统的,还是电子控制系统的;是需要维护方面的,还是需拆卸自动变速器彻底修理的。

4) 充分利用自动变速器各检验项目(基础检验、手动换档试验、失速试验、时滞试验、油压试验、道路试验),为查找故障提供思路和线索。通过这些检验项目的试验,一定可以发现自动变速器的故障所在。

5) 充分利用电子控制自动变速器的故障自诊断功能。电子控制自动变速器 ECU 内部有一个故障自诊断电路,它能在汽车行驶过程中不断地监视自动变速器控制系统各部分的工作情况,并能检验出控制系统中大部分故障,将故障以码的形式记录在 ECU 中。维修人员可以按照特定的方式将故障码从 ECU 中读出,为自动变速器控制系统的检修和故障排除提供依据。

6) 必须在拆检后才能确诊的故障,应是故障诊断的最后程序,电子控制自动变速器是绝不要轻易分解的。

7) 在进行故障诊断与排除前,最好先阅读有关故障指南、使用说明书和该车型的维修手册,掌握必要的结构原理图、油路图、电子控制系统电路等有关技术资料。

二、故障诊断程序

虽然各国厂商所生产的自动变速器千差万别,但是它们的基本原理是一致的,所以检修时也有一定的规律可循。一般情况下,自动变速器的检修过程按照由简单到复杂的程序,一步一步地进行。检修内容包括基本检查、故障自诊断测试、手动换档试验、机械系统试验、电控系统测试及按故障诊断表检测等几部分。检修程序可按图 7-13 进行。

1. 基本检查

这一步用于检查自动变速器是否在正常前提条件下进行工作。通过这一步的检查,常常可以解决许多故障,因此这一步必不可少。这一步包括:节气门及拉索的检查,怠速的检查,自动变速器油的检查,电子控制自动变速器控制开关的检查,电子控制自动变速器传感器的检查等。

2. 故障自诊断测试

电子控制自动变速器在进行基本检查后仍存在故障，可通过电脑自诊断系统进行故障自诊断测试，调出故障码，帮助寻找故障发生部位。排除故障以后要记得清除故障码。不同公司生产的不同车型，其故障自诊断测试方法不尽相同，详见下节"电子控制自动变速器故障诊断举例"。

3. 手动换档试验

为了确定故障存在的部位，区分故障是由机械系统（包括齿轮变速系统和液压控制系统）还是由电子控制系统引起的，应当进行手动换档测试。手动换档测试是人为地使电子控制自动变速器脱离车上电子控制单元（ECU）的控制，由测试人员手动进行各档位的试验。

手动换档试验可在试验台上做，也可以进行路试来做，若每一档位动作都正常，则说明故障出现在电子控制系统，应进行电控系统的测试，若有某一档位动作异常或各前进档很难区分，则说明故障在变速器机械系统，包括液力变矩器、齿轮变速系统和液压控制系统部分，应进行机械系统的测试。

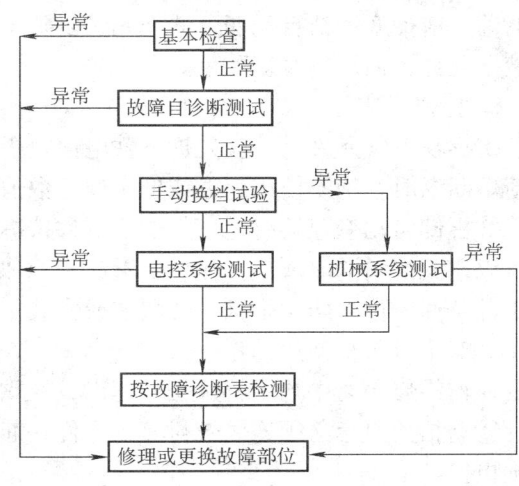

图 7-13　电子控制自动变速器故障诊断程序

4. 机械系统的测试

机械系统的测试包括失速试验、时滞试验、油压试验、道路试验等几项内容，因厂家不同内容又有一定的差异。通过这几项试验，可以准确地判断出变速器机械系统的故障发生部位。

5. 电控系统测试

电控系统的测试主要是按系统电路图检查线束导线及各插接器有否断路、短路以及搭铁接触不良问题，检测各电控元件是否损坏和失效，其检测内容和方法根据车型各不相同。

6. 按故障诊断表检测

当按前述诊断步骤未发现异常，或者根据前述几个诊断步骤的结果很难准确判断具体的故障部位时，则为疑难故障。对疑难故障的诊断和查找，一般应用维修手册上提供的故障诊断表所列的产生某一故障现象可能的诸多因素，采取逐项排除法查找故障部位。不同厂家编制的故障诊断表各具特色，一般都列出了产生某一故障现象的各种可能的原因，并将这些原因按可能性大小排序，在故障排除时可参照表中顺序进行。

在此强调一点：对自动变速器的故障进行检修时，正确地判断非常重要。千万不能盲目、轻率地下结论，盲目听信客户或旁人的推测，以免错误地将完好的自动变速器解体造成越修越糟的被动局面。而要进行多方面的测试，正确判断故障性质和故障部位，确实做到拆修前心中有数。

三、检修注意事项

自动变速器检修注意事项可分为检修前、检修中、检修后三部分。

1. 检修前应注意

①在将故障自动变速器汽车拖回修理厂时，应把驱动轮抬起后用牵引车拖回。对于装有由输出轴驱动的辅助油泵的自动变速器的汽车，在因故被牵引时，则可以不必抬起驱动轮，

但牵引距离不得超过50km，时速不得超过30km/h。

②举升车辆时一定要注意安全。若只是顶起车辆的前端或后端，要用三角木将车轮抵住，以确保安全；若是要将整车举起，一定要使举升器的支撑点与车架相接触。

③修理自动变速器的场地应清洁无尘（环境粉尘颗粒小于0.009mm），并在分解自动变速器前，应彻底清洁自动变速器外壳，以防灰尘或其他杂质污染解体后的自动变速器内部精密液压元件，而影响修复质量。

2. 检修中应注意

①拆检电气元件时，应先拆下蓄电池负极接线；检查电气元件最好采用数字式万用表；换新熔断器时，绝不使用超过或低于规定数值的熔断器。

②拆卸自动变速器时，一定要将零件按拆卸顺序排放在零件架上，必要时做好标记，这样可以避免混淆同时放在工作台上看起来相似而实际不同的零件，以便能正确、快捷地将所有零件装回原位，防止个别零件漏装或错装。

③对不可重复使用的零件（如开口销、垫片、O形圈、油封等），在相应的汽车原厂自动变速器维修手册中均用特殊符号标出，在重新装配时，这类零件一定要使用新品。

④磨损的衬套必须连同带衬套的零件一起更换，推力轴承和座圈滚道若已磨损或损坏时必须更换。

⑤在修理装配时，对新换的密封油环、摩擦片、钢片、零部件各摩擦副之间的旋转或滑动表面，都应涂抹自动变速器油液；新的摩擦片在装配前，还应在自动变速器油液中浸泡30min以上。在换用新的离合器或制动器总成时，装用前也要在自动变速器油液中至少浸泡30min。

⑥螺栓、螺母在原厂装配前已涂好一层密封紧固胶。如果预涂件被重新以任何方式拧动过，在重新装配时，都必须按规定重新涂抹密封紧固胶。重新涂时，应首先清除掉螺栓、螺母或其他安装零件螺纹上的旧密封紧固胶，并用压缩空气吹干后再涂新胶。预涂件在原厂自动变速器维修手册中也用特殊符号标示。所有螺栓、螺母都应按规定力矩拧紧。

⑦在重新组装自动变速器之前，应用普通的非易燃熔剂仔细地清洗所有的零件，然后用风吹的方法吹干，不能用普通的棉纱擦拭零件，以防棉纱留下棉绒影响自动变速器的修复质量。

⑧在组装自动变速器时，应在所有零件涂上一层自动变速器油。为了暂时使轴承、垫圈和O形圈定位，以便于装配，可在其上涂凡士林，但不得使用其他的润滑脂。在装配过程中，注意不要损伤O形圈和衬垫等密封零件。

⑨在组装自动变速器时，推荐使用专用工具。装配时，应在确定卡簧两端没有对准任一切口后再将之装入定位槽中，凡是滚针轴承和座圈滚道都要保证装在正确的位置和方向。

3. 检修后应注意

自动变速器检修后，应在自动变速器检测台（如ATC-3型自动变速器试验台架、ZDC-1型电磁阀检测仪）上进行油压测试和电磁阀检查，测试没有问题后再行装车。装车后，还应进行基本检查和机械系统的测试以确保自动变速器正常使用。

第三节　电子控制自动变速器故障诊断举例

电子控制自动变速器ECU通常都具有故障自诊断功能。自诊断系统可以将自动变速器电气系统,以及与电气系统相关的某些液压或机械方面出现的故障以故障码的形式储存在电脑的存储器内,并通过仪表板上的 O/D OFF 灯闪烁警告驾驶人。不同汽车生产商生产的自动变速器读取故障码的方法有所不同,它们以不同的故障码来表示故障范围。维修人员只要使用跨接线、指针式万用表或发光二极管(LED),就可以快速地把故障码读取出来。

在读取故障码之前,应先检查汽车蓄电池电压是否正常,以防止蓄电池电压过低而导致系统误动作,并要保证发动机在正常的工作温度。并且必须将变速杆置于 N 或 P 位置,而且不能起动发动机,更不能使用任何用电气设备(如空调等)。如无特殊约定,节气门必须处在完全关闭的状态。有些看起来与变速器有关的驾驶性能故障,可能是由于发动机部件的故障引起的。因此,在检测自动变速器故障之前,必须修好与发动机有关的故障,否则会导致误诊断或部件维护不正确。

自动变速器自诊断具有方法简单、省时、省力、快速找到故障方向等优点,但是自诊断系统自身也存在着不足。

1)它反映的主要是电器元件故障,对于大多数液压或机械方面的故障都没有反馈。

2)通常它只是反映故障的方向,具体故障为何,还需要进行深入的分析。如奥迪汽车的 097 型自动变速器,它的 1231 号故障码对应内容为变速器车速传感器不良,出现这种故障的原因可能是车速传感器本身,也可能是连接线路故障。

3)跨接线式的调取故障码方法,在有些车型中不能把全部的故障码读取出来,需借助其他的检测仪器,如解码器等,才能读出更多的故障码。如通用公司土星汽车上所用的 MP-TAAT 型自动变速器,只用跨接线的方法读取,可以读出 22 个故障码;如果利用解码器等检测设备,则可以读出另外 44 个故障码。

常用的读故障码方法大致可以分为以下四种。

第一种为跨接线式的读故障码方法,即将自诊断插座上指定的两个端子用跨接线跨接。如果仪表板上没有故障指示灯,可用自制 LED(发光二极管)灯或指针式万用表的电压档跨接指定的两个端子,利用 LED 灯的闪烁或万用表指针的摆动情况来表示故障码。现在大部分的自动变速器都采用的是这种方法。

第二种为按键屏幕式,通过空调控制面板上的屏幕来显示故障码。读取时,同时按下空调控制面板上的 "OFF" 和 "WARMER" 两按键,等待几秒后故障码就会被显示出来。这种读取方法应用的比较少,代表车型为凯迪拉克的 4.9L 发动机配用的自动变速器。

第三种读取方法也是通过指示灯的闪烁来显示故障码的,不过故障码是通过变换变速杆位置、超速档开关的位置及点火开关的 ON/OFF 这三种不同位置的配合来得到的。这种方法只应用在日产车系的自动变速器中。

第四种为将来自电脑主电源的黑色电线搭铁、点火开关转至 ON 位置,通过仪表板上的指示灯闪烁来显示故障码。其典型代表为大宇公司的 AW850 型自动变速器。

故障码显示完毕后,应将其清除,自动变速器电控系统不仅读故障码方式上存在着差异,而且清除故障码的方法也有所不同,主要有以下几种方法。

1)将蓄电池的负极线拆下,等待几十秒钟后再将其装复即可。不同的自动变速器要求等待的时间也不一样。例如:三菱需等待 10s、马自达需等待 20s、现代需等待 15s、大宇需等待 5s、福特需等待 10s 等等。

2)将熔丝拆下并等待。例如:丰田汽车为拆下 "EFI" 熔丝并等待 10~15s、本田汽车为拆下"BACK UP"熔丝并等待10s、通用4T60E型自动变速器则要求等待30s。

3）日产汽车为：起动发动机两次即可清除故障码。

4）富士汽车为：跨接诊断插座上的2、5号端子，并于5s后取下跨接线即可清除故障码。

5）通用汽车使用的MP-TAAT型自动变速器为：点火开关转至ON位置，在5s内跨接诊断插座上的A、B端子3次。

6）凯迪拉克4.9L发动机配用的自动变速器为：按住空调控制面板上的"OFF"、"LO"两按键，在出现"E.0.0"时松开，然后将点火开关转至OFF位置，等待10s后即可清除故障码。

7）奥迪汽车为：连续连接、切断诊断插座跨接线5次即可清除故障码。

下面以几种常见电子控制自动变速器为例，具体介绍故障诊断方法。

一、丰田车系自动变速器故障自诊断

以下故障码的读取方法适用于丰田公司生产的大部分汽车，如：佳美、雷克萨斯、皇冠、卡罗娜、大霸王、海狮等。

1. 故障码的读取方法

丰田车系的自动变速器故障码目前有两种读取方式，即诊断插座跨接式和按键屏幕式。大部分丰田汽车的故障诊断插座位于发动机附近，少数车型的故障诊断插座位于仪表板下方。

对于诊断插座跨接式的汽车，首先应将点火开关置于ON位置，并将超速档（O/D OFF）开关也置于接通位置，然后用跨接线跨接诊断插座（图7-14）的"Tc"端子与"E_1"端子，此时应注意仪表板上的"O/D OFF"指示灯的情况。若"O/D OFF"灯每隔0.25s闪烁一次，表示系统正常，若系统有故障，则"O/D OFF"灯便闪烁由两位数字组成的故障码。十位数字的故障码，"O/D OFF"灯每隔0.5s闪烁一次，十位数字闪烁完毕后，间隔1.5s，"O/D OFF"灯便以每0.5s一次闪烁故障码的个位数。在闪烁两个故障码之间，"O/D OFF"灯暂停2.5s。

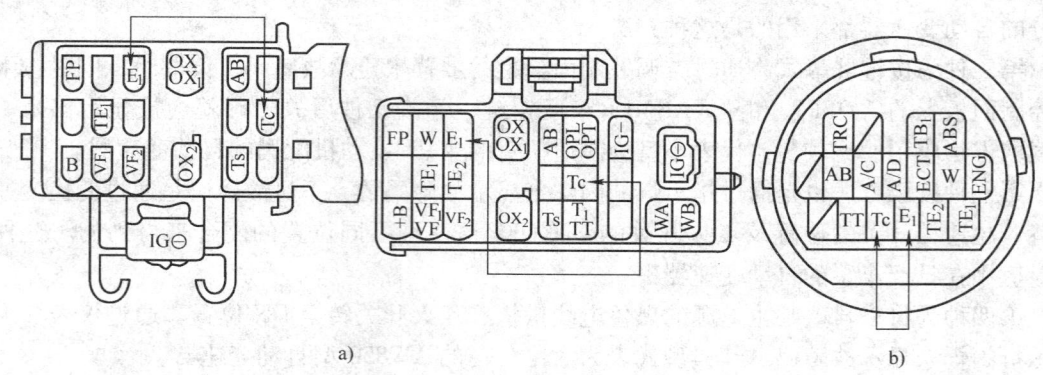

图7-14 丰田车故障诊断插座
a）两种不同类型的诊断插座 b）故障诊断通信插接器

对按键屏幕式，首先应将点火开关接通，然后同时按住"SELECT"与"INPUTM"按键，3~5s后，再按"SET"按键3s以上，屏幕便显示故障信息，若同时存在两个以上故障码，则故障码与故障码之间的间隔为5s。对按键屏幕式，诊断时应特别注意不要踩踏加速踏板，否则将会退出自诊断测试。

2. 故障码的清除方法

在变速器故障排除后，应将储存的故障码清除，为此，应将 EFI 熔断器取下，待 10~15s 后装复，故障码便全部清除。

3. 故障码编号及故障部位

丰田汽车故障码的编号及故障部位见表 7-1~表 7-3。

表 7-1 丰田二轮驱动电子控制自动变速器故障码表

故障码	故障部位	检查内容
42	1 号车速传感器或线路不良	检查装在仪表板内的 1 号车速传感器是否有短路、断路故障。检查接线是否良好，是否有断路
61	2 号车速传感器或线路不良	2 号车速传感器装在仪表板内，应检查传感器电阻，观察是否有短路、断路故障，如良好，检查线路是否有断路、短路故障
62	1 号电磁阀或线路不良	首先应检查 1 号电磁阀回路是否接触不良、松动或断路，然后检测电磁阀是否良好，如不良，应更换新电磁阀
63	2 号电磁阀或线路不良	检查 2 号电磁阀回路状况，如良好，应检查电磁阀是否有短路、断路等故障。如电磁阀不良，应更换新品
64	锁止电磁阀或线路不良	首先应检查电脑到电磁阀之间的接线是否有断路、接触不良，然后检查电磁阀本身是否短路、断路，必要时更换电磁阀
65	4 号电磁阀或线路不良	检查电脑到电磁阀的回路是否有断路或接触不良，如良好，应检查电磁阀本身是否有短路、断路等故障；如电磁阀不良，应更换新品

表 7-2 丰田四轮驱动电子控制自动变速器故障码表

故障码	故障部位	检查内容
42	后车速传感器或线路不良	检查分动箱左侧的后车速传感器的阻值；检查是否有短路、断路故障；检查回路状况
61	车速传感器或线路不良	检查装在差速器上的车速传感器是否有短路、断路故障，检查回路接线状况
62	1 号电磁阀或线路不良	检查回路是否有松动，接触不良、断路故障，检查电磁阀是否断路或短路故障，电磁阀的电阻值应在 10~16Ω
63	2 号电磁阀或线路不良	检查回路状况，如良好，应检查电磁阀的阻值，检查是否有断路、短路故障
64	锁止电磁阀或线路不良	检查线路接触状况及锁止电磁阀或电脑状况，判定是电磁阀、回路还是电脑故障，对症检修
73	轴间差速器 1 号控制电磁阀不良	检查 1 号控制电磁阀的电阻值，判定电磁阀是否有短路、断路，如不良应更换新品
74	轴间差速器 2 号控制电磁阀不良	按 73 号故障码诊断方法诊断

表 7-3　丰田其他车型电子控制自动变速器故障码表

故障码	故障部位	检查内容
38	油温传感器或线路不良	1. 自动变速器油温度传感器与发动机和自动变速器 ECU 之间的配线或插接器 2. 自动变速器油温度传感器 3. 发动机和自动变速器 ECU
46	主油路电磁阀短路或断路	1. 主油压电磁阀 2. 主油压电磁阀与发动机和自动变速器 ECU 之间的配线或插接器 3. 发动机和自动变速器 ECU
61	车速传感器或线路不良	1. 车速传感器电路是否断路或短路 2. 车速传感器 3. 发动机和自动变速器 ECU
62、63	换档电磁阀或线路不良	1. 1 号电磁阀，发动机和自动变速器 ECU，2 号换档电磁阀 2. 电磁阀与发动机和自动变速器 ECU 之间的配线或插接器 3. 发动机和自动变速器 ECU
64	锁止电磁阀或线路不良	1. 锁止电磁阀 2. 锁止电磁阀与发动机和自动变速器 ECU 之间的配线或插接器 3. 发动机和自动变速器 ECU

二、通用轿车自动变速器故障自诊断

在此我们以通用汽车公司生产的 4T60E、4L80E、4T80E、MP-TAAT 型自动变速器及 4.9L 发动机用的自动变速器介绍其故障自诊断方法。

1. 4T60E 型自动变速器

4T60E 型自动变速器应用在前驱凯迪拉克轿车上。

这种变速器的 ECU 与发动机 ECU 共用。在做自动变速器的故障自诊断时发动机控制系统的故障码也会一起被显示出来（如果有）。故障诊断插座一般位于仪表板的下方。

（1）故障码的读取方法　先跨接诊断插座上的 A、B 端子（图 7-15），然后将点火开关转至 ON 位置，但不起动发动机。仪表板上的"SERVICE ENGINE SOON"指示灯会闪烁故障码；或用电压表测量故障诊断插座内的插孔 D 的电压脉冲信号，根据脉冲的规律读出故障码。

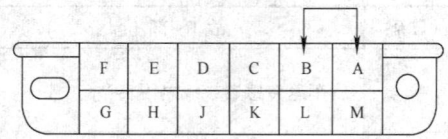

图 7-15　通用轿车故障诊断插座

（2）故障码的清除方法　拆下 ECU 熔丝并等待 30s 以后，取下跨接线故障码即可自行清除。

（3）故障码编号及故障部位　通用公司 4T60E 型自动变速器故障码编号及故障部位见表 7-4。

表 7-4　通用轿车 4T60E 电子控制自动变速器故障码表

故障码	故障部位	检查内容
14	发动机冷却液温度传感器电压信号过低	检查冷却液温度传感器及回路状况，必要时检修或更换

(续)

故障码	故障部位	检查内容
15	发动机冷却液温度传感器电压信号过高	由于冷却液温度传感器不良影响发动机工作不良,导致换档不畅
16	蓄电池电压过高	由于蓄电池电压过高,使变速器发生2档卡住现象
21	节气门位置传感器电压信号过高	电压信号过高导致发动机工作不正常,间接影响自动变速器换档不畅
22	节气门位置传感器电压信号过低	信号电压过低会引起变速器自动换档不及时,或失去转换转矩功能等。应检查传感器及其回路
24	车速传感器不良	自动变速器控制系统因得不到车速信号,不能正确地执行自动换档功能
26	功率晶体管损坏	功率晶体管损坏后,会造成自动变速器个别档位不换档
31	档位开关不良	档位开关不良会造成换档不准确及转换转矩不当等故障
36	B换档电磁阀不良	出现36号故障码时,会导致只有1、2档或只有3档的故障,此时应更换换档电磁阀
39	转矩变速器(TCC)不良	检查转矩变速器,必要时更换
53	蓄电池电压过高	使发动机工作不正常导致换档不畅
58	变速器油温过高	排除油温过高的故障
59	变速器油温过低	检查并排除油温过低的故障
68	超速档传动速比错误	拆检自动变速器,排除速比错误故障
73	主油压阀电动机控制不良	检查主油压阀电动机控制部分及其回路状况
85	主减速器传动比错误	检查排除主减速器故障
86	低速档传动比错误	检查并排除低速档传动比错误故障
87	高速档传动比错误	检查并排除高速档传动比错误故障

2. 4L80E、4T80E型自动变速器

这两种型号的自动变速器应用在加长型轿车及载质量7~8t的货车和旅行车上。

4L80E、4T80E型自动变速器与4T60E型自动变速器故障码的读取办法、清除办法相同。其故障码编号和故障部位见表7-5。

表7-5 通用轿车4L80E、4T80E电子控制自动变速器故障码表

故障码	故障部位	检查内容
12	系统正常	全系统无故障
14	发动机温度高	检查发动机温度过高原因
15	发动机温度低	检查冷却液温度过低原因
21	节气门电压信号过高	检查节气门信号电压值,如过高应排除
22	节气门电压信号过低	检查节气门信号电压过低原因
24	车速信号不良	检查车速传感器回路连接状况,检查车速传感器是否短路、断路
28	压力开关不良	检查压力开关状况、必要时更换压力开关
39	液力变矩器不良	用失速试验法验证液力变矩器状况
53	蓄电池电压过高	检查蓄电池电压过高原因,对症排除

(续)

故障码	故 障 部 位	检 查 内 容
58	变速器温度过高	检查油温过高原因,对症排除
59	变速器温度过低	检查油温过低原因,对症排除
68	超速传动速比不对	检查传动比失调原因,对症排除
73	主油压控制阀不良	检查油压控制阀回路接线状况,检查控制阀是否短路、断路,必要时更换
81	换档阀 B 组电磁阀不良	检查 B 组电磁阀是否短路、断路,是否发卡动作不畅
82	换档阀 A 组电磁阀不良	检查 A 组电磁阀的内阻,判断电磁阀是否短路、断路,电磁阀动作是否自如
83	TCC 电磁阀不良	检查 TCC 电磁阀动作状况,必要时检测其阻值,不良应更换新电磁阀

3. 凯迪拉克(4.9L 发动机用自动变速器)

这种变速器的故障码是由空调控制板来进行自诊断及显示故障码的。

(1) 故障码的读取方法 将点火开关与巡航控制主开关接通,然后同时按下空调控制面板的"OFF"和"WARMER"按键,直至空调面板上显示"-188"字幕,资料信息屏上显示"8.8.8"字幕后,等待 1s 后便显示以 E 为首的故障码。

应该注意的是第一次出现的故障码,是历史故障码,第二次出现的故障码,才是当前故障码。

当出现".7.0"字幕时,表示以 E 为首的故障码已全部显示完毕。

(2) 故障码的清除方法 同时按住"OFF"和"LO"两按键,在信息屏出现"E.0.0"字幕时放开按键,信息屏上会出现".7.0"字样,然后将点火开关转至 OFF 位置,等待 10s 以后,以"E"为首的故障码便全部清除。

(3) 故障码编号及故障部位 通用公司凯迪拉克汽车(4.9L 发动机车型)自动变速器故障码编号及故障部位见表 7-6。

表 7-6 通用卡迪拉克轿车电子控制自动变速器故障码表

故障码	故 障 部 位	检 查 内 容
E24	车速传感器不良	车速传感器不良会使变速器控制系统不能得到车速信号,导致变速器不能及时跳档
E28	3 档或 4 档压力开关短路	检查并排除压力开关短路故障
E39	转矩转换离合器啮合电路不良	检查转矩转换离合器啮合电路部分是否有接触不良、断路或短路故障
E60	巡航车速控制系统不动作	排除巡航车速控制系统不动作故障
E61	巡航车速控制通气电磁阀不良	检查通气电磁阀是否有断路、短路故障,必要时更换电磁阀
E62	巡航车速控制真空电磁阀不良	检查真空电磁阀是否有短路、断路故障,必要时更换电磁阀
E63	巡航车速控制与实际车速不符	检查巡航车速控制系统
E64	巡航车速控制不良	巡航车速控制时,车辆仍然加速超过巡航车速范围
E67	巡航车速控制开关短路	检查并排除巡航车速控制开关短路故障
E68	巡航车速控制开关不良	检查巡航车速开关状况,必要时更换
E75	车速传感器信号受干扰或中断过	排除干扰源
E91	驻车/空档开关不良或档位开关不良	检查各开关状况,必要时更换开关

(续)

故障码	故障部位	检查内容
E96	转矩转换离合器不灵或黏滞	拆检转矩转换离合器，必要时更换新品
E97	驻车/空档（P/N）到前进档/倒档开关不良	检查开关的啮合状况，如开关不良，应更换开关

三、奥迪轿车自动变速器故障自诊断

奥迪轿车096与097型自动变速器根据诊断插座的不同有三种自诊断测试方式。

（1）故障码的读取与清除

1）五组插头的诊断插座。在变速杆前侧，五组插头的诊断插座如图7-16所示。按图示将LED灯跨接，再按图示跨接搭铁4~5s，观察LED灯闪烁情况便可读取故障码。

2）二组插头的诊断插座。二组插头的诊断插座分黑色与白色两个插头，如图7-17所示。该诊断测试除在仪表板上装有"CHECK"诊断灯外，在变速杆侧面也有故障指示灯。

故障码读取步骤如下：

①关闭点火开关，按图示将LED灯接入诊断插座内。

②接通点火开关，按图示跨接搭铁，每次跨接搭铁不得大于4~5s，共跨接两次，便可由仪表板上的"CHECK"指示灯或由变速杆侧面的指示灯读取故障码，也可由LED灯闪烁故障码。

3）四组插头的诊断插座。诊断插座由黑色、白色、蓝色、灰色四组插头组成，如图7-18所示。仪表板上无故障指示灯，只能依靠LED灯来闪烁故障码。

故障码读取步骤如下：

①接通点火开关。

②按图示将LED灯跨接于诊断插座中。

③按图示跨接搭铁线后再断开搭铁。

④从LED灯的闪烁中读取故障码。

（2）故障码的清除方法　如要清除故障码，可重复上述①②③步骤，然后连接跨接与切断跨接搭铁线5次，故障码便可清除。

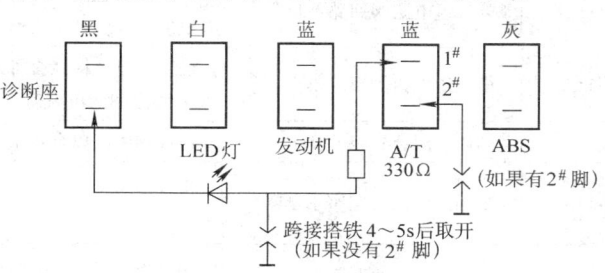

图7-16　奥迪轿车五组故障诊断插座

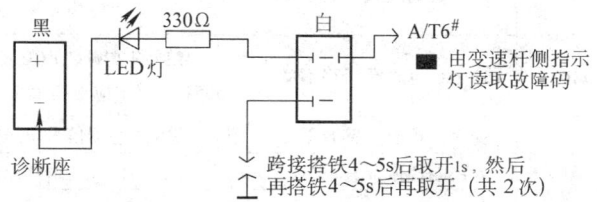

图7-17　奥迪轿车两组故障诊断插座

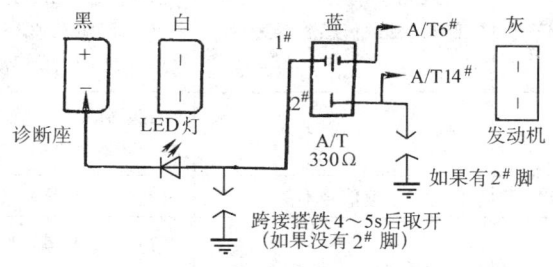

图7-18　奥迪轿车四组故障诊断插座

(3) 故障码编号及故障部位　奥迪轿车自动变速器故障码编号及故障部位见表7-7。

表 7-7　奥迪轿车电子控制自动变速器故障码表

故障码	故障部位	检查内容
4444	系统正常	
1111	搭铁不良	1111号故障码表示有故障记忆，如果只有此码，则表示ECU有故障
1113	第一组电磁阀回路不良	检查回路接线状况，用欧姆表测量电磁阀的电阻值，测量时将电脑端插头拔下，测量ECU插头端的18号与22号脚之间的阻值，应为55～65Ω
1121	第二组电磁阀回路不良	检查回路连接状况，并用欧姆表测量ECU插头的23号脚与18号脚之间的电阻值，其值是第二组电磁阀的电阻值，应为55～65Ω
1123	第三组电磁阀回路不良	检查回路连接是否可靠。拔下ECU插头，用欧姆表测量电脑插头的3号与18号脚之间的电阻值，其值便是第三组电磁阀的电阻值，应为55～65Ω
1124	阀体或离合器组不良	更换阀体或离合器组
1131	第四组电磁阀回路不良	检查回路状况及用欧姆表测量ECU插头的2号与18号脚，其阻值应为55～65Ω
1133	第五组电磁阀回路不良	用欧姆表测量第五组电磁阀的电阻值。拔下ECU插头，测量插头的18号与24号脚间的电阻，其值应为55～65Ω，如不符，应更换电磁阀
1141	第六组电磁阀回路不良	检查电磁阀回路并测量电磁阀电阻，用欧姆表测量ECU插头的18号与25号脚，其值应为4.3～6.5Ω，否则应更换电磁阀
1143	第七组电磁阀回路不良	用欧姆表测量ECU插头的18号与21号脚之间的电阻值，其值应为55～65Ω，否则应更换电磁阀
1231	变速器车速传感器不良	检查传感器信号电压，检查传感器电阻值，其值应为800～830Ω
1314	多功能档位开关不良	检查档位开关及线路状况
1323	强制降档开关不良	用电压表测量变速器ECU17号脚的电压值，在节气门未全开时为5V，在节气门全开后，为0V
1332	E/S开关不良（经济/跑车）	当按下E/S开关时，变速器ECU36号脚应为0V
1333	变速器油温传感器不良	油温传感器由变速器ECU的18号脚输入5V电压，经油温传感器后将信号由30号脚输入ECU，传感器的电阻随温度不同而变化，当温度为20℃时，电阻24.7kΩ；温度为60℃时，电阻为48.8kΩ
2131	制动灯开关回路不良	当踩制动时，电源通过制动开关送入ECU26号脚，此时26号脚电压应为12V。不踩制动时，26号脚应为0V
2122	发动机转速信号不良	检查回路状况及点火信号发生器
2212	节气门位置传感器不良	节气门位置传感器为三接脚式，其中一个接脚与ECU10号脚相接，接收ECU 5V电压，中间接脚为信号输出脚，与ECU 9号脚相接，怠速时信号电压为0.3V，第三个与ECU29号脚相接，通过ECU搭铁
2234	变速器电脑输入电压过低	变速器电脑19号脚接收IGN电源电压低于11V以下，应检查蓄电池电压及回路状况
2314	变速器电脑与发动机电脑连接不良	变速器ECU将负荷信号通过27号脚输入发动机电脑30号脚与17号脚。检查连接是否牢固确切
4314（仅097型）	变速杆锁止电磁阀控制回路不良	检查锁止电磁阀电阻，其值应为16～25Ω，检查回路状况

四、现代轿车自动变速器故障自诊断

1. 故障码的读取方法

现代轿车设有自诊断功能,可用 LED 灯在诊断座上进行诊断。

调取故障码时,将 LED 灯跨接在 A 与 B 脚中,接通点火开关,观察 LED 灯闪烁情况,便可将故障码调出。

2. 故障码的清除方法

诊断并检修后,应将变速器 ECU 储存的故障码清除。为此,可将蓄电池的负极线取下,15s 以后,再将负极线装回,故障码便可自行清除。

3. 故障码编号及故障部位

现代轿车自动变速器故障码编号及故障部位见表 7-8。

表 7-8 现代轿车电子控制自动变速器故障码表

故障码	故障部位	检查内容
11	变速器 ECU 不良	更换变速器 ECU
12	变速器 ECU 不良	1 档换档太慢,应更换变速器 ECU
13	B 组车速传感器不良	检测车速传感器电阻值,其值应为 215~275Ω,否则更换车速传感器
14	A 组换档阀不良	检测换档阀的电阻值,其值应为 21~24Ω,否则更换电磁阀
15	B 组换档阀不良	用欧姆表测量 B 组换档阀的电阻值,其值应为 21~24Ω,否则应更换电磁阀
16	压力控制电磁阀不良	用欧姆表测量压力控制电磁阀的电阻值,其值应为 2.6~3.2Ω,否则应更换电磁阀
17	换档控制不同步	检查车速传感器,如不良应排除
21	节气门位置传感器加速信号不良	检查传感器及其电路状况
22	节气门位置传感器减速信号不良	检查传感器及其电路状况
23	节气门位置传感器急速信号不良	检查传感器急速接点信号及电路状况
24	变速器油温传感器不良	检查传感器,必要时更换
25	强迫降档开关信号不良	检查强迫降档开关及回路状况
26	强迫降档开关信号短路	排除强迫降档开关短路故障
27	无法取得发动机转速信号	检查信号发生器及回路状况
28	加速信号短路	排除短路故障
31	变速器 ECU 不良	更换变速器 ECU
32	变速器 ECU 不良	1 档换档太慢,检查电路,必要时更换电脑
33	B 组车速传感器不良	检查 B 组车速传感器,用欧姆表测量车速传感器的电阻值,其值应为 215~275Ω
41	A 组换档阀不良	检查换档阀电阻值,其值应为 21~24Ω,否则应更换换档阀
42	A 组换档阀短路搭铁	检查换档阀短路搭铁原因,必要时更换换档阀

(续)

故障码	故障部位	检查内容
43	B组换档阀不良	用欧姆表测量B组换档阀的电阻值,其值应为21~24Ω,否则应更换换档阀
44	A组换档阀短路搭铁	参阅42号故障码
45	压力控制电磁阀不良	用欧姆表测量压力控制电磁阀的电阻值,其值应为2.6~3.2Ω,否则应更换
46	压力控制电磁阀搭铁	排除搭铁故障
47	缓冲离合器控制电磁阀不良	用欧姆表检查电磁阀电阻值,其值为3Ω
48	缓冲离合器控制电磁阀短路	如电阻值不为3Ω,应更换电磁阀
49	缓冲离合器系统不良	检查缓冲离合器系统状况
51	1档不能同步控制	检查车速传感器及控制电路情况
52	2档不能同步控制	
53	3档不能同步控制	
54	4档不能同步控制	

第四节 电子控制自动变速器故障的仪器诊断

电子控制自动变速器的电脑内部有一个自诊断电路,它能在汽车行驶过程中不断地监测自动变速器控制系统的故障,并将故障码记录在电脑内。维修人员可以按照特定的方法将故障码从电脑内读出,为自动变速器控制系统的检修提供依据。下面介绍几种可以读取自动变速器故障码的常见仪器。

一、用元征431ME电眼睛读取自动变速器故障码

元征431ME适用于亚、欧、美各大车系3000多种车型的发动机、变速器、ABS、安全气囊等系统的故障码检测,可进行闪光码、数据流及OBD-Ⅱ测试,符合国际标准,提供系统标准数值、故障码分析、故障码清除、维修帮助信息等。

1. 测试条件

1)汽车蓄电池电压应为11~14V,431ME电眼睛故障诊断仪的额定电压为12V。

2)关闭汽车所有的附属电器设备(如空调、前照灯、音响等)。

3)节气门应处于关闭状态,即怠速触点闭合。

4)点火正时和怠速应在标准范围,发动机冷却液温度和变速器油温达到正常工作温度(冷却液温度90~110℃,变速器油温50~80℃)。

2. 测试前的准备

(1)选择测试卡 选择测试卡是测试过程中的重要步骤之一。如果选择不适当的测试卡进行测试,则会导致错误的测试结果或者使测试无法进行。因此,用户一定要根据所要测试的车型,选择正确的测试卡。详细内容可参见使用说明书。

(2) 选择测试插头 在进行测试时,测试插头的一端与电眼睛主电缆线相连,另一端与汽车电控系统故障诊断座相连。汽车电控系统故障诊断座插头的规格很多,根据车系和年代的不同而各异,甚至同一种车系的不同车型,其诊断座的形式亦可能有所不同。为了适应不同的用户使用,431ME电眼睛故障诊断仪提供了多种测试插头。利用这些插头可以满足绝大部分车型的测试要求。

(3) 连接431ME电眼睛故障诊断仪 完成测试准备工作并选择好测试卡和测试插头后,即可连接431ME电眼睛。

1) 将选好的测试卡插入测试卡插孔内,注意有标识的一面朝上,且确保插入到位。

2) 将电眼睛测试主线一端插入电眼睛输入插口内,另一端与测试插头相连接。

3) 将测试插头的一端插入汽车电控系统诊断座内。

4) 如果诊断座是不带电源的,则还需将汽车点烟器取下,并将点烟器线插入点烟器内,如图7-19a所示;或将双钳电源线的红色鳄鱼夹接蓄电池的正极接线柱,黑色鳄鱼夹接蓄电池负极接线柱,以获取电源,如图7-19b所示。

5) 仪器通电后将进行自检,如果屏幕显示系统正常,则连接完毕,可以开始进行测试。

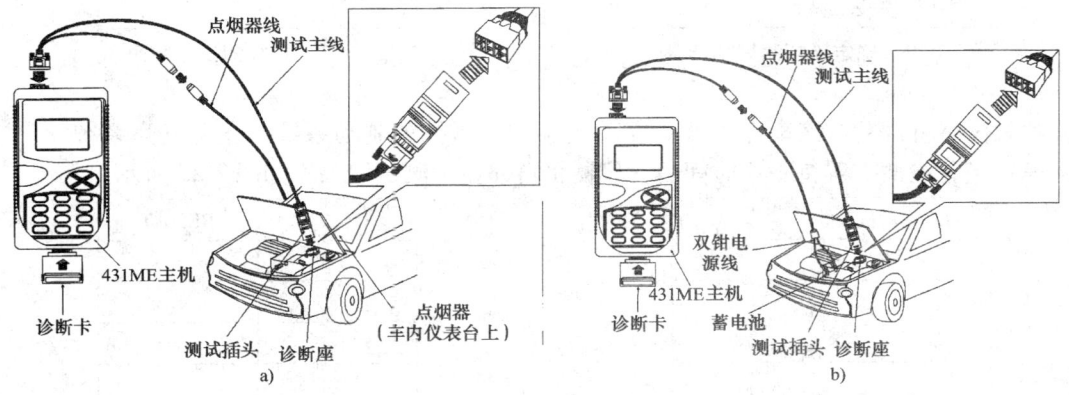

图7-19 元征431ME读取故障码时的连接图
a) 从点烟器获取电源时连接图 b) 从蓄电池获取电源时连接图

3. 故障码测试

以读取丰田轿车故障码为例。

(1) 测试系统的选择

1) 仪器通电后按【确认】键后,屏幕显示如图7-20所示。

2) 选择"丰田/TOYOTA"车系,按【确认】键,屏幕显示如图7-21所示。

按【↑】、【↓】键移动光标,选择合适的测试插头。

431ME Select mode
· 丰田/TOYOTA
三菱/MITSUBISHI
马自达/MAZDA

图7-20 测试系统选择

Select diag. com.
1. 半圆形诊断插座
2. 长方形诊断插座
3. OBD2 诊断插座

图7-21 选择丰田车系

（2）测试操作　测试操作通常分为读系统数据流和测试故障码两大部分：通过读系统数据流操作，可以读取汽车的有关传感器参数，了解汽车的运行状态；通过测试故障码操作，可以测试汽车的故障码，帮助寻找汽车故障。测试操作的详细内容见各车系测试说明部分以及仪器提示。

以丰田汽车为例，在确认诊断测试项目后，按【确认】键，屏幕显示如图7-22所示。共有6项功能，即测试故障码、重阅已测故障码、查阅故障码、清除故障码、清除SRS故障码、打印测试结果。在"测试功能"选项上，按【↑】、【↓】键，选择相应测试功能。当选定某项测试功能后，按【确认】键执行相应的操作。

1）测试故障码。若选择"测试故障码"功能，按【确认】键，屏幕显示如图7-23所示。选择"自动测试所有系统"，按【确认】键，屏幕显示如图7-24所示。

Select function
·（1）测试故障码
（2）重阅已测故障码
（3）查阅故障码
（4）清除故障码

图7-22　确定诊断测试功能

Sel. test operation
·自动测试所有系统
选择系统测试

图7-23　选择测试故障码

此时仪器将自动对该车各系统（发动机系统、防抱死制动系统、安全气囊系统、定速系统等）进行检测。等待一段时间后，仪器将自动显示测试结果，如图7-25所示。

T：发动机系统	ENG

图7-24　选择自动测试

SYSTEM	RESULT
·ENG	×××
AT	×××
SRS	×××
CC	×××

图7-25　显示测试后的结果

用【↑】、【↓】键及【确认】键可读取各系统的故障码及内容，以指导修车。

若选择"AT"系统，按【确认】键后的显示如图7-26所示（假设有以下3个故障码）。

选择"42"，按【确认】键后屏幕显示如图7-27所示。其中："01"表示第一页内容，"03"表示共有三页。按【↑】、【↓】键可读取所有内容。

发动机系统		ENG
·42	61	65

图7-26　显示故障码

1号车速传感器不良		
Code：42	01	03

图7-27　显示测试后的结果

若选择如图7-23所示的"选择系统测试"，按【确认】键，屏幕显示如图7-28所示。

此时用【↑】、【↓】键及【确认】键，可分别读取各系统具体的故障码及内容。

若选择“自动变速器系统”，按【确认】键，则显示如图 7-29 所示。

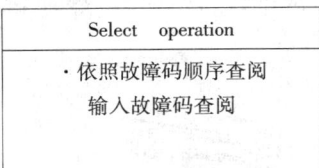

Select System
· 发动机系统…………ENG 自动变速器系统…………AT 防抱死制动系统…………ABS 安全气囊系统…………SRS

图 7-28　显示各系统

· SYSTEM　RESULT	
· AT	Tb. code

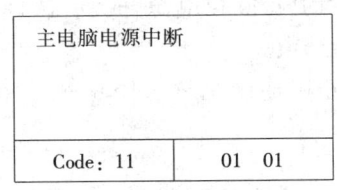

图 7-29　显示选择后的结果

注意：如果是插头接触不好或该系统无信号输出，则会显示“TESTERR”，即测试错误，需查找原因并重试。

按【确认】键则屏幕显示如图 7-26 所示。再选择不同的故障码，方法同上述步骤一样。

2）查阅故障码。使用该功能可查阅所有电脑控制系统故障码的内容，或查阅读取的故障内容及分析内容。可选择“依照故障码顺序查阅”或“输入故障码查阅”两种方法。

以丰田汽车为例，选择“查阅故障码”，按【确认】键后屏幕显示如图 7-28 所示。在选择测试系统后，按【确认】键则显示如图 7-30 所示。此时可用【↑】、【↓】键及【确认】键来选择其中一种查阅方式。例如，在“依照故障码顺序查阅”选项下，按【确认】键后屏幕显示如图 7-31 所示。此时显示的是故障码 11 的内容。按【→】键，可查看下一个顺序号的故障码内容。

Select　operation
· 依照故障码顺序查阅 输入故障码查阅

图 7-30　查阅故障码模式

主电脑电源中断	
Code：11	01　01

图 7-31　显示查阅后的结果

如果在“输入故障码查阅”选项下，按【确认】键后屏幕显示如图 7-32 所示。按仪器上的【→】键，可选择个位或一位；按【0】~【9】数字键可更改数字。按【确认】键即可查出该故障码对应的故障内容并指导修车。

3）清除故障码。使用该仪器可自动清除故障码，或可根据仪器及说明书的详细提示人工清除故障码。

清除故障码前，应测试一遍故障码。清除故障码后，可再测试一次故障码，检查是否仍有故障存在。选择“清除故障码”，按【确认】键后屏幕显示如图 7-33 所示。按显示屏提示的方法，清除故障码。

Search Code···
请输入故障码 0 0

图 7-32　选择输入查阅故障码模式

“清码方法” 除安全囊系统以外的其他系统拆下 EFI 熔丝或拆下蓄电池电源负极 30s 后即可清除故障码

图 7-33　选择清除故障码的显示

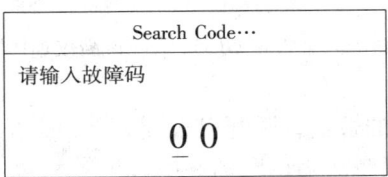

特别的系统故障码清除方法会有特别的提示。如 SRS 气囊故障码的特别提示，在“清除 SRS 故障码”选项下，按【确认】键，其屏幕显示如图 7-34 所示。

根据提示说明，按【确认】键后屏幕显示如图 7-35 所示。仪器将自动清除 SRS 故障码。

> “清除气囊故障码”
> 1. 接上“TOYOTA-17”或“TOYOTA-17F”测试插头，按【确认】键
> 2. 数秒钟后，SRS 警告灯会快速闪烁，表示 SRS 故障码已清除，此时应关闭点火开关即完成清除

图 7-34　选择清除故障码后的显示

> Clear SRS code
>
> 正在清除气囊故障码……

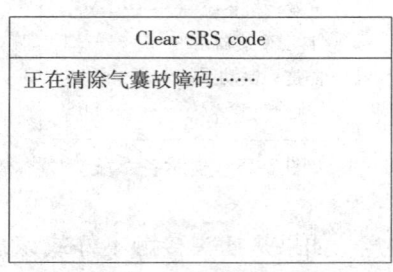

图 7-35　清除过程中

有时人工清除故障码的方法不止一种，这时需要根据实际情况进行选择，如根据测试的系统、车型进行选择和试验。

二、用大众 V. A. G1552 型故障诊断仪读取自动变速器故障码

大众 V. A. G1552 型故障诊断仪可以读取大众车系的故障码，其组成如图 7-36 所示。

1. 测试条件

在使用 V. A. G1552 型故障诊断仪读取故障码之前，必须确定完成下列操作：

1）为 V. A. G1552 型故障诊断仪装入新的程序卡。

2）打开诊断仪电源开关。选择操作模式 3，使诊断仪进行自检。自检完成后按【→】键，自检结束。

3）正确连接 V. A. G1552 型故障诊断仪，如图 7-37 所示。

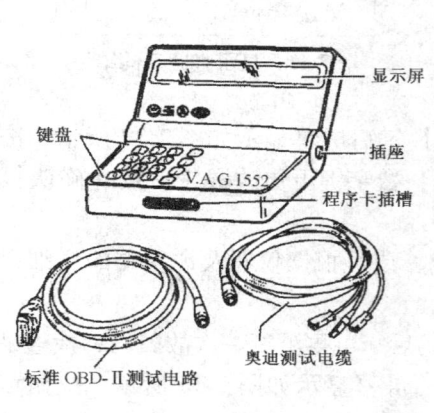

图 7-36　V. A. G1552 型故障诊断仪

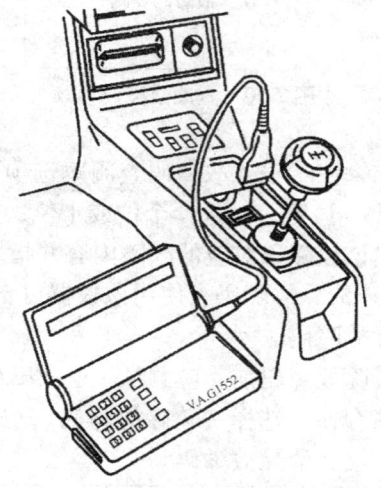

图 7-37　V. A. G1552 故障诊断仪连接图

①打开位于驻车制动器手柄旁边的诊断插座上方的盖板，断开点火开关。

②将 V. A. G1552 型故障诊断仪的黑色插头插入黑色故障诊断插座中。

③将白色插头插入白色插座（蓝色插头不用）。

4）被测车辆熔断器盒中的熔丝正常。

5）确认进入变速器 ECU 的电压正常。

6）电动油泵继电器正常。

7）起动发动机，怠速运转。若不能起动，则用起动机带动发动机转动至少 5s，不要关闭点火开关。

8）发动机搭铁良好。

2. 故障码测试

将 V. A. G1552 型故障诊断仪连接好后，自动进入操作模式 1 "车辆系统测试"，也可以按【C】键选择操作模式 3 "自检测" 或模式 4 "维修站编号"。检测自动变速器故障时，选择操作模式 1。

（1）故障码的调出

1）进入 "车辆系统测试" 模式后，仪器显示如图 7-38 所示。

```
快速数据传输              帮助
输入地址词    ××
```

图 7-38　车辆系统测试显示

此时，可用键盘输入 1 个二位数字，这个二位数字代表控制单元的地址字，这一地址字用来选择车辆中的某个需要测试的控制单元。地址字与车辆系统对照如表 7-9 所示。

表 7-9　地址字对应的系统表

地址字	指定系统	地址字	指定系统	地址字	指定系统	地址字	指定系统
01	发动机电器	12	离合器电器	24	侧滑控制	17	仪表盘插件
41	柴油泵电器	03	制动器电器	15	安全气囊	08	空调/暖气电器
02	变速器电器	14	车轮阻尼电器	26	电子车顶控制	00	自动测试步骤

2）输入 "02"，然后按【Q】键，则地址字和选择的测试系统会显示在屏幕上，如图 7-39 所示。可以按【C】键更改输入。

按【Q】键，等显示屏显示控制单元标志后，按【→】键，则显示屏显示如图 7-40 所示。

```
快速数据传输              Q
02—变速器电器
```

图 7-39　输入地址字确认后的显示

```
快速数据传输              帮助
输入地址字    ××
```

图 7-40　按 Q 键后的显示

此时，可用键盘输入 1 个二位数字，这个二位数字代表欲选择测试的功能。数字与功能对照如表 7-10 所示。

表 7-10　数字与功能对照表

数字	功能	数字	功能
01	查询控制单元版本	06	结束输出
02	查询故障储存内容	07	控制单元编码
03	最终控制诊断	08	读取测量值块
04	基本数据设置	09	读取单个测量值
05	清除故障存储内容	00	更新

3）输入“02”（即“查询故障存储内容”）功能，显示屏上首先显示故障数量，如图7-41所示。

按【→】键显示各个故障的故障码和说明文字，如图7-42所示。

查到了三个故障 →

图7-41　输入测试功能数字后的显示

故障代号：1323 →

图7-42　按【→】键后显示故障码

再按【→】键显示故障码的说明文字，如图7-43所示。

故障所在位置的名称显示在显示屏的上面一行，“F8”是元件名称的代号。故障类型（“无信号”）显示在显示屏的下面一行。

（2）故障码的清除　故障码调出结束后，显示屏的显示如图7-44所示。

强制降档开关不良—F8	
无信号	/SP

图7-43　按【→】键后显示故障码说明文字

快速数据传输	帮助
选择功能　××	

图7-44　故障码读取完后的显示

输入“05”后，按下【Q】键，确认清除故障码。故障存储器中的故障码被清除，显示屏上的显示如图7-45所示。

若显示屏的显示如图7-46所示，则表明故障码没有被清除，须再一次查询故障存储器并排除车辆故障。

快速数据传输	→
故障存储被清除了	

图7-45　输入测试功能数字后的显示

快速数据传输	→
故障存储没有被清除	

图7-46　故障码没被清除时的显示

（3）结束输出　上述操作完成之后可选择“06”功能，结束与控制单元的对话。这时，测试仪退回到原始操作状态，可重新输入新的地址，进行其他测试。

三、用元征ADC2000汽车诊断解码器读取自动变速器故障码

元征ADC2000是为汽车故障诊断、测试和分析而设计的通用解码器。可以适应日本车系、韩国车系、美国车系、国产车系和欧洲车系等大部分电控汽车。可以诊断电控汽车系统的发动机（ENG）、自动变速器（A/T）、防抱死（ABS）、安全气囊（SRS）、空调（A/C）、电子控制悬架（ECS）和巡航系统（CC）等，诊断功能包括故障码读出、故障码清除、数据流读出、系统测试和动作测试等。本解码器除具有汽车故障诊断外，还具有四通道示波器、万用表和点火波形测试等功能。ADC2000具有中文简体、中文繁体和英文三种语言显示和相互切换功能，并具有与PC联机数据通信功能，还具有方便快捷的联网升级功能。诊断仪的使用方法如下：

1. 选择测试卡

在使用元征ADC2000时，若诊断故障需要安装ADC01测试卡；若进行点火波形、万用表和示波器的测试时需要安装ADC02卡。

2. 选择测试接头

虽然目前大部分车辆都使用的是OBD-Ⅱ标准接头，但是也有一部分早期的或某些厂家

的车辆使用专用接头,这样就需要根据车型选择合适的测试接头。

3. 连接 ADC2000 并启动

将主电缆带电源插孔的一端与 ADC2000 主机相连,主电缆的另一端与故障诊断接头相连,然后再将接头插入被诊断汽车的故障诊断座内。如果诊断插座不带电源(可通过按下【电源】功能键时能否启动来判断),需要通过点烟器电缆或蓄电池电缆外部电源,将电源电缆的电源插头插入主电缆的电源插孔内。此时按下【电源】键,ADC2000 将启动进入主菜单,如图 7-47 所示。

4. 选择需要诊断的车系

按下【1】键或【确认】键,将会进入诊断车系主菜单,如图 7-48 所示。进入后可利用数字键根据车型选择所属车系。

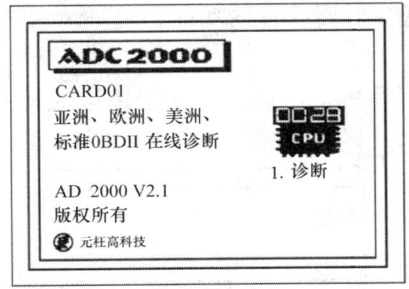

图 7-47 元征 ADC2000 诊断仪启动画面

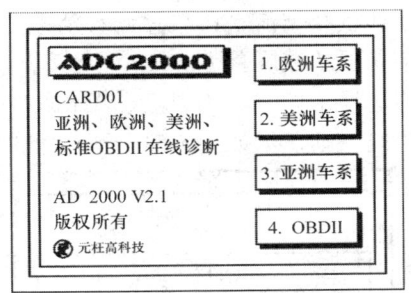

图 7-48 元征 ADC2000 诊断车系主菜单

若选择【1】进入欧洲车系图形菜单,可选择的车型有:①大众/奥迪(VOLKSWAGEN/AUDI),②奔驰(MECEDES-BENZ),③宝马(BMW),④沃尔沃/富豪(VOLVO)。

若选择【2】进入美洲车系图形菜单,可选择的车型有:①通用(GM),②福特(FORD),③克莱斯勒(CHRYSLER)。

若选择【3】进入亚洲车系主菜单,在亚洲车系主菜单下有三个选项:选择 1 进入日本车系图形菜单,可选择的车型有:①丰田(TOYOTA),②本田(HONDA),③尼桑(NISSAN),④三菱(MITSUBISHI),⑤马自达(MAZDA);选择 2 进入韩国车系图形菜单,可选择的车型有:①现代(HYUNDAI),②大宇(DAEWOO),③起亚(KIA),若选择 3 进入中国车系图形菜单,可选择的车型有:①国产大众/奥迪(VOLKSWAGEN/AUDI),②北京吉普(Cherokee),③一汽大众,④德尔福(Delphi)电控微型车,⑤富康(CITROEN),⑥上海通用(SGM),⑦天津夏利。

若选择【4】进入标准 OBD-Ⅱ 诊断程序。此时可以诊断大部分 1996 年后的车型,如:福特、通用、克莱斯勒、奔驰、富豪、丰田、凌志、佳美等。

5. 读取和清除故障码

1)在读取故障码之前,首先要根据诊断功能选择系统菜单。在上一步选择完成之后,诊断仪进入如图 7-49 所示画面。在菜单项上反白显示的为当前选中项,当按下【确认】键时完成选择。由于每一种选项前面

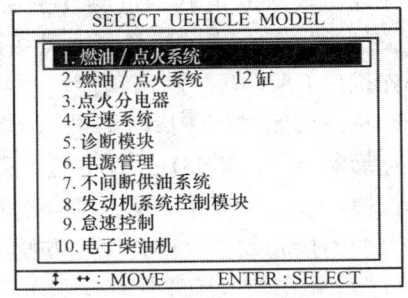

图 7-49 诊断功能选择系统菜单

都有一个数字，所以可以按相应的数字键直接完成菜单的选择。当所需要的选项数字大于9时，可按方向指示键进行选择；也可以通过【↑】、【↓】键来实现屏幕的滚动。

由于每一步的诊断过程都有相应的菜单提示，所以在熟悉了菜单选择以后，就可以非常方便的使用 ADC2000 来完成诊断功能了。

2）选择所需诊断的系统，如发动机、自动变速器等。这一步选择有可能只需要选择一次（直接选择所要测试的系统），也有可能选择多次（如先选择车的出厂年代，然后选择车的型号，最后再选择要诊断的系统等）。当需要诊断的系统选择完成之后，这时 ADC2000 会检测该系统的电子控制单元，在检测的同时会显示"正在确认设备…"，如果检测失败，则显示"ECU 没有响应，请确认设备或线缆是否连接正确"，如图 7-50 所示。

3）选择需要执行的功能。如果上一步成功，则显示 ADC2000 可以执行此功能并由用户选择，如读数据流，读故障码，清故障码等，需要选择所要执行的功能，远征 ADC2000 将执行结果显示在屏幕上。

当选择了读故障码以后，ADC2000 会读取所选择系统的故障码，如果读取成功并且没有故障码，则显示如图 7-51 所示。此时可以按【退出】键退出读故障码的功能。

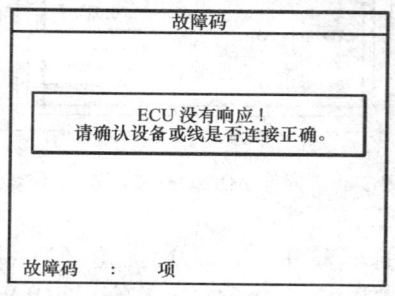
图 7-50 仪器检测系统电子控制单元失败时的显示

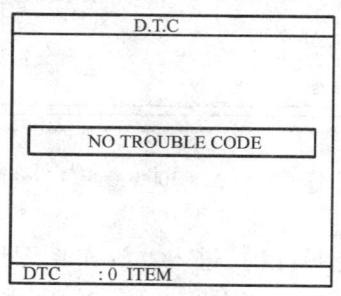
图 7-51 所检测的系统无故障码时的显示

如果元征 ADC2000 检测到系统有故障码，则显示如图 7-52 所示。这时可以按下【清除】键来清除故障码，或按下【打印】键将当前的故障码打印出来，或按下【退出】键退出读故障码功能。

四、用 X-431 汽车故障诊断仪读取自动变速器故障码

X-431 汽车故障诊断仪是元征公司新一代彩色大屏幕无线汽车诊断电脑，可测几乎所有国产车和亚欧美各类型进口车，测试质量高、升级速度快、质量稳定；率先推出 CAN BUS 测试功能。X-431 配备有精密微型打印机，可实时打印诊断结果；大容量 CF 卡，可实时保存诊断结果。X-431 外观小巧，彩色大屏幕，触摸输入方式，并具有 PDA 功能；操作简单快捷，多语言操作界面，适合世界各个国家使用；采用蓝牙技术，实现主机与诊断盒之间的无线连接和数据交换，使用方便灵活；配备大容量锂电池，可连续工作 10h；还可选配 X-431PCLINK，与电脑连接存储测车数据，建立修车档案。X-431 汽车故障诊断仪的组成如图 7-53 所示。

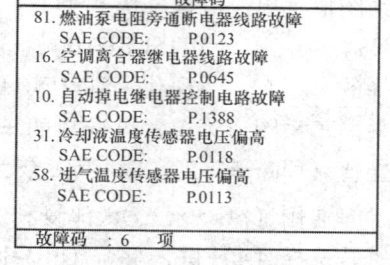
图 7-52 所检测的系统有故障码时显示

1. 测试条件

1）打开汽车电源开关。

2）汽车蓄电池电压应在 11~14V，X-431 的额定电压为 12V。

3）点火正时和怠速应在标准范围，发动机冷却液温度和变速器油温达到正常工作温度（冷却液温度 90~110℃，变速器油温 50~80℃）。

2. 测试前的准备

（1）选择测试接头　X-431 带有各种测试接头。测试时，根据汽车诊断座的类型，选择相应的测试接头。

（2）连接 X-431　将 CF 卡插入 X-431 的 CF 卡插槽内，注意使印有"UP SIDE"字样的一面朝上，且确保插入到位。

将 X-431 测试主线的一端插入诊断测试盒数据接口内，再将 X-431 测试主线的另一端与选择的测试接头相连接，最后将测试接头的另一端与汽车诊断座相连接。

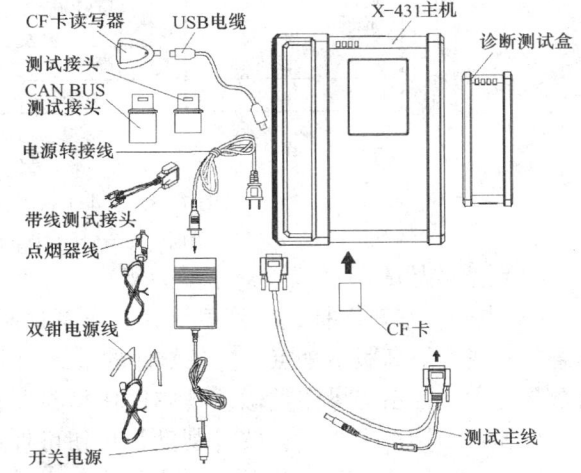

图 7-53　X-431 汽车故障诊断仪的组成

X-431 可通过以下任一方式获取电源：

①通过点烟器线：取出点烟器，将点烟器线的一端插入汽车点烟器孔，另一端与诊断测试盒测试主线的电源插头连接。

②通过双钳电源线：将双钳电源线的电源钳夹在蓄电池的正负极，另外一端插入诊断测试盒测试主线的电源插头。

③通过电源转接线：将电源转接线的一端插入 100~240V 交流电源插座，另外一端插入开关电源的插孔内，并将开关电源的电源插头与诊断测试盒测试主线的电源插头连接。

3. 故障码测试

（1）开机　连接完毕后，按【POWER】键启动 X-431，仪器显示如图 7-54。启动后按【HOTKEY】键直接进入汽车诊断主界面（或点击【开始】，并在其弹出菜单中选择【诊断程序】→【汽车解码程序】进入），如图 7-55a 所示。按【开始】按钮可继续执行下一步操作，按【退出】按钮可退出诊断程序，按【BOX 信息】按钮可显示诊断测试版本信息，按【帮助】按钮可查看帮助信息。

（2）选择要测试的车系　点击【开始】按钮，屏幕显示车系选择菜单，如图 7-55b 所示。按【后退】按钮可返回上一界面；按【上翻页】按钮可显示同级菜单的上一页，如果所显示的内容只有一页或当前页为第一页，则该按钮为灰色且不可用；按【下翻页】按钮或显示同级菜单的下一页，如果所显示的内容只有一页或当前页为最后一页，则该按钮为灰色且不可用；按【帮助】按钮可查看帮助信息的内容。

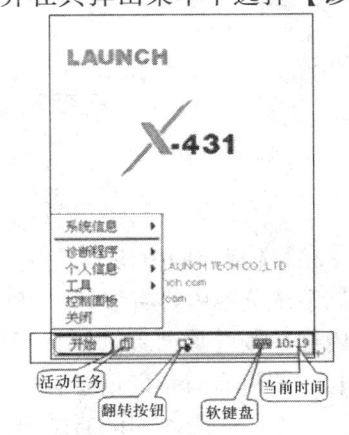

图 7-54　X-431 开机画面

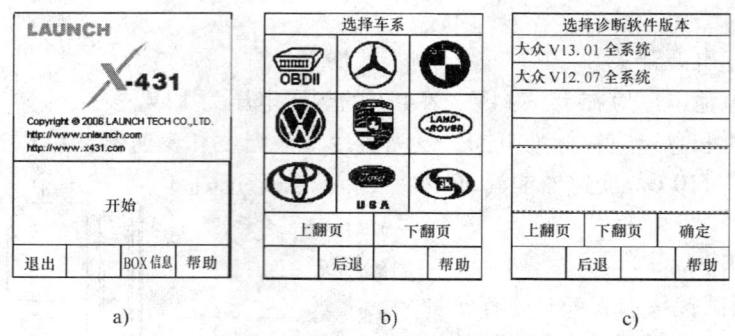

图 7-55 X-431 选择测试车型画面
a) 开始画面　b) 选择车型画面　c) 选择测试系统

(3) 读取故障码（以大众车型为例）

1) 点击大众车图标，屏幕显示大众车系诊断程序版本选择菜单，如图 7-55c 所示。选择需要的或者最高版本来点击。各软件的最高版本对已有的版本是兼容的。其他车型、车系及系统与大众各系统操作类似，具体操作可参照相关系统操作页面提示进行操作。按【后退】按钮可退回前一界面；按【帮助】按钮可查看帮助信息。

2) 点击【大众 V13.01 全系统】，屏幕显示如图 7-56a 所示。在 X-431 的 CF 卡里可能存储多个版本的诊断软件，以选择最新版本为优。X-431 所有诊断软件进入此画面的步骤完全相同。按【确定】按钮后，X-431 将对诊断测试盒进行复位和检测，并从 CF 卡下载诊断程序，如图 7-56b 所示。下载完毕，屏幕显示如图 7-56c 所示。

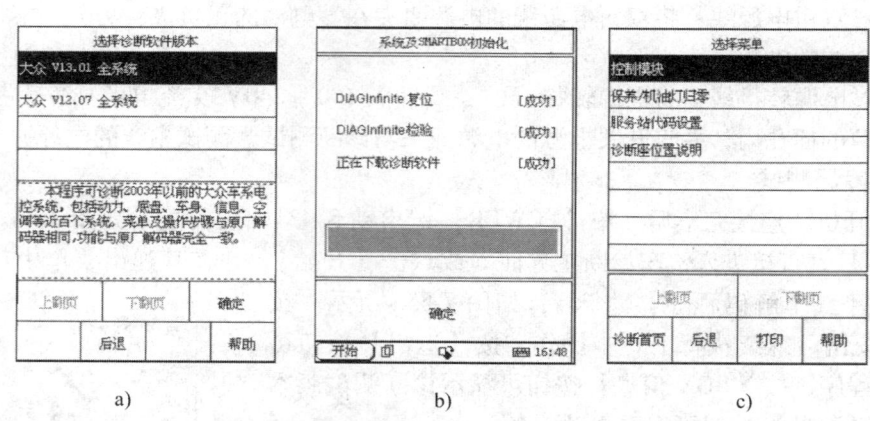

图 7-56 X-431 测试过程画面
a) 选择测试系统　b) 程序下载后显示　c) 选择控制模板

3) 选择控制模块。点击【控制模块】，仪器进入选择测试系统菜单，如图 7-57 所示。测试系统菜单内容有多页，可点击【下翻页】查看下一页。按【下翻页】按钮可显示下一页内容，按【诊断首页】按钮可返回诊断首页，按【后退】按钮可退回前一界面，按【帮助】按钮可查看帮助信息。

点击需要进入测试的系统，如果通信成功，屏幕显示所测系统控制电脑相关信息（该信息来自于汽车电脑），按【确定】按钮屏幕显示诊断系统的功能菜单如图 7-58 所示。

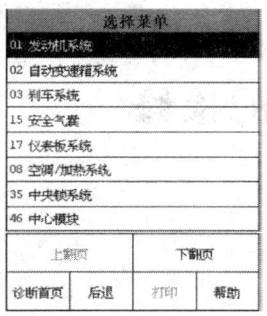

图 7-57 选择测试系统

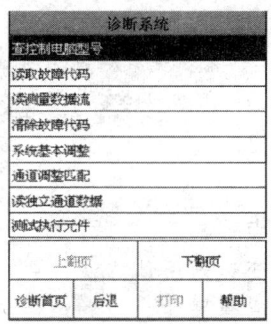

图 7-58 选择测试功能

4）读取故障码。点击【读取故障码】选项，X-431 开始读取电脑确认的故障码及故障内容等。测试完毕，屏幕显示测试结果，如图 7-59 所示。若无故障码，仪器将显示"无故障"。

（4）清除故障码　读取故障码后，按【后退】按钮，回到"选择测试功能"画面，选择"清除故障码"即可清除故障码。

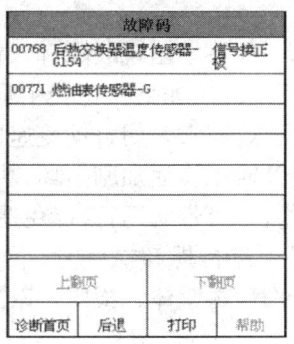

图 7-59 故障码显示

复习思考题

1. 自动变速器常见故障有哪些？
2. 自动变速器打滑故障有何现象？怎样排除？
3. 无发动机制动故障如何排除？
4. 自动变速器异响故障有何现象？
5. 电子控制自动变速器在故障诊断时应遵循什么原则？
6. 如何进行电子控制自动变速器的故障诊断？
7. 电子控制自动变速器故障码调取和清除有哪些方法？
8. 如何调取和清除奥迪轿车故障码？

第八章　自动变速器的检修

本章要点：
- 自动变速器解体方法
- 自动变速器各总成和零件的检修方法
- 自动变速器解体和装配的方法和注意事项

自动变速器的结构十分复杂。不论是换档执行元件损坏，还是控制电路、阀板中的控制阀或其他任何部件出现故障，都会影响自动变速器的正常工作。本章以自动变速器结构为主线介绍自动变速器各组成部分的拆卸、分解，零部件的检修方法及组装方法与步骤。

第一节　自动变速器的拆卸与分解

自动变速器在正常使用情况下一般不易出现故障，但是，如果使用操纵不当或使用时间过长，将有可能损坏。装用自动变速器的汽车如果在行驶中最高车速下降，发动机转速偏高，加速或爬坡无力，液压油变色或有焦臭味，通常表明自动变速器已损坏。自动变速器损坏程度较轻时，往往不易被察觉，常常因没能及时维修而加剧损坏，甚至失去了修理的价值。因此，自动变速器一旦有故障，应立即送厂检修，不可带病运行，以免造成更大的损失。

当确定自动变速器有故障，必须进行拆卸检修时，首先要把自动变速器从车上拆卸下来，将自动变速器外表仔细清洗干净后再解体、检修。以前置后驱自动变速器为例，其分解如图8-1所示。

一、拆卸自动变速器前后壳体、油底壳及阀体

1）拆除所有安装在自动变速器壳体上的零部件，如加油管、档位开关、车速传感器、输入轴传感器等。

2）从自动变速器前方拆下液力变矩器。

3）松开紧固螺栓，拆下自动变速器前端的液力变矩器壳。

4）拆除输出轴凸缘和自动变速器后端壳，从输出轴上拆下车速传感器的感应转子。

5）拆下油底壳。拆下油底壳连接螺栓后，用维修专用工具的刃部插入变速器与油底壳之间，切开所涂密封胶，小心不要损坏油底壳凸缘。

6）检查油底壳中的颗粒。拆下磁铁，观察其收集的金属颗粒，若是钢（磁性）性材料，则说明轴承、齿轮和离合器钢片存在磨损，若是黄铜（非磁性）材料，则说明是衬套磨损。

7）拆下连接在阀体上的所有线束插头，拆下4个电磁阀。

8）拆下与节气门阀连接的节气门拉索。

9）用旋具把液压油管小心的撬起取下。

10）松开进油滤网与阀体之间的固定螺栓，从阀体上拆下进油滤清器。

11）拆下阀体与自动变速器壳体之间的连接螺栓，如图8-2所示，取下阀体总成。

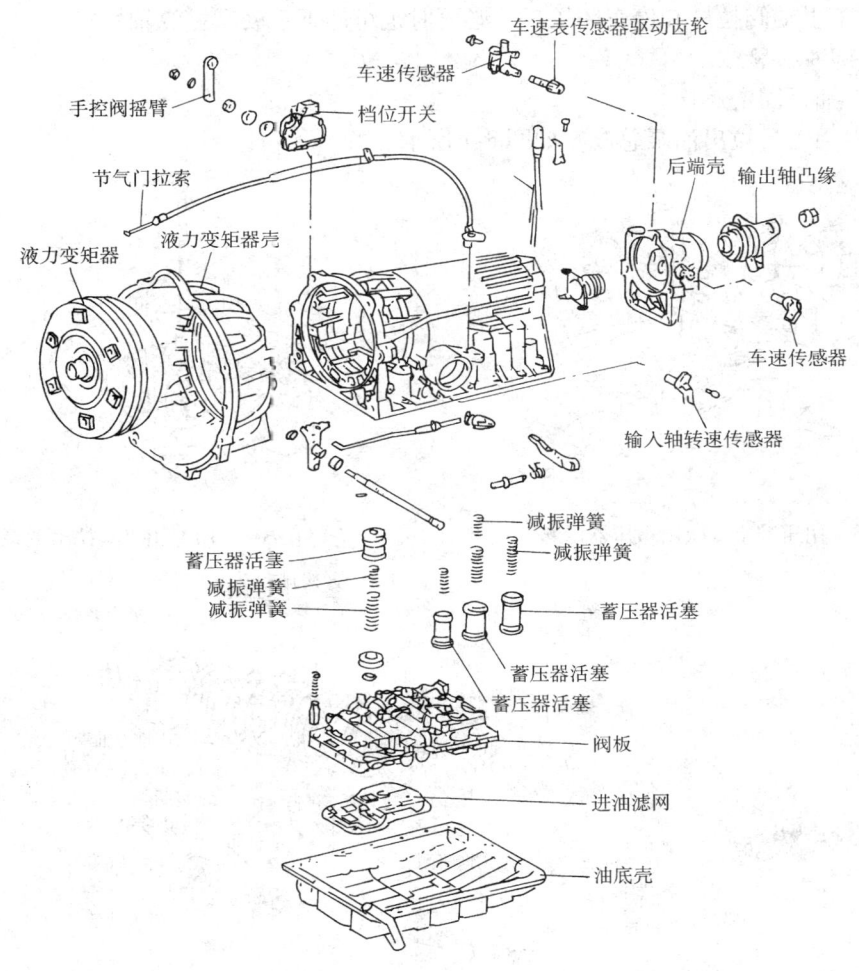

图 8-1　自动变速器的分解

阀体上的螺栓除了一部分是固定在变速器壳体上之外，还有许多是上下阀体之间的连接螺栓。在拆卸阀体总成时，应对照该车型的维修手册，认准阀体与自动变速器之间的固定螺栓。若没有维修手册，则在拆卸阀体时，应先松开阀体四周的固定螺栓，再检查阀体总成是否松动，若未松动，可将阀体中间的固定螺栓逐个松开少许，直至阀体松动为止，即可找出阀体上所有固定在自动变速器壳体上的螺栓。

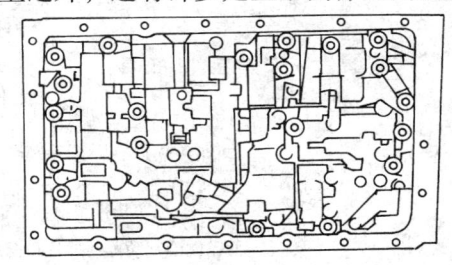

图 8-2　阀体与自动变速器壳体间的固定螺栓

阀体总成以整体结构装在自动变速器下部，是重要部件，又有精密的配合偶件，稍有差错，散落碰伤，就会影响自动变速器的正常工作，所以不要轻易分解。

12）取出自动变速器壳体油道中的止回阀和弹簧。

13）取出自动变速器壳体油道中的蓄压器活塞，方法是：用手指按住蓄压器活塞，从蓄压器活塞周围相应的油孔中吹入压缩空气，如图 8-3 所示，将蓄压器活塞吹出。

14）拆下手动阀拉杆和停车闭锁爪，必要时也可卸下手动阀操纵轴。

二、拆卸油泵总成

1）拆下油泵固定螺栓。

2）用专用工具拉出油泵总成，如图 8-4 所示。

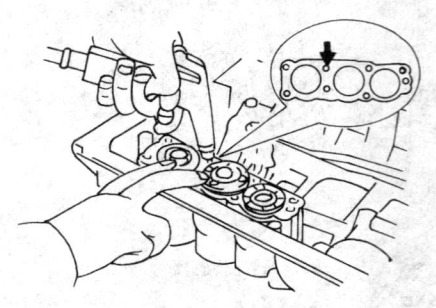

图 8-3　用压缩空气吹出蓄压器活塞　　　　图 8-4　用专用工具拉出油泵

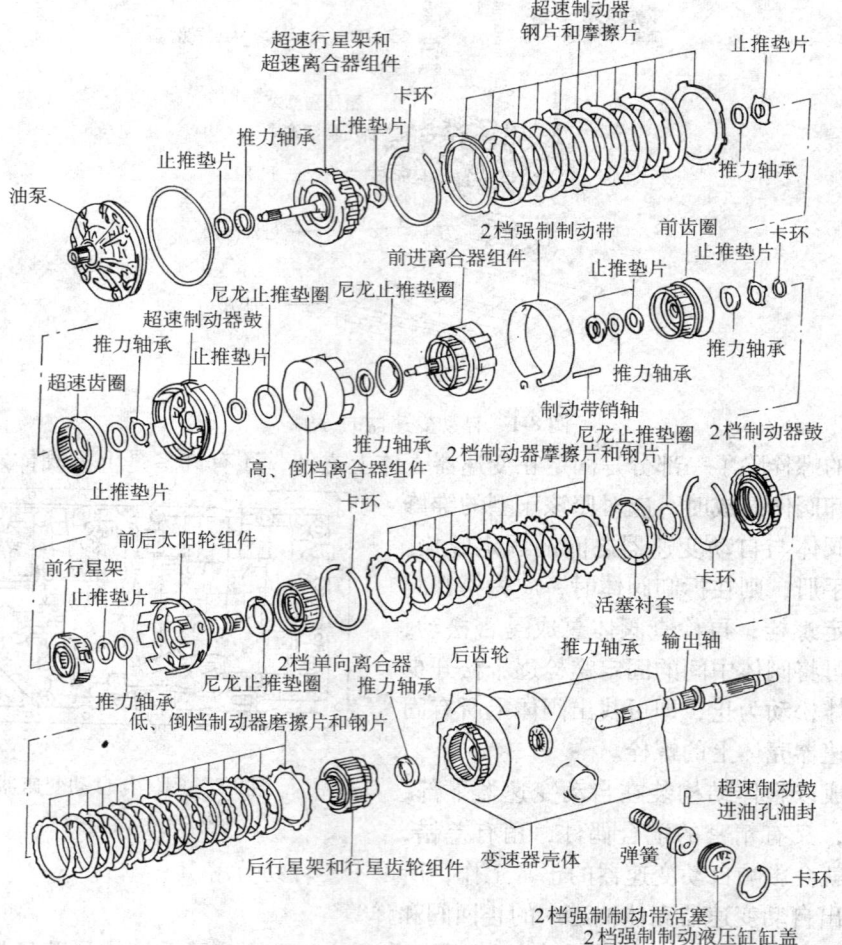

图 8-5　行星齿轮变速机构分解图

三、分解行星齿轮变速机构

行星齿轮的分解如图 8-5 所示。

1）从自动变速器前方取出超速行星架和超速（直接档）离合器组件及超速齿圈。

2）拆卸超速制动器。用旋具拆下超速制动器卡环，取出超速制动器钢片和摩擦片。拆下超速制动器鼓的卡环，松开壳体上的固定螺栓，用拉具拉出超速制动器鼓，如图 8-6 所示。

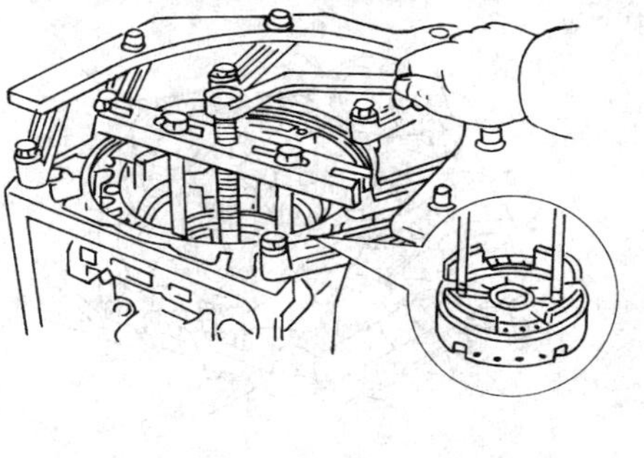

3）拆卸 2 档强制制动带活塞。从外壳上拆下 2 档强制制动带液压缸缸盖卡环，用手指按住液压缸缸盖，从液压缸进油孔中吹入压缩空气，将液压缸缸盖和活塞吹出。

4）取出中间轴，拆下高、倒档离合器和前进离合器组件。

5）拆出 2 档强制制动带销轴，取出制动带。

图 8-6 用拉具拉出超速制动器鼓

6）拆出前行星排。取出前齿圈，将自动变速器立起，用木块垫住输出轴，拆下前行星架上的卡环，拆出前行星架和行星齿轮组件。

7）取出前后太阳轮组件和低档单向离合器。

8）拆卸 2 档制动器。拆下卡环，取出 2 档制动器的所有摩擦片、钢片及活塞衬套。

9）拆卸输出轴、后行星排和低、倒档制动器组件。拆下卡环，取出输出轴、后行星排、前进单向离合器、低倒档制动器和 2 档制动器鼓组件。

在分解自动变速器时，应将所有组件和零件按分解顺序依次排放，以便于检修和组装，要特别注意各个止推垫片、推力轴承的位置，不可错乱。

各种车型的后驱动自动变速器基本上都可参考上述顺序和方法进行分解。

第二节 液力变矩器的检修

轿车自动变速器的液力变矩器外壳都是采用焊接式的整体结构，不可分解。液力变矩器内部除了导轮的单向离合器和锁止离合器压盘之外，没有互相接触的零件，因此在使用中基本上不会出现故障，液力变矩器的维修工作主要是清洗和检查。

一、变矩器的检查

1）检查液力变矩器外部有无损坏和裂纹、轴套外径有无磨损、驱动油泵的轴套缺口有无损伤，如有异常，应更换液力变矩器。

2）检查单向离合器。如图 8-7 所示，将专用工具插入液力变矩器鼓缺口和单向离合器的外座圈中，转动定子齿面，检查单向离合器工作是否正常，在逆时针方向转动时应锁住，而在顺时针方向应能自由转动。如有异常，说明单向离合器损坏，应更换液力变矩器。

3）测量驱动盘（飞轮后端面）的端面圆跳动。安装百分表如图 8-8 所示，测量驱动盘的端面圆跳动，其最大值不超过 0.20mm。

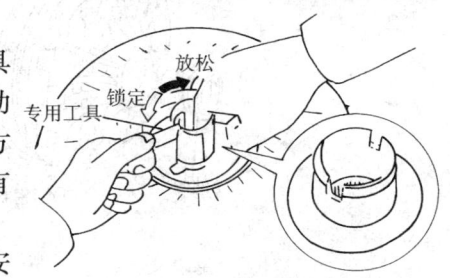

图 8-7 单向离合器的检查

4）测量液力变矩器轴套径向圆跳动。暂时将液力变矩器装在驱动盘上，安装百分表如图 8-9 所示。径向圆跳动最大值超过 0.30mm，可通过重新调整液力变矩器的安装方位进行校正，并在校正后的位置上作一记号，以保证安装正确，若无法校正，应更换液力变矩器。

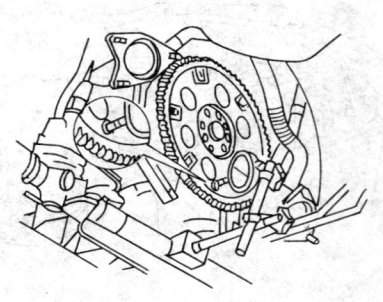 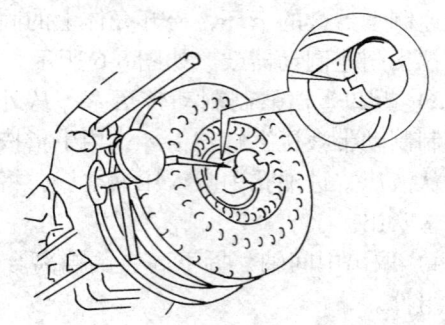

图 8-8　检查驱动盘的端面圆跳动　　　　　图 8-9　测量液力变矩器轴套径向圆跳动

5）检查液力变矩器的安装情况。用游标卡尺和直尺测量液力变矩器安装面至自动变速器壳体正面的距离，应为 17.7mm，若距离小于标准值，则应检查是否由于安装不当所致。

二、变矩器的清洗

1）倒出液力变矩器中残余的液压油。

2）向液力变矩器内加入 2L 干净的液压油，摇动液力变矩器以清洗其内部，然后将液压油倒出。

再次向液力变矩器内加入 2L 干净的液压油，清洗后倒出。

第三节　油泵的检修

一、油泵的分解

油泵的分解如图 8-10 所示。

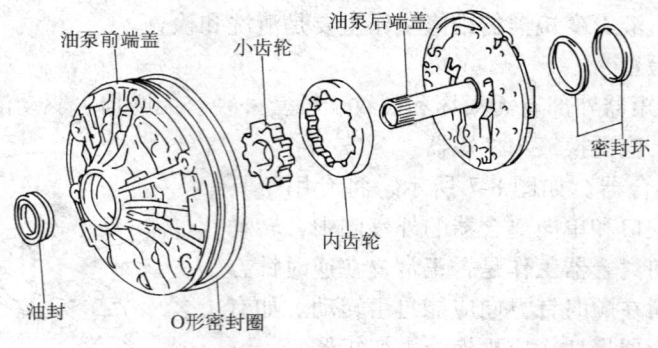

图 8-10　油泵的分解

1）拆下油泵后端轴颈上的密封环。

2) 按照对称交叉的顺序依次松开油泵的连接螺栓,打开油泵。
3) 用油漆在小齿轮和内齿轮上作一记号,取出小齿轮及内齿轮。
4) 拆下油泵前端盖上的油封。

在分解油泵时应注意不要损伤油泵前端盖,不可用冲子在油泵齿轮和油泵壳上作记号。

二、油泵零件的检查

1) 如图 8-11 所示,用塞尺分别测量油泵内齿轮外圆与油泵壳体之间的间隙、小齿轮及内齿轮的轮齿与月牙板之间的间隙、小齿轮及内齿轮端面与端盖平面的端隙。将测量结果与表 8-1 的数值对照,如不符合标准,应更换齿轮、泵壳或油泵总成。

2) 检查油泵小齿轮、内齿轮、泵壳端面有无肉眼可见的磨损痕迹,如有应更换新件。

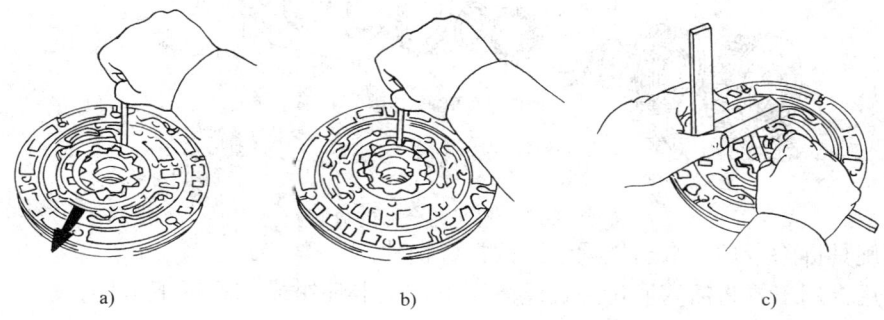

图 8-11 油泵各间隙的检查

表 8-1 油泵各间隙标准

检 查 项 目	标准间隙/mm	最大间隙/mm
油泵内齿轮外圆与油泵壳体之间	0.07~0.15	0.3
齿轮与月牙板之间	0.11~0.14	0.3
齿轮端面与端盖平面	0.02~0.05	0.3

三、油泵的组装

用干净的煤油清洗油泵的所有零件,并用压缩空气吹干,再在清洁的零件上涂少许自动变速器油(ATF),然后按下列步骤组装:

1) 在油泵前端盖上装入新的油封。
2) 更换所有的 O 形密封圈,并在新的 O 形密封圈上涂 ATF。
3) 按分解时相反的顺序组装油泵各零件。
4) 按照对称交叉的顺序,依次拧紧油泵盖紧固螺栓,拧紧力矩 10N·m。
5) 在油泵后端轴颈上的密封环槽内涂上润滑脂,安装新的密封环。
6) 检查油泵运转性能:将组装后的油泵插入液力变矩器中,如图 8-12 所示,转动油泵,油泵齿轮转动应平顺,无异响。

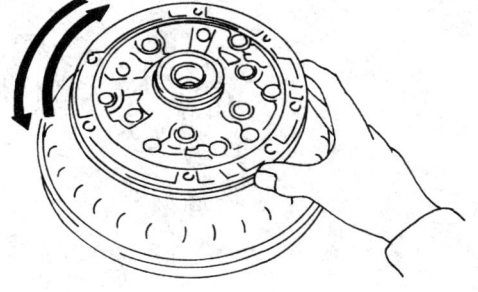

图 8-12 油泵性能的检查

第四节 离合器、制动器的检修

离合器、制动器的检修工作包括离合器及制动器的分解、检验,以及离合器、制动器损坏零件的更换,所有 O 形密封圈和密封环的更换。

一、离合器、制动器的分解

1. 超速离合器（C_0）的分解

1) 从超速行星架和超速离合器组件上取下超速离合器,如图 8-13 所示。

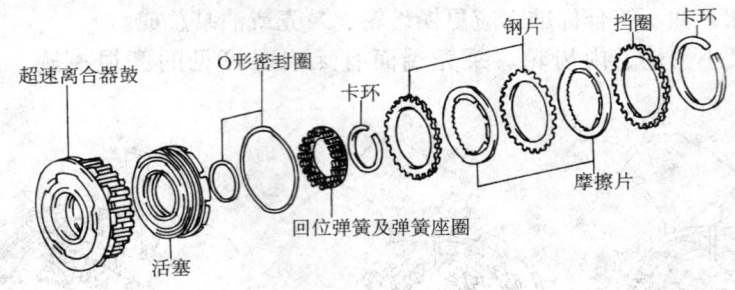

图 8-13 超速离合器的分解

2) 用旋具拆除卡环,取出挡圈、摩擦片、钢片。

3) 使用专用工具将活塞回位弹簧座圈压下,用卡环钳或旋具拆下卡环,取出弹簧座圈和回位弹簧。

4) 先将油泵装在液力变矩器上,再将超速离合器装在油泵上,向油道内吹入压缩空气取出活塞。

5) 拆下活塞上的 O 形密封圈。

2. 超速制动器（B_0）的分解

在分解自动变速器时,超速制动器的摩擦片和钢片已经拆出,如图 8-14 所示。

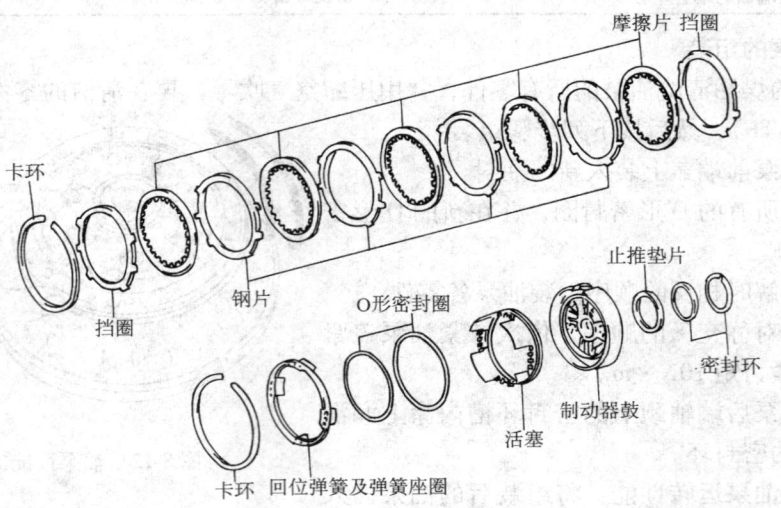

图 8-14 超速制动器的分解

1)使用专用工具,将活塞回位弹簧座圈压下,用旋具拆下卡环,取出回位弹簧和弹簧座圈,如图 8-15a 所示。

2)将超速制动器鼓装在直接档离合器上,按图 8-15b 所示方法,从油道内用压缩空气吹出活塞。

3)拆下活塞内、外圆上的 O 形密封圈及制动鼓后端轴颈上的密封环和上推轴承座,如图 8-15c 所示。

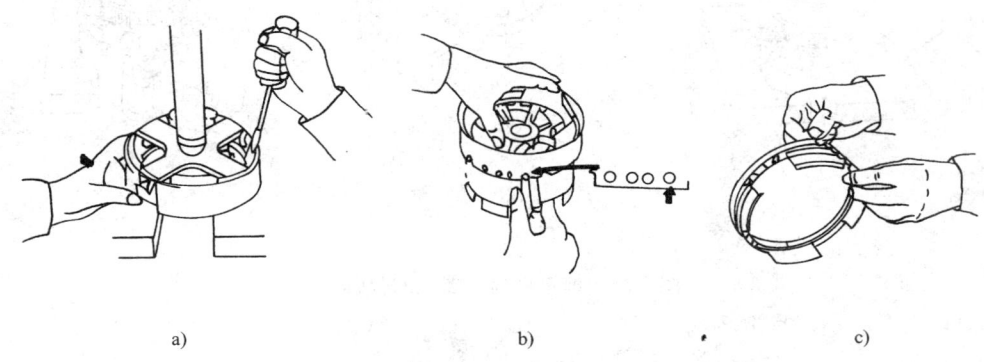

图 8-15 超速制动器鼓的分解

3. 前进档离合器(C_1)的分解

前进档离合器的零部件组成如图 8-16 所示。

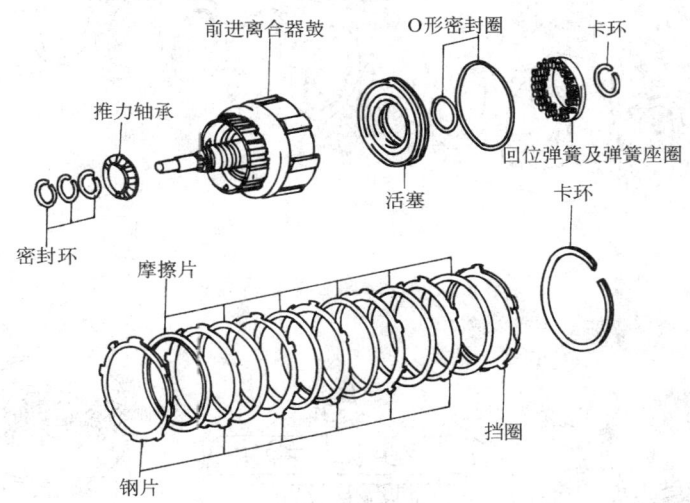

图 8-16 前进档离合器的分解

1)用旋具拆下卡环,取出前进档离合器的挡圈、摩擦片、钢片,如图 8-17a 所示。

2)使用专用工具,将前进档离合器活塞回位弹簧座圈压下,用卡环钳或旋具拆下卡环,取出回位弹簧及弹簧座圈如图 8-17b 所示。

3)将前进档离合器装在超速制动器鼓上,如图 8-17c 所示方法从油道内吹入压缩空气,取出前进档离合器活塞。

4)取下活塞内外圆上的两个 O 形密封圈及前进档离合器鼓前端轴颈上的密封环。

4. 直接档离合器（C_2）的分解

直接档离合器的零部件组成如图 8-18 所示。

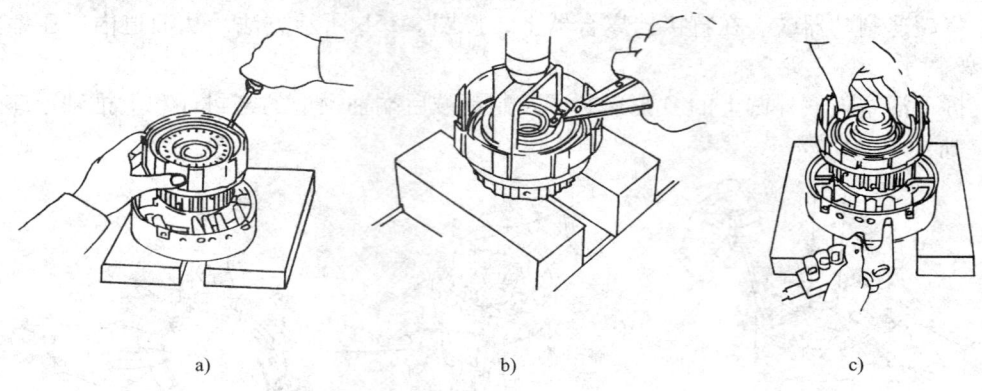

图 8-17　前进档离合器鼓的分解

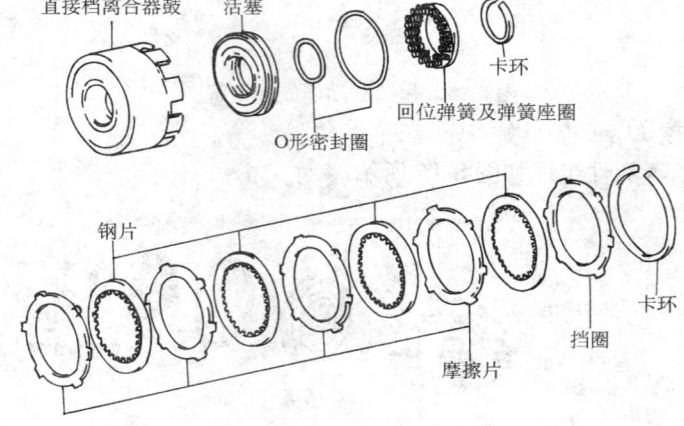

图 8-18　直接档离合器的分解

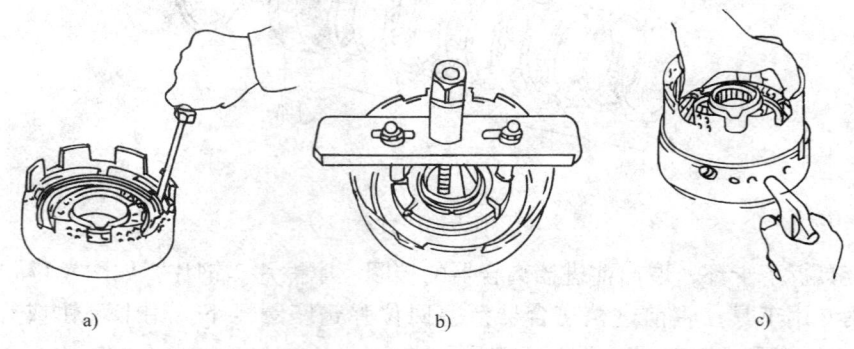

图 8-19　直接档离合器鼓的分解

1）用旋具拆下卡环，取出直接档离合器的挡圈、摩擦片、钢片如图 8-19a。

2）使用专用工具，将直接档离合器活塞回位弹簧座圈压下，用卡环钳或旋具拆下卡环，取出回位弹簧及弹簧座圈，如图 8-19b 所示。

3）将直接档离合器装在超速制动器鼓上，按如图 8-19c 所示方向向油道内吹入压缩空气，取出活塞。

4）取下活塞内、外圆上的两个 O 形密封圈。

5. 2 档滑行制动器（B_1）的分解

2 档滑行制动器的零、部件组成如图 8-20 所示。

在分解自动变速器时，2 档滑行制动器的摩擦片和钢片已经拆出，这里只要进一步分解 2 档滑行制动器鼓，步骤如下：

1）使用专用工具将 2 档滑行制动器活塞回位弹簧座圈压下，用旋具或长环钳拆下卡环，取出回位弹簧及弹簧座圈，如图 8-21a 所示。

2）按图 8-21b 所示的方法从 2 档滑行制动器鼓外圆上的油孔内吹入压缩空气，取出活塞。

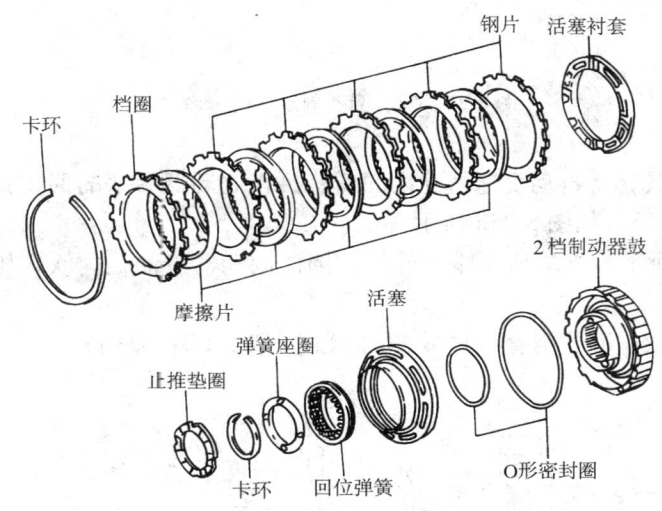

图 8-20　2 档滑行制动器的分解

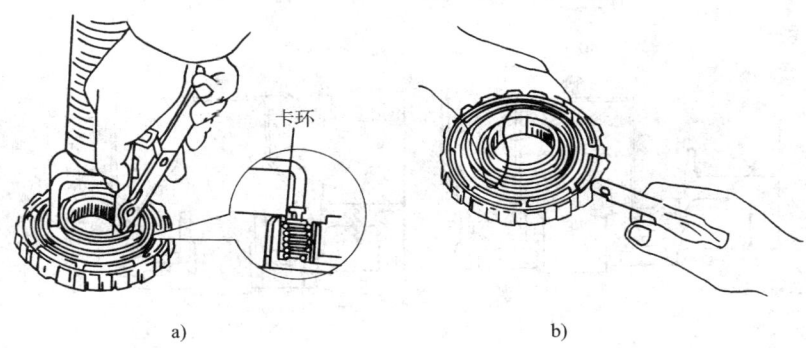

图 8-21　2 档滑行制动器鼓的分解

6. 低、倒档制动器（B_3）的分解

低、倒档滑行制动器的零部件组成如图 8-22。

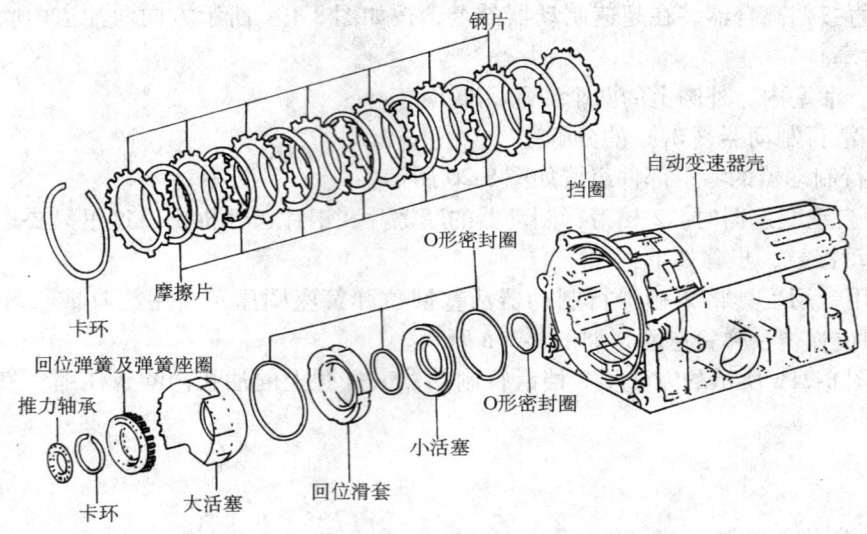

图 8-22 低、倒档制动器的分解

1）使用专用工具，将自动变速器壳内的低、倒档制动器活塞的回位弹簧座圈压下，用旋具或卡环钳拆下卡环，如图 8-23a 所示。

2）按图 8-23b 所示的方法从壳体上的低、倒档制动器进油孔内吹入压缩空气，取出大活塞。

3）用专用工具取出回位滑套（图 8-23c）和小活塞（图 8-23d）。

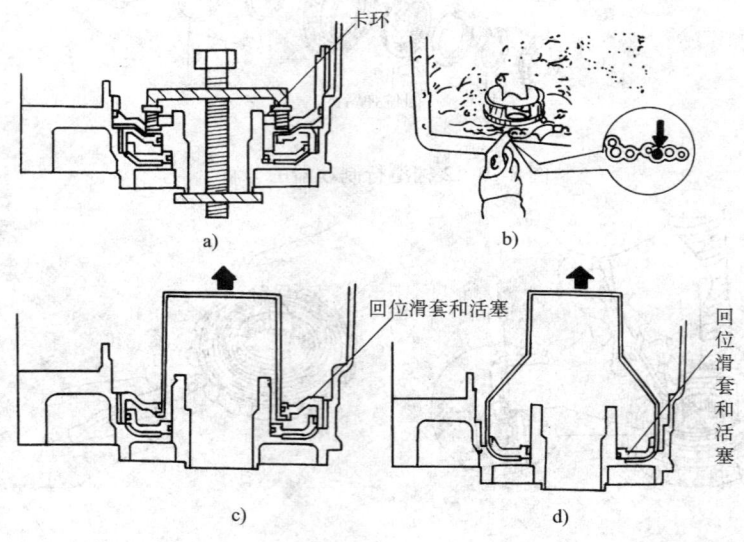

图 8-23 低、倒档制动器活塞的分解

二、离合器、制动器的检修

离合器、制动器的检修应包括：摩擦片、钢片、制动带的检查，离合器鼓、制动器鼓的检查，离合器和制动器活塞的检查，回位弹簧的检查等内容。

1. 检查离合器、制动器摩擦片和钢片

1）离合器、制动器表面如有烧焦、表面粉末冶金层脱落或翘曲变形，应予以更换。许多自动变速器摩擦片表面上印有符号，若这些符号已被磨去，说明摩擦片已磨损至极限，应更换。也可以测量摩擦片的厚度，若小于极限厚度，应更换。

2）带式制动器的制动带内表面如有烧焦、表面粉末冶金层脱落或表面符号已被磨去也应更换。

3）检查钢片如有磨损，表面起槽或翘曲变形应更换。

4）检查挡圈的摩擦面，如有磨损，应更换。

2. 检查离合器、制动器鼓

检查离合器、制动器鼓的液压缸内表面应无损伤或拉毛，与钢片配合的花键槽应无磨损。如有异常应更换新件。带式制动器鼓的外表面应无损伤、拉毛或起槽，如有异常应更换新件。

3. 检查离合器、制动器活塞

1）检查离合器、制动器的活塞，其表面应无损伤、拉毛或起槽，否则应更换新件。

2）检查离合器活塞上的单向阀，其阀球应能在阀座内活动自如。用压缩空气或煤油检查单向阀的密封性，从液压缸一侧往单向阀内吹气，见图8-24，密封应良好。如有异常应更换活塞。

3）更换所有离合器、制动器及制动带液压缸活塞上的O形密封圈及轴颈上的密封环。新密封圈或密封环上应涂上少许自动变速器油或凡士林后装入。

4. 检查回位弹簧和密封圈

测量活塞回位弹簧的自由长度，并与制动器维修手册比较。若弹簧自由长度过小或有变形，应更换新弹簧。

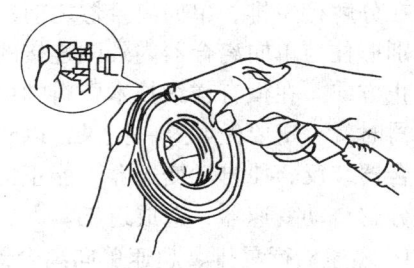

图8-24 离合器活塞单向阀密封性检查

三、离合器、制动器的装配

在装配离合器、制动器之前，应将所有零件用清洁的煤油清洗干净，油道、单向阀孔等处要用压缩空气吹干净，以免被脏物堵塞。

按照与分解相反的顺序装配各个离合器和制动器。在装配时应注意以下几点。

1）装配前应在所有配合零件表面上涂少许自动变速器油。

2）更换摩擦片时，应将新摩擦片放在干净的自动变速器油中浸泡30min后安装。

3）安装回位弹簧座圈的卡环时，应确认卡环已落在弹簧座圈上的凸凹槽内，保证安装要到位（图8-25）。

4）摩擦片和钢片要按拆卸时的顺序交错排列。摩擦片和钢片原则上没有方向性，正反面都可安装，但在重新安装使用过的钢片和摩擦片时，应按拆装前的顺序安装。在安装挡圈时有台阶的一面应朝上，让平整的一面与摩擦片接触。有碟形环的离合器或制动器应将碟形环放置在下面第一片的位置上，使之与活塞接触并使碟形的凹面向上。

5）每个离合器或制动器装配后，都应检查活塞的工作是否正常。可按照分解时的方法，向油道内吹入压缩空气，检查活塞能否向上移动，将钢片和摩擦片压紧（图8-26）。若吹入压缩空气后活塞不能移动，则应检查漏气的部位，分解修复后再重新安装。

6）用塞尺测量离合器和制动器的自由间隙，或用图8-26的方法用千分表测量离合器和制动器的自由间隙。若自由间隙不符合标准，可采用更换不同厚度挡圈的方法来调整。

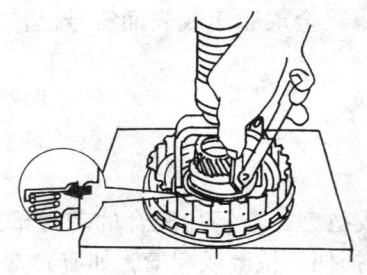 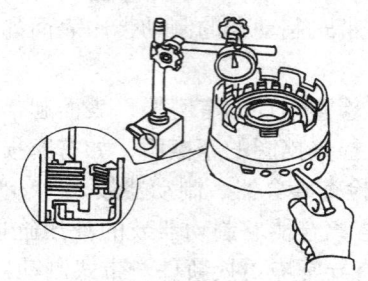

图8-25　离合器、制动器片卡环的安装　　　　图8-26　检查活塞移动情况

第五节　行星排、单向离合器的检修

一、行星排、单向离合器的分解

在分解行星排、单向离合器之前，应先确认各单向离合器的锁止方向，其方法是，用双手分别握住与单向离合器内外圈连接的零件，朝不同方向相对转动，检查并记下内外圈的相对锁止方向。在没有详细技术资料的情况下维修自动变速器时，一定要做好这一记录，以防在装配时将单向离合器装反，使自动变速器不能正常工作，而必须再次分解自动变速器，造成返工。

1. 超速档行星排、超速单向离合器的分解

1）按图8-27所示方法，检查超速单向离合器的锁止方向，应使该单向离合器外圈（行星架）相对于内圈（超速离合器鼓）在逆时针方向（由自动变速器前方看，下同）锁止，在顺时针方向可以自由转动。

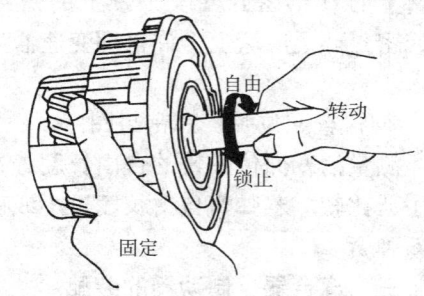

图8-27　超速单向离合器检查

2）按图8-28所示顺序分解超速档行星排和超速单向离合器。

2. 前行星排、2档单向离合器 F_1 的分解

1）用左手握住太阳轮驱动鼓，右手转动2档单向离合器外圈，检查2档单向离合器的锁止方向，如图8-29，应使外圈相对于内圈在逆时针方向锁止，在顺时针方向能自由转动。

2）按图8-30所示顺序分解前行星排和2档单向离合器。

3. 后行星排、1档单向离合器 F_2 的分解

1）按图8-31所示方法，用左手握住后行星架，右手转动1档单向离合器内圈，检查其

锁止方向，应使内圈相对于外圈在顺时针方向锁止，在逆时针方向可以自由转动。

2）按图8-32所示顺序分解后行星排和1档单向离合器。

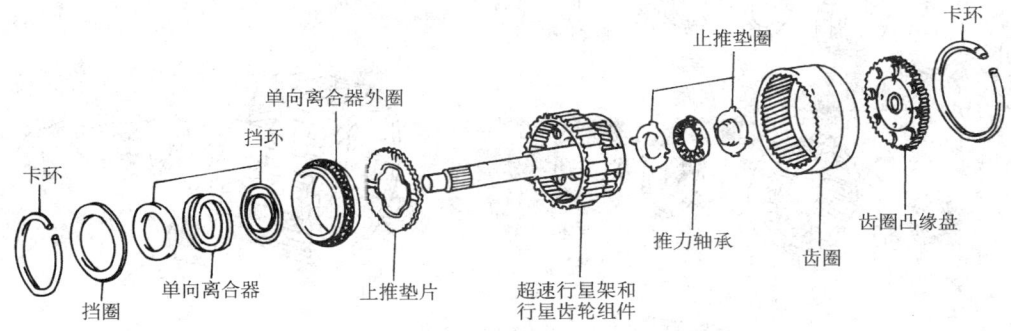

图 8-28　超速行星排的分解

二、行星排、单向离合器的检验

1）检查太阳轮、行星轮、齿圈的齿面，如有磨损或疲劳剥落，应更换整个行星排。

2）检查行星轮与行星架之间的间隙（图8-33），其标准间隙为0.2~0.6mm，最大不得超过1.0mm，否则应更换止推垫片、行星架和行星轮组件。

3）检查太阳轮、行星轮、齿圈等零件的轴颈或滑动轴承处有无磨损。如有异常磨损应更换新件。

4）检查单向离合器，如滚柱破裂、滚柱保持架断裂或内外圈滚道磨损起槽，应更换新件。如果在锁止方向上有打滑或在自由转动方向上有卡滞，也应更换。

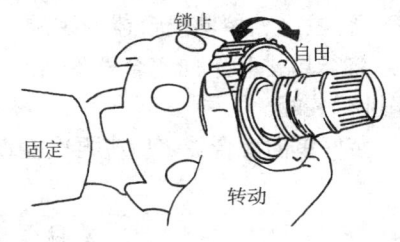

图 8-29　2档单向离合器检查

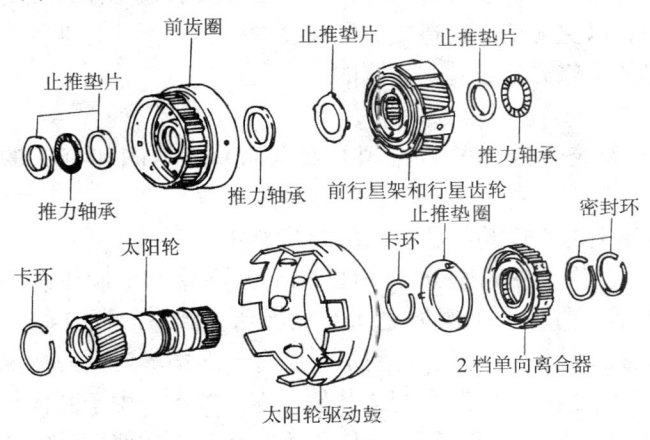

图 8-30　前行星排的分解

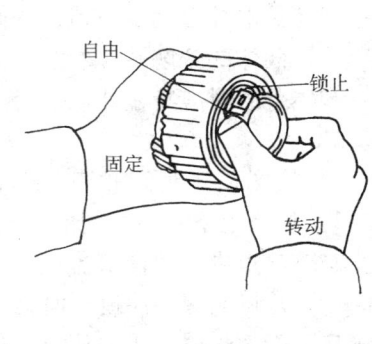

图 8-31　1档单向离合器的检查

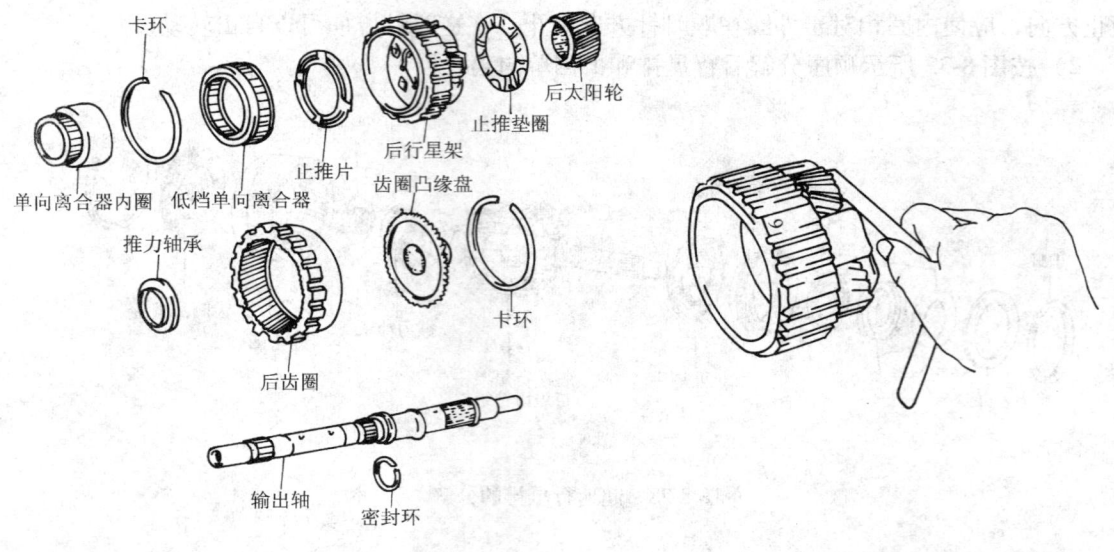

图 8-32　后行星排的分解　　　　　图 8-33　行星齿轮与行星架
　　　　　　　　　　　　　　　　　　　　　　之间的间隙检查

三、行星排、单向离合器的装配

1) 将行星排和单向离合器的所有零件清洗干净，涂上少许自动变速器油，按分解相反的顺序进行装配。

2) 装好单向离合器之后应再次检查，保证其锁止方向正确，在自由转动方向上转动灵活。

第六节　液压控制系统的检修

自动变速器液压控制系统都安装在阀体上，是自动变速器最精密的部件之一，其性能的好坏直接影响自动变速器的换档规律。在拆检自动变速器时，不一定都要拆检阀体，只有在判断是阀体故障时才对阀体进行拆检，以免无谓拆检造成装配精度的破坏。不论是液控自动变速器还是电控自动变速器，其阀体的检修方法是基本相同的。

一、阀体的分解

阀体分解时应特别小心，不能丢失或分散小的节流阀、安全阀、随动阀和有关的弹簧。

1) 按图 8-34 所示顺序，拆下阀体上的手动阀阀芯及电磁阀等零件。

2) 松开上下阀体之间的固定螺栓，将上下阀体分开（图 8-35）。在拿起上阀体时为了防止阀体油道内的单向节流阀阀球掉落，应将上下阀体之间的隔板和上阀体一同拿起（图 8-35b），并将上阀体油道一面朝上放置后再取下隔板。特别是在没有详细技术资料的情况下检修自动变速器时，更要注意。如果阀体油道内的某个阀或其他小零件掉出，由于阀体油道的形状十分复杂，往往因找不到这些小零件的原有位置而不能正确安装，导致修理后的自动变速器工作异常。

3) 从上阀体一侧取下隔板，取出上阀体油道内的所有单向阀阀球。

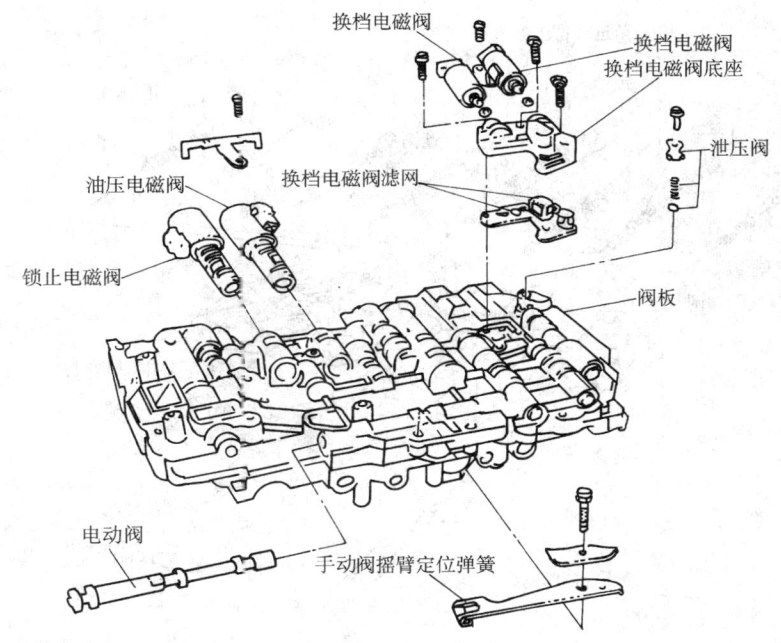

图 8-34 自动变速器阀体的分解

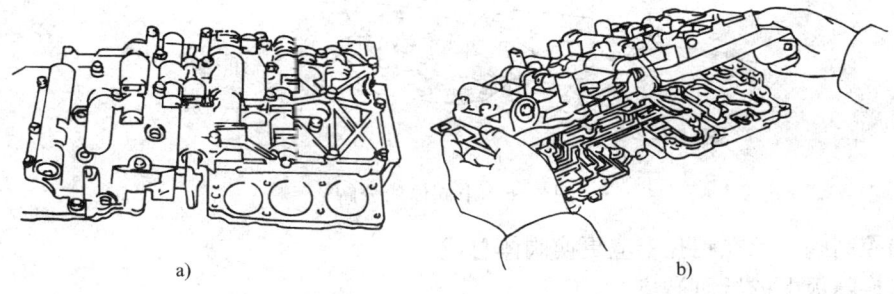

图 8-35 上下阀体的分解

4）按图 8-36 所示，顺序拆出上阀体中的控制阀。在拆出每个控制阀时，应先取出锁销和挡塞，再让阀芯和弹簧从阀孔中自由落出。若阀芯在阀孔中有卡滞，不能自由落出，则可用木锤或橡胶锤敲击阀体将阀芯振出；不要用铁丝或钳子伸入阀孔去取阀芯，以免损坏阀孔内表面或阀芯。

5）按图 8-37 所示顺序拆出下阀体上所有的控制阀。

二、阀体零件检修

1）将上下阀体和所有控制阀的零件用清洁的煤油清洗干净。

2）检查控制阀阀芯表面，如有轻微刮伤痕迹可用金相砂纸抛光。

3）检查各阀弹簧有无损坏，测量弹簧长度，应符合自动变速器维修手册的要求，如不符合，应更换。

4）检查滤油器，如有损坏或堵塞，应更换。

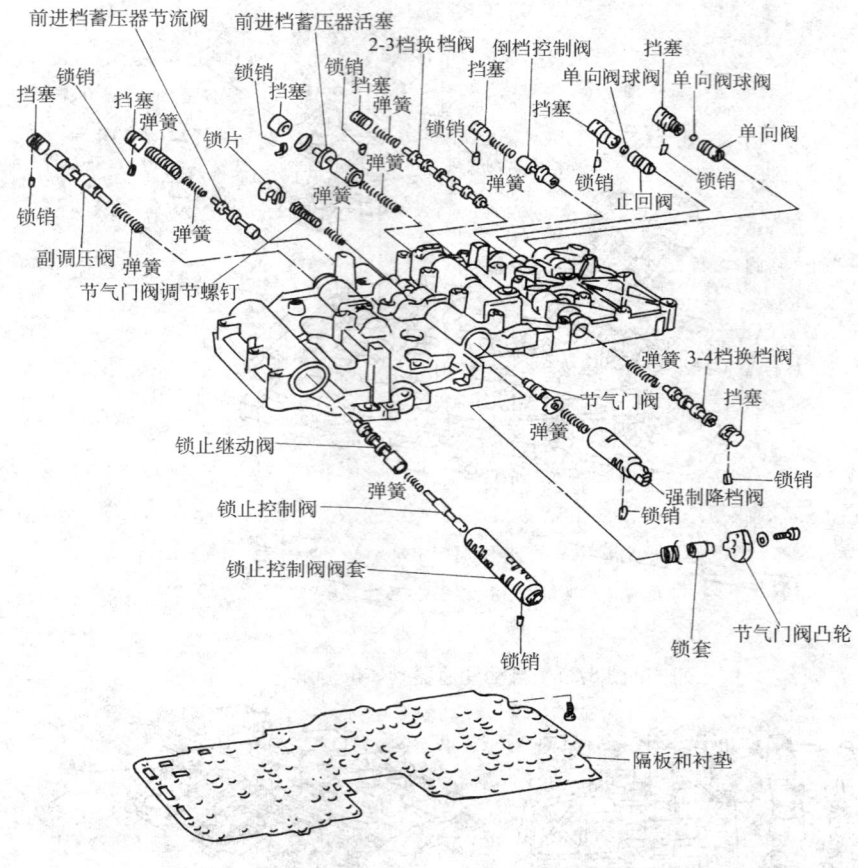

图 8-36 上阀体的分解

5) 如控制阀卡死在阀孔中应更换阀体总成。
6) 更换隔板上的纸质衬垫。
7) 更换所有塑胶阀体。

三、阀体的装配

1) 将清洗后的上下阀体和所有控制阀零件放入干净的自动变速器油中浸泡几分钟。
2) 按图 8-36、图 8-37 相反的顺序安装上下阀体各控制阀，注意各控制阀弹簧的安装位置，切不可将各控制阀的弹簧装错。必要时可参考自动变速器维修手册，以区分各个控制阀的弹簧。
3) 按图 8-38 所示位置，将上阀体油道内的阀球装入。
4) 用螺钉将隔板衬垫固定在上阀体上。
5) 将上下阀体合在一起，将三种不同规格的阀体螺栓安装在不同的位置上，分 2~3 次将所有螺栓拧紧。阀体螺栓的标准拧紧力矩为 6.1N·m。
6) 按图 8-34 相反的顺序安装电磁阀、手动阀等零件。

四、检修阀体时的注意事项

1) 检修阀体时，切不可让阀芯等重要零件掉落。不要将铁丝、旋具等硬物伸入阀孔中，以免损伤阀芯和阀孔的精密配合表面。

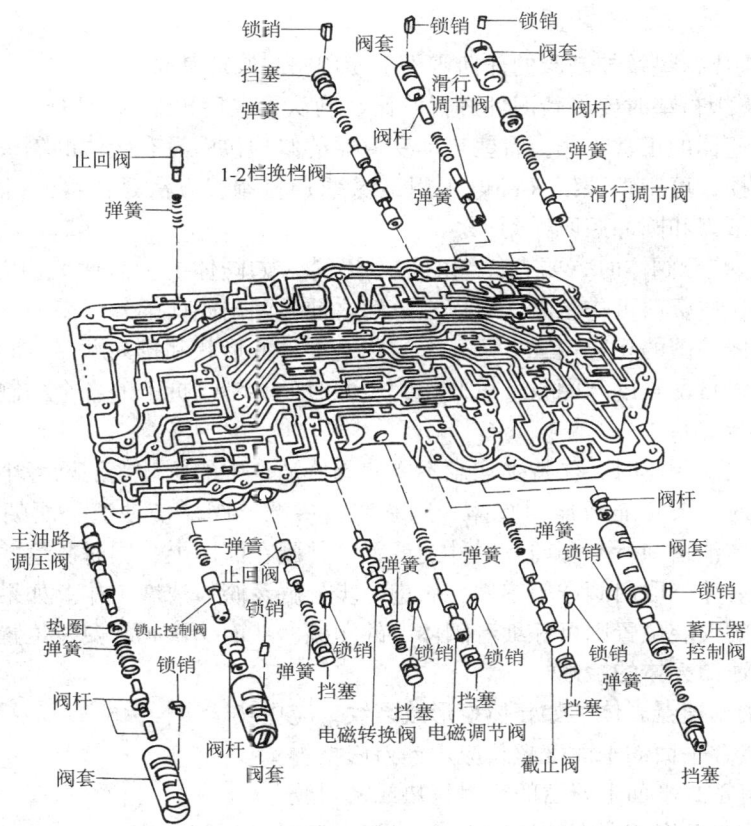

图 8-37 下阀体的分解

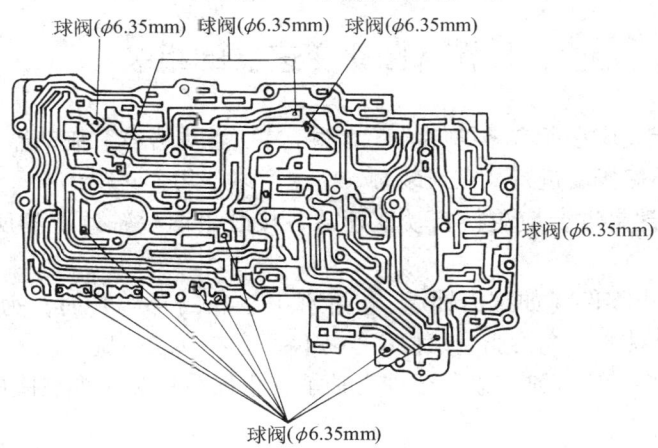

图 8-38 自动变速器球阀的安装位置

2）阀体分解后的所有零件在清洗后，可用压缩空气吹干。不允许用棉布擦拭，以免沾上细小的纤维丝，造成控制阀卡滞。

3）装配阀体时应检查各控制阀阀芯是否能在阀孔中活动自如。如有卡滞应拆下，经清洗后重新安装。

4）不要在阀体衬垫及控制阀的任何零件上使用密封胶或粘合剂。

5）在更换隔板衬垫时要将新旧件进行对比，确认无误后再装入，以防止因零件规格不符而影响自动变速器的正常工作。有些自动变速器的修理包中没有阀体的隔板衬垫，在维修中如果旧衬垫破损，可用青稞纸（即电工用绝缘纸）自制，方法是：将旧衬垫的形状画在青稞纸上，用割纸刀和圆冲照原样刻出。

6）在分解、装配阀体时，要有详细的技术资料（如阀体的分解图），以作为对照。如果在检修时没有这些资料可作参考，可以在分解之前先画出阀体的外形简图，然后每拆一个控制阀，就在阀体简图的相应位置上画下该控制阀零件的形状和排列顺序，同时测量并记下各个弹簧的外径、自由长度和圈数，以此作为装配时的参考。拆下的各个控制阀零件要按顺序排放，以便重装。

另外在分开上下阀体时，要特别注意不要使阀体油道中的阀球、滤网等小零件掉出。在拿起上面的阀体时，要将隔板连同阀体一同拿起，待翻转阀体使油道一面朝上后再拿开阀体；认清上下阀体油道中所有阀球等零件的位置，并画在简图上，同时测量并记下不同直径阀球的位置，然后才能取出阀球等零件，做进一步分解及阀体清洗工作。如果阀球脱落，安装时记不住阀球的安装位置则可仔细看阀体上的印痕，从而确认阀球安装位置。

五、自动变速器壳体的检修

1）检查自动变速器壳体，如壳体变形或裂纹，应更换。
2）油底壳接合平面的平面度超差应用锉刀修整。
3）清除所有密封平面上残留的密封衬垫或密封胶。
4）用煤油将自动变速器壳体清洗干净，用压缩空气将所有油道吹净。
5）更换壳体上的所有 O 形密封圈。

第七节　自动变速器的组装

自动变速器的组装应在所有零部件均已清洗干净，各离合器、制动器、阀体、油泵等总成均已装配好并调整完毕后进行。在组装时，应注意以下几个问题：

1）组装自动变速器时，应更换自动变速器各接合平面及轴颈上的所有密封圈或密封环。

2）在安装一些小零件（如推力轴承、止推垫片、密封环等）时，为了防止零件掉落，可在小零件表面上涂抹一些润滑脂，以便将小零件固定在安装位置上。

3）在组装过程中，应特别注意各个推力轴承、止推垫片和止推垫圈的位置、方向，不能错乱。

图 8-39 为丰田 A140E 自动变速器各个推力轴承及止推垫片的位置，表 8-2 为它们的规格。

一、行星齿轮变速机构的组装

1）将止推轴承和装配好的输出轴、后行星排和低、倒档制动器组件装入变速器壳，如图 8-40a 所示。

2）装入 2 档制动器鼓，注意将制动器鼓上的进油孔朝向自动变速器下方（即阀体一侧）。安装卡环时，注意使卡环有倒角的一面朝上，如图 8-40b 所示。

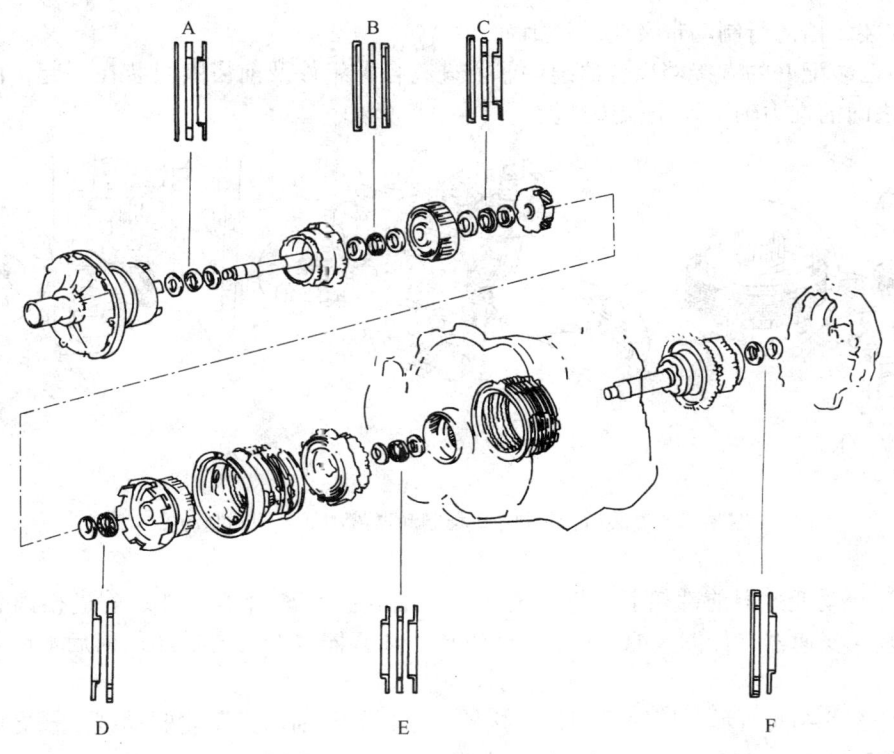

图 8-39 A140E 自动变速器滚针轴承和座圈安装图

表 8-2 A140E 自动变速器滚针轴承和座圈规格

位置		A	B	C	D	E	F
前座圈	外径	43.0	37.9	←	45.0	37.3	—
	内径	30.5	22.0	←	28.0	24.1	—
轴承	外径	42.0	36.0	←	45.0	37.6	46.3
	内径	28.9	22.2	←	30.0	24.0	26.2
后座圈	外径	42.0	35.7	35.0	—	37.6	43.0
	内径	27.1	23.0	19.0	—	22.2	24.5

注：←表示轴承尺寸与 B 相同。

3）用塞尺测量低、倒档制动器的自由间隙，如图 8-40c 所示，其标准自由间隙应符合维修手册上规定的间隙。如不符合标准，应取出低、倒档制动器，更换不同厚度的挡圈，予以调整。

4）装入 2 档制动器活塞衬套、止推垫片和 1（低）档单向离合器。注意 1 档单向离合器的安装方向。

5）将 2 档制动器的钢片和摩擦片装入变速器壳体，装入卡环。用塞尺测量 2 档制动器自由间隙。如不符合标准，应更换不同厚度的挡圈，予以调整。

6）装入前后太阳轮组件、前行星架和行星齿轮组件及推力轴承。

7）将自动变速器立起，用木块垫住输出轴，安装前行星架上的卡环及止推垫片。

8) 安装2档滑行制动带及制动带销轴。

9) 将已装配好的直接档离合器组件、前进离合器组件及前齿圈组装在一起,注意安装好各组件之间的推力轴承及止推垫片。

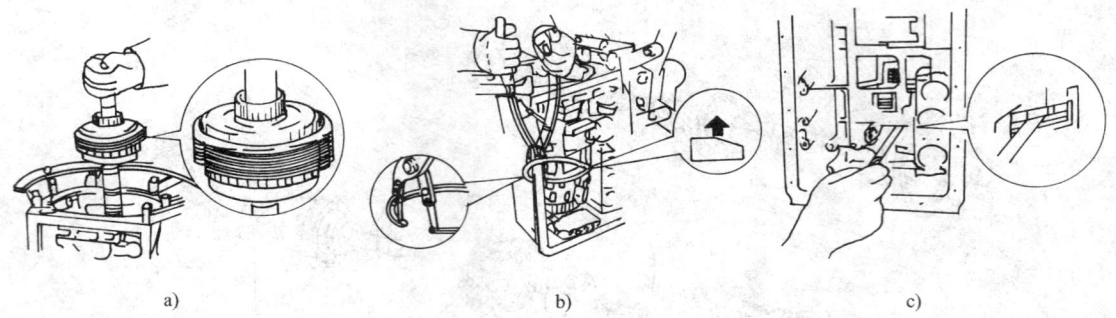

图8-40 安装后行星排、2档制动器鼓和低、倒档制动器

10) 让自动变速器前部朝下,将组装在一起的直接档离合器组件、前进档离合器组件及前齿圈装入变速器,如图8-41a所示,让直接档离合器鼓上的卡槽插入前后太阳轮驱动鼓上的卡槽内。

11) 如图8-41b所示,用塞尺测量直接档离合器鼓与前后太阳轮驱动鼓卡槽之间的轴向间隙,其值应为9.8~11.8mm。如不符,说明安装不当,应拆检并重新安装。

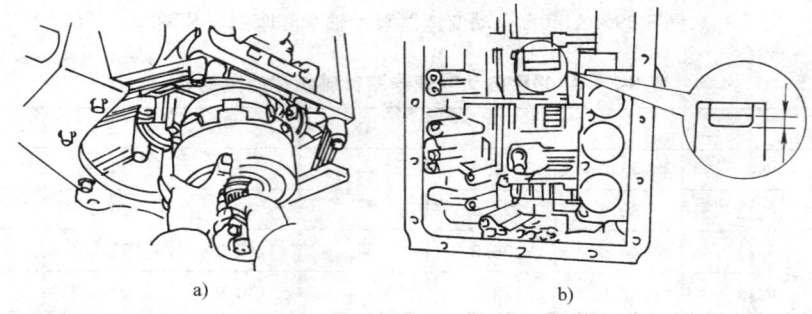

图8-41 直接档离合器鼓等组件的安装

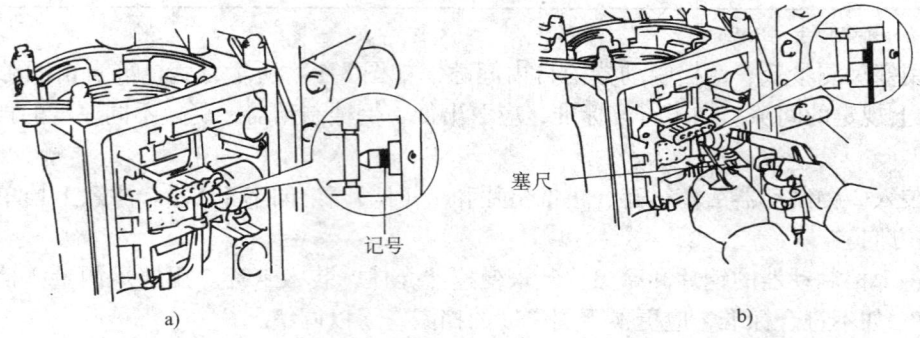

图8-42 2档滑行制动器制动带自由间隙的检查

12）安装 2 档滑行制动带活塞及液压缸缸盖。

13）在 2 档滑行制动带活塞推杆上作一记号，如图 8-42a 所示。将压缩空气吹入 2 档滑行制动带液压缸进油孔，使活塞推杆伸出，然后用塞尺测量推杆的移动量，如图 8-42b 所示。

该值即为 2 档滑行制动器制动带自由间隙。将测量结果与维修手册进行比较，如不符合标准，应更换不同长度的活塞推杆，予以调整。

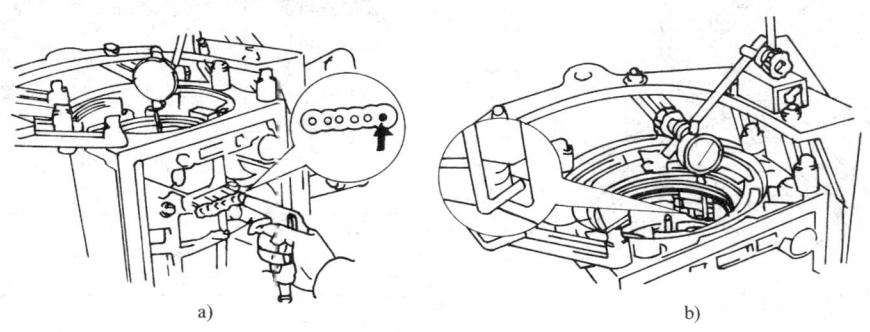

图 8-43　超速制动器工作状况的检查

14）安装推力轴承、止推垫片和超速制动器鼓。注意使超速制动器鼓上的进油孔和固定螺栓孔朝向阀体一侧。拧紧制动鼓固定螺栓，装上卡环。

15）测量自动变速器输出轴的轴向间隙，其值应为 1.23～2.49mm。如不符，说明安装不当，应拆检后重新安装。

16）安装超速制动器钢片和摩擦片，装上卡环。

17）将压缩空气吹入超速制动器进油孔，如图 8-43a 所示，检查超速制动器工作情况，并测量超速制动器自由间隙，如图 8-43b 所示。如不符合标准，应更换不同厚度的挡圈，予以调整。

18）装入超速齿圈和推力轴承、止推垫片。

19）装入超速行星架、超速离合器组件及推力轴承。

20）安装油泵，拧紧油泵固定螺栓，其拧紧力矩为 21N·m。

22）用手转动自动变速器输入轴，应使它在顺时针和逆时针方向都能自由转动。如有异常，应拆检后重新安装。

23）再次将压缩空气吹入各个离合器、制动器的进油孔，如图 8-44 所示，检查其工作情况。在吹入压缩空气时，应能听到离合器或制动器活塞移动的声音。如有异常，应重新拆检并找出故障原因。

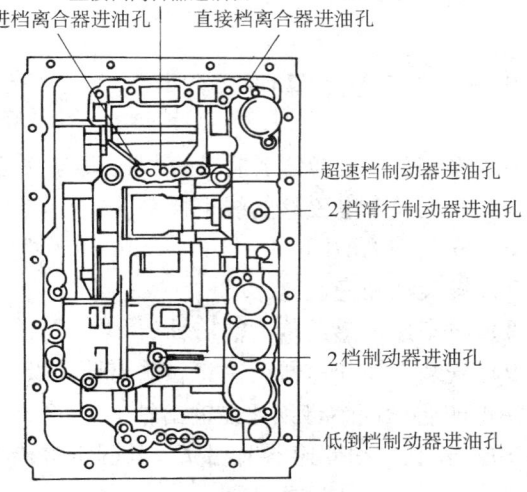

图 8-44　各离合器和制动器进油孔的位置

二、阀体、油底壳及前后壳体的组装

1）安装四个蓄压器活塞及其弹簧，如图8-45所示。在安装之前，应更换所有蓄压器活塞上的O形密封圈，并在活塞上涂少许液压油。为防止装错蓄压器弹簧，应测量各个弹簧的长度，并与表8-3进行比较。

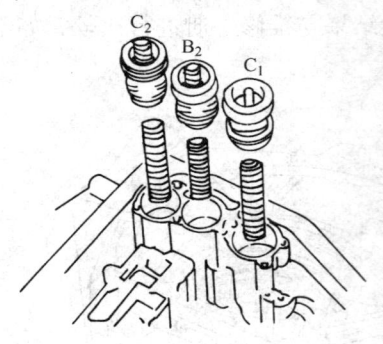

图8-45 蓄压器活塞的安装

表8-3 蓄压器弹簧规格

蓄压器弹簧	自由长度/mm	颜 色
C_1	57.64	红紫
B_2	69.39	绿白
C_2	70.21	紫

2）装入壳体油道上的止回阀，如图8-46所示。

3）将阀体总成装入自动变速器，按图8-47所示方法，将不同长度的固定螺栓装入相应的位置，按10N·m的力矩拧紧各个固定螺栓。

图8-46 安装壳体油道上的止回阀

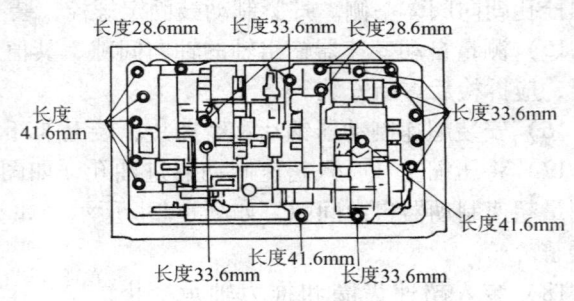

图8-47 阀体固定螺栓位置及规格

4）安装节气门拉索，将节气门拉索与节气门阀连接。

5）接上各个电磁阀的线束插头。

6）安装进油滤网。

7）安装油底壳。

8）将车速传感器装上输出轴。

9）安装自动变速器后端壳和输出轴凸缘，输出轴凸缘的紧固螺母的拧紧力矩为123N·m。用冲子将紧固螺母锁死在输出轴上。

10）安装自动变速器前端壳。其固定螺栓有大小两种规格，大螺栓的拧紧力矩为57N·m，小螺栓的拧紧力矩为34N·m。

11）安装自动变速器外壳上的其他部件，如车速传感器、输入轴转速传感器、档位开关、加油管等。

12）向液力变矩器内注入2L干净的自动变速器油，将加满液压油的液力变矩器装入自动变速器前端。

三、自动变速器的安装及调整

在将自动变速器装上汽车之前，应先测量液力变矩器前端面（与飞轮的接合平面）与自动变速器前端面之间的距离，并与标准值进行比较，如图8-48所示。表8-4为几种常见车型自动变速器前端面与液力变矩器前端面的距离标准值。若测得的距离小于标准值，说明液力变矩器未安装到位，其后端轴套上的缺口未插入油泵驱动齿轮中间的凸块内。对此，应取出液力变矩器，让液力变矩器后端轴套上的缺口与油泵驱动齿轮中间的凸块对准后装入，使其安装到位，否则，在装上汽车时会压坏自动变速器的油泵齿轮。

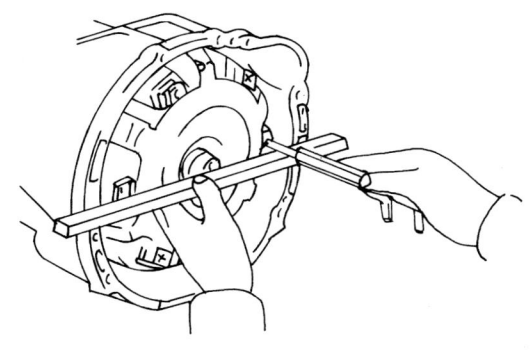

图8-48 测量自动变速器前端面与液力变矩器前端面的距离

表8-4 几种常见车型自动变速器前端面与液力变矩器前端面的距离标准

车型	发动机型号	自动变速器型号	壳体前端面与液力变矩器前端面的距离/mm
凌志LS400	1UZ-FE	A341E、A342E	17.7
丰田CROWN3.0	2JZ-GE	A340E	26.0
马自达	JE	R4A-EL	29.5
丰田CORONA	2C	A241L	13.0
	4A-FE、3S-FE	A240E、A241E	13.0
尼桑	VG30	L4N71B	35.0

装车时，按拆卸时相反的顺序，将自动变速器装上汽车。注意在安装时一定要让自动变速器前端面与发动机飞轮壳后端面完全贴合后才能锁紧固定螺栓，以防损坏自动变速器的油泵齿轮。

复习思考题

1. 如何拆卸自动变速器前后壳体、油底壳及阀体？
2. 如何检查液力变矩器？
3. 离合器、制动器装配时应注意什么？
4. 怎样检查单向离合器？
5. 阀体分解时应注意哪些问题？
6. 自动变速器安装时应检查什么间隙？

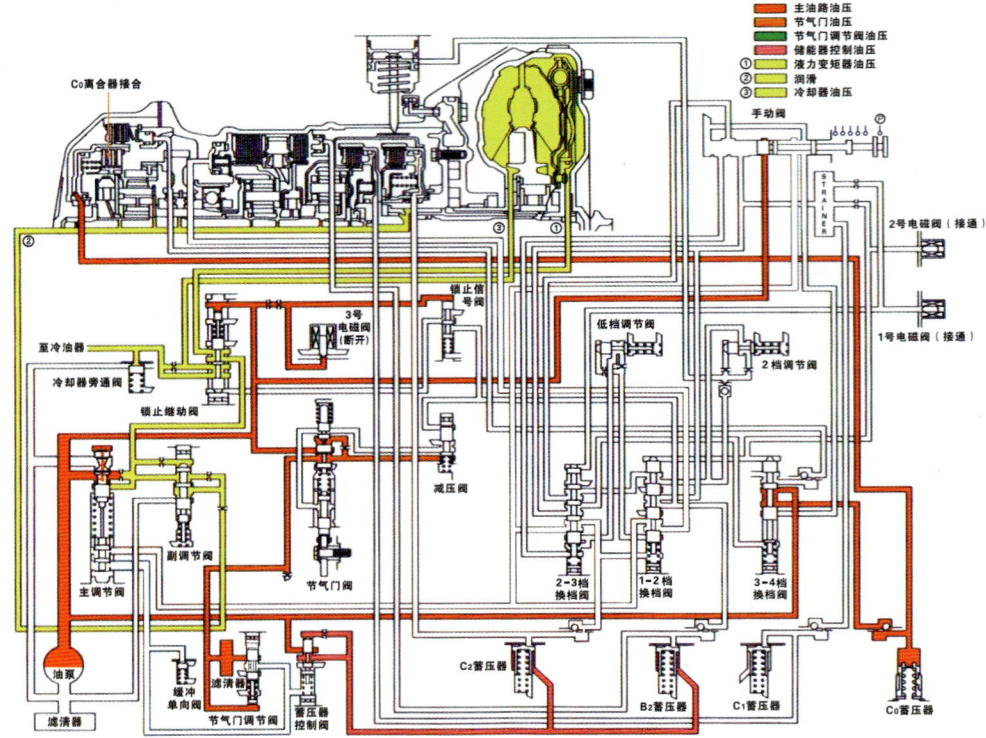

图 5-38 丰田 A140E 电子控制自动变速器 P 位油路

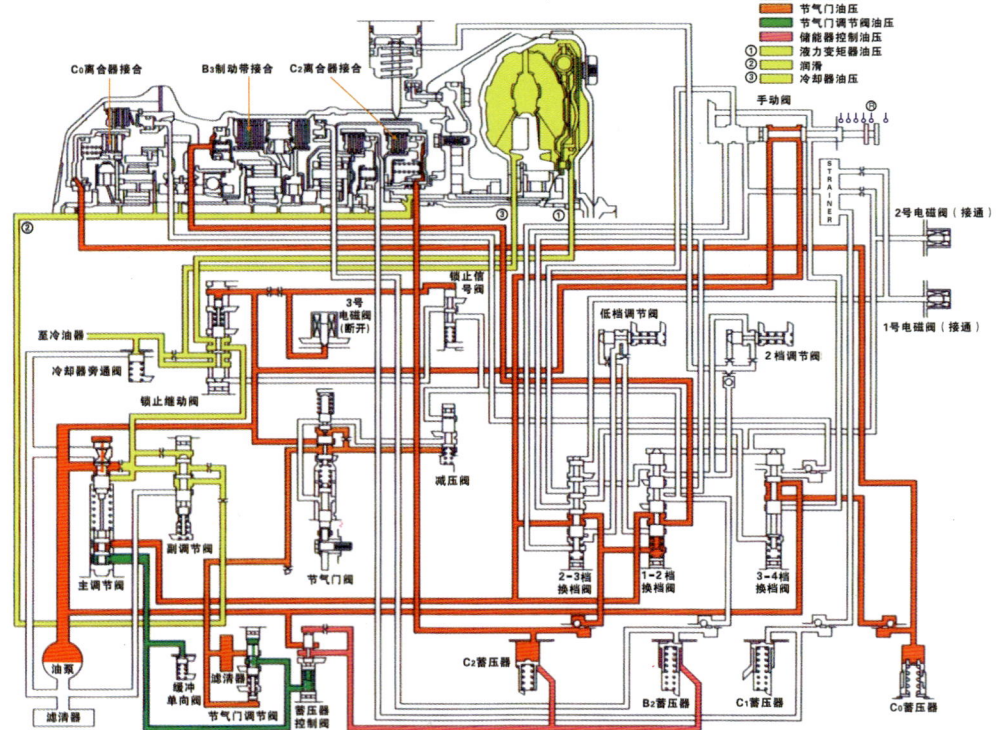

图 5-39 丰田 A140E 电子控制自动变速器 R 位油路

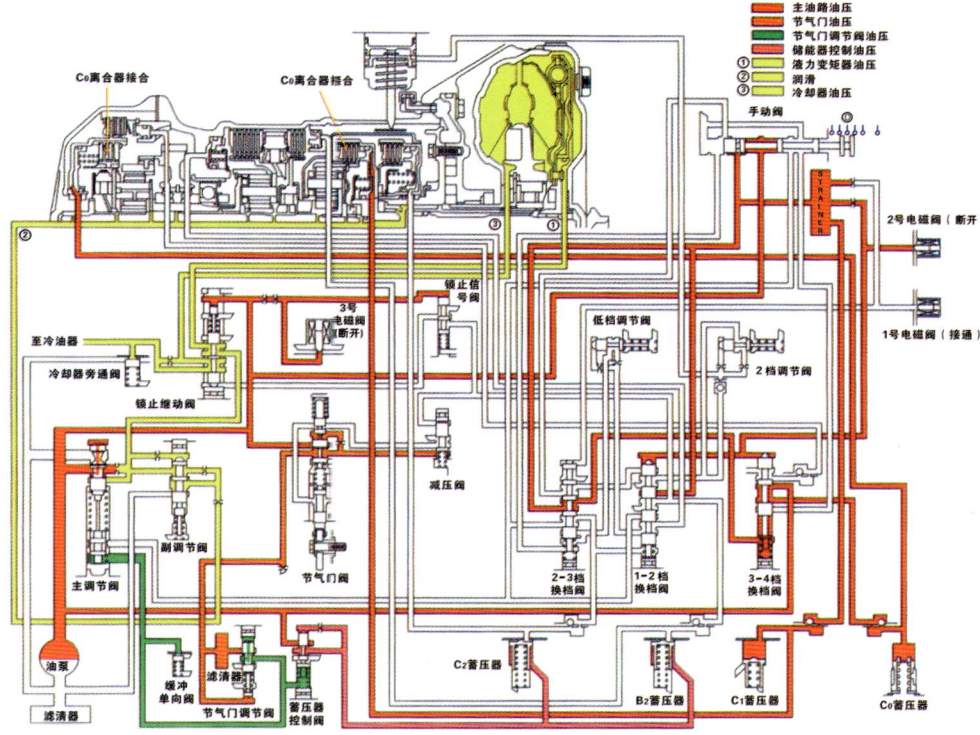

图 5-40 丰田 A140E 电子控制自动变速器 D_1 档油路

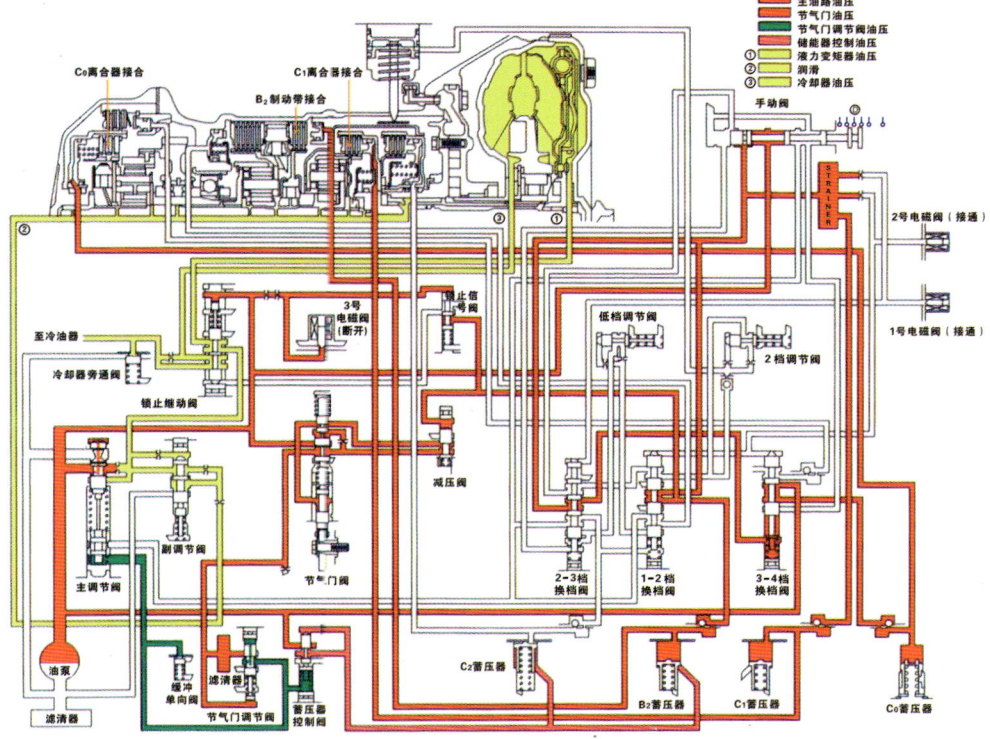

图 5-41 丰田 A140E 电子控制自动变速器 D_2 档油路

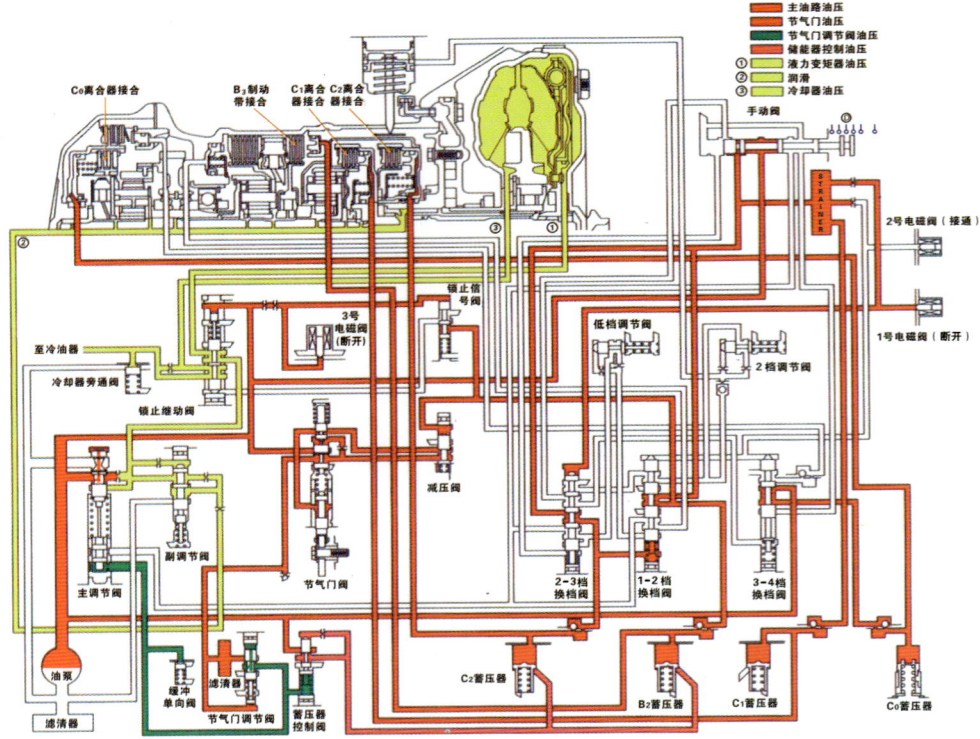

图 5-42　丰田 A140E 电子控制自动变速器 D_3 档油路

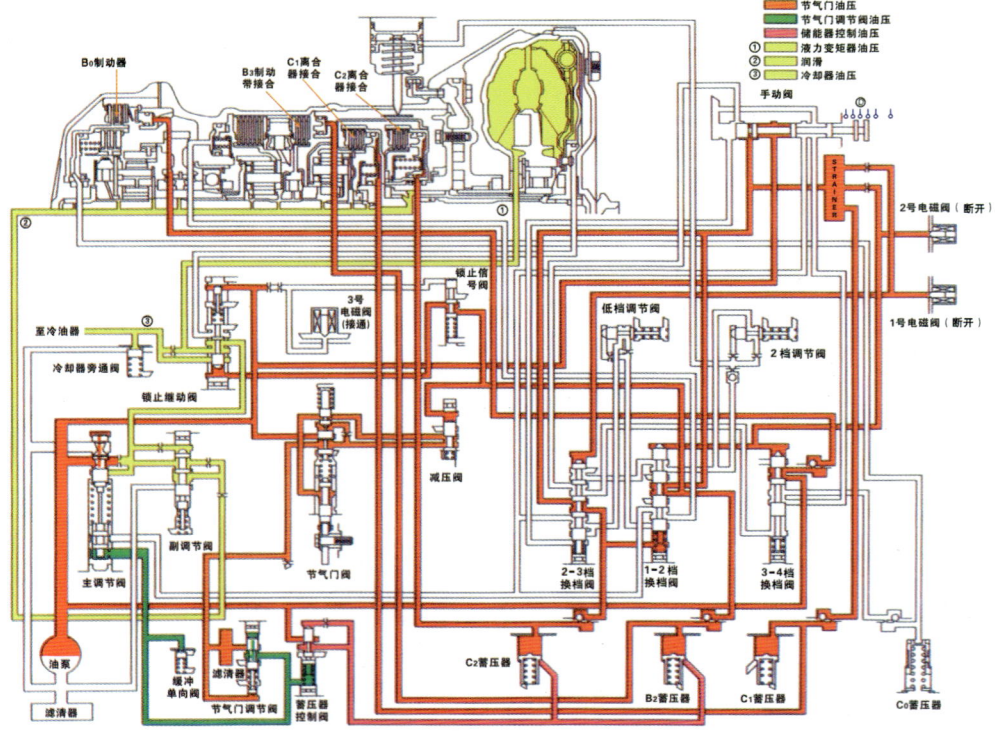

图 5-43　丰田 A140E 电子控制自动变速器 D_4 档油路

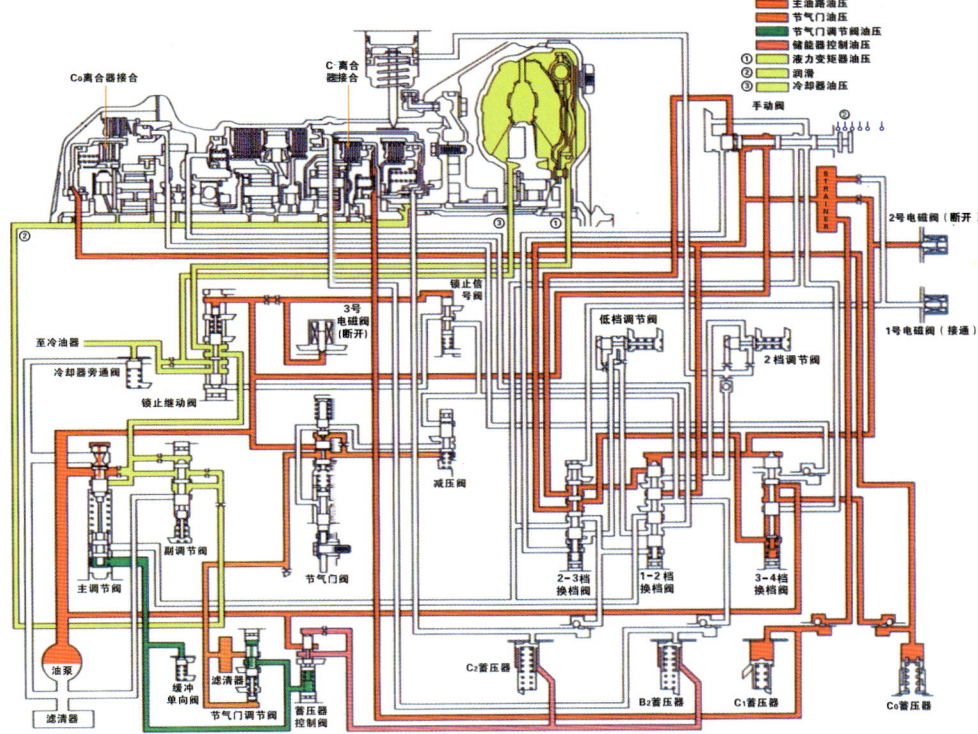

图 5-44 三田 A140E 电子控制自动变速器 2_1 档油路

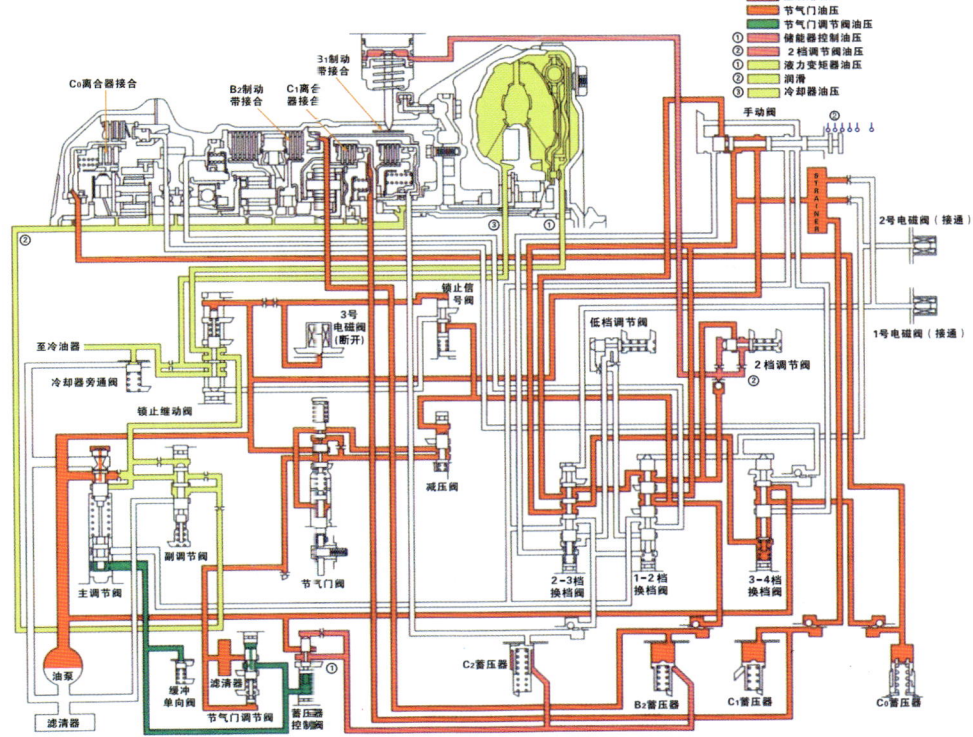

图 5-45 丰田 A140E 电子控制自动变速器 2_2 档油路

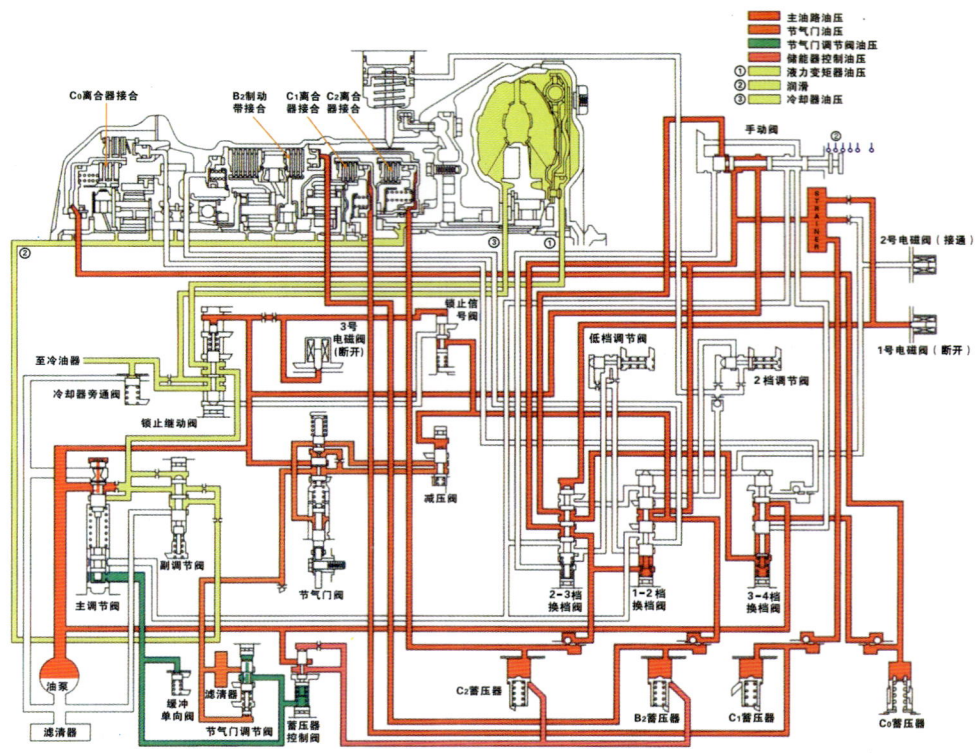

图 5-46　丰田 A140E 电子控制自动变速器 2_3 档油路

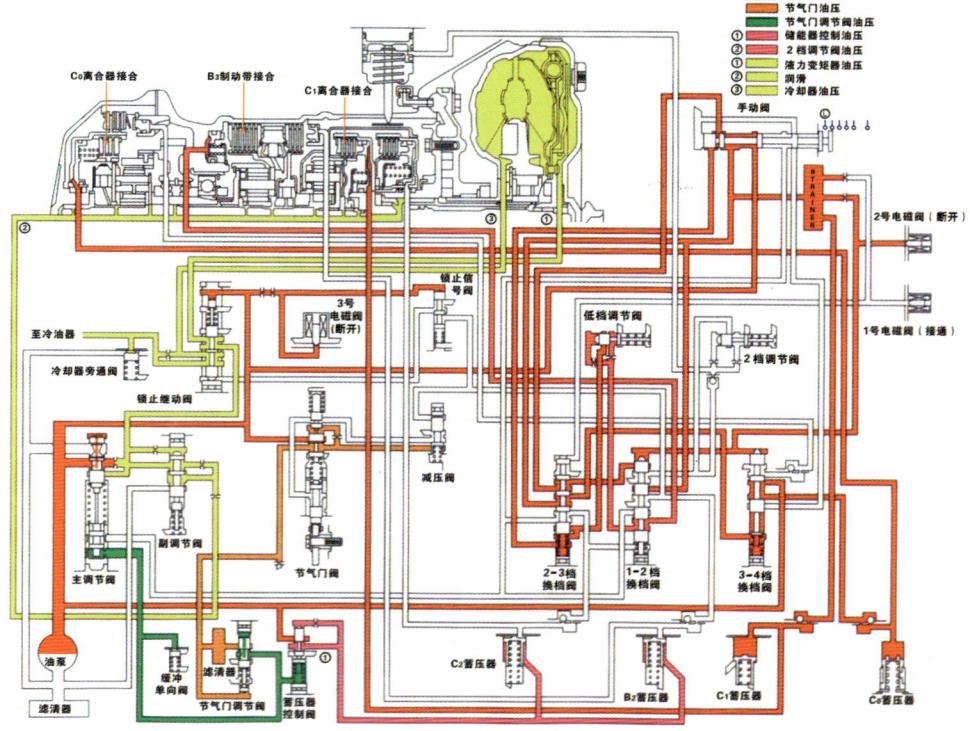

图 5-47　丰田 A140E 电子控制自动变速器 L_1 档油路

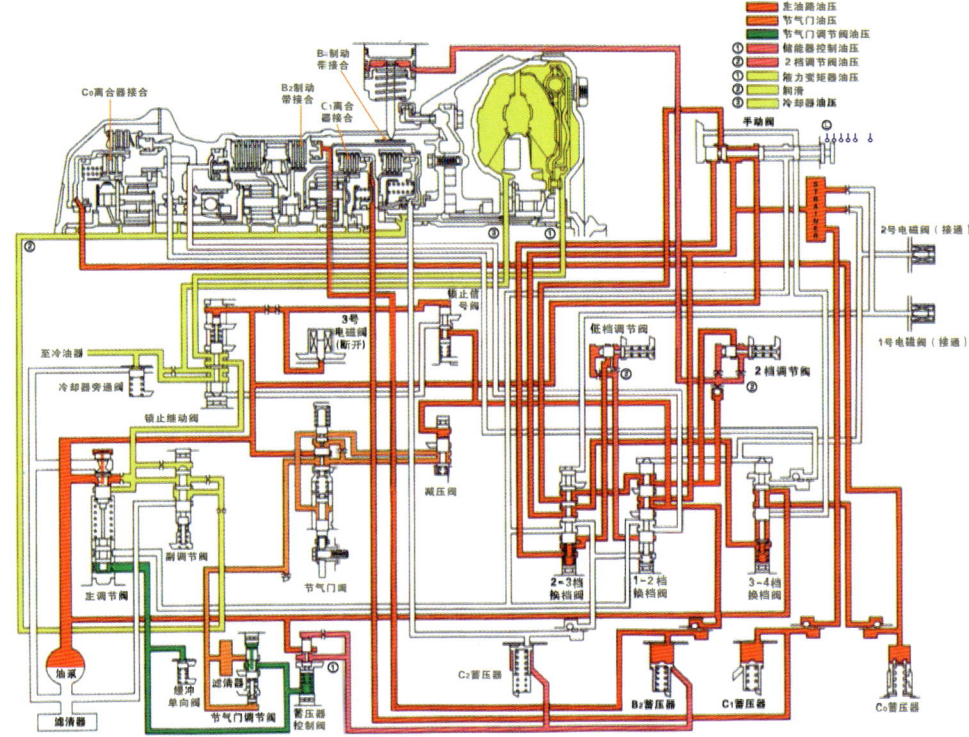

图 5-48　丰田 A140E 电子控制自动变速器 L_2 档油路

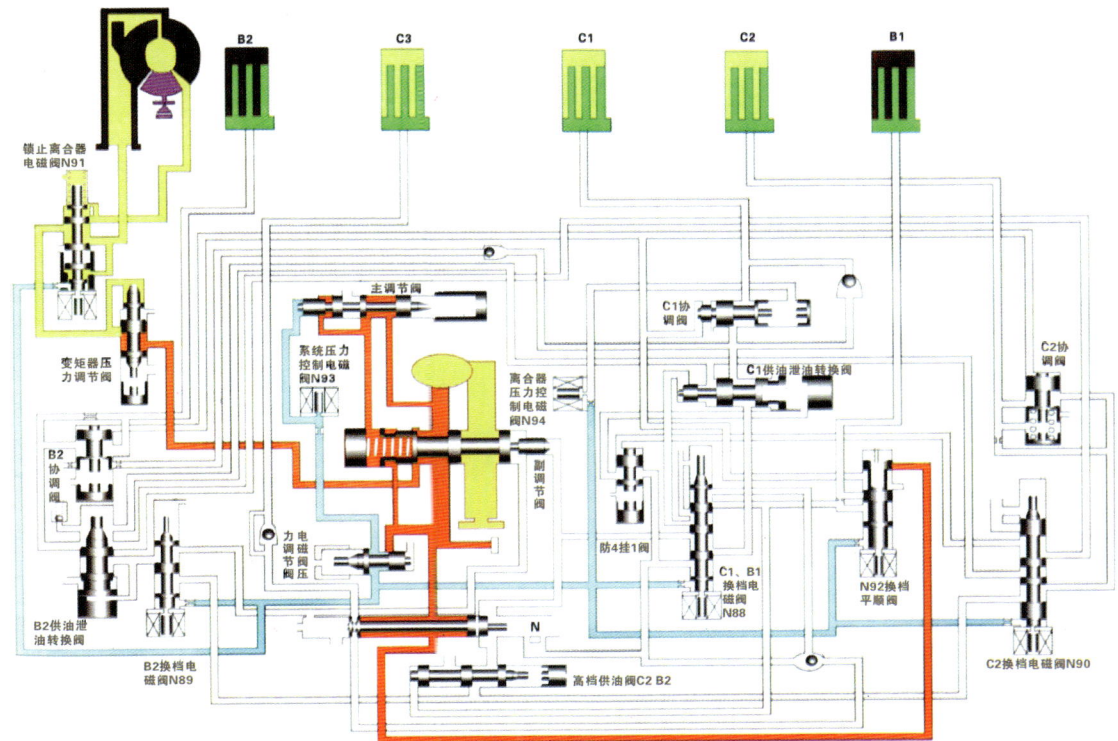

图 5-50　大众 01M 变速器 N 位油路图

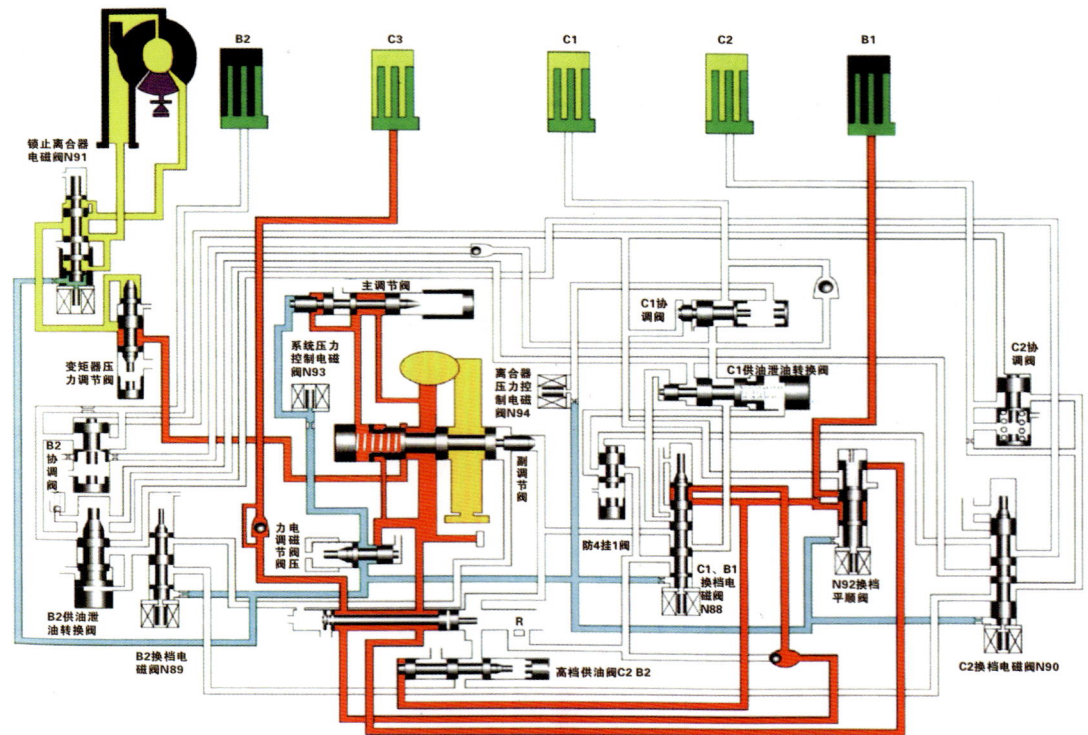

图 5-51　大众 01M 变速器 R 位油路图

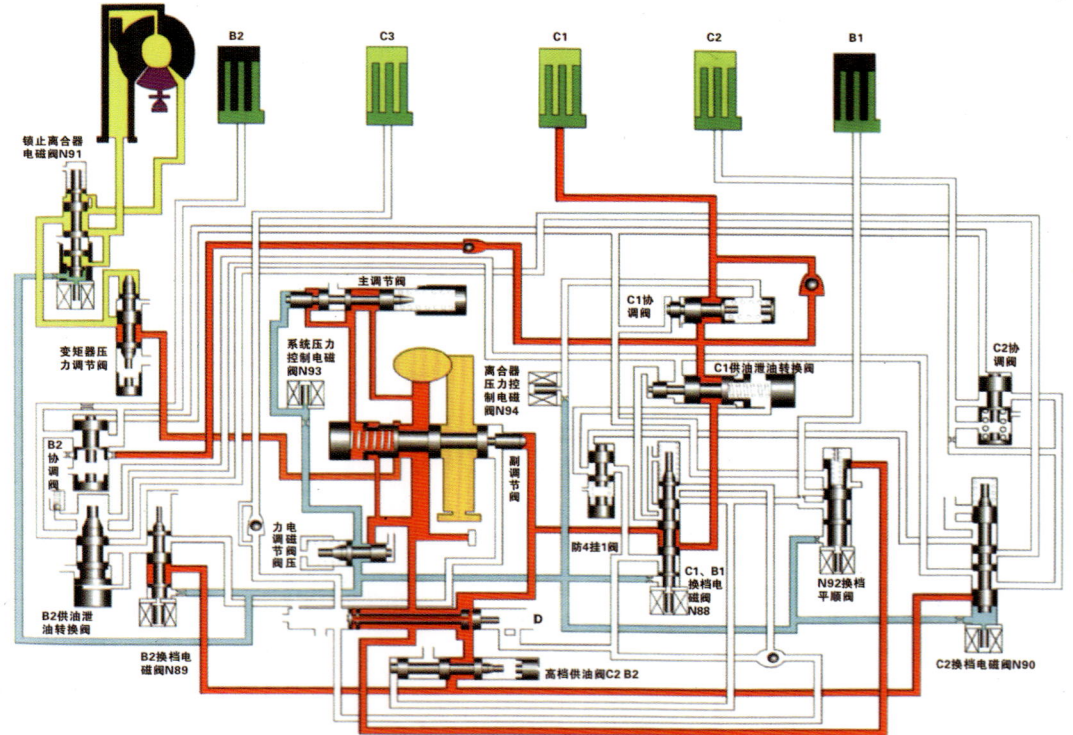

图 5-52　大众 01M 变速器 D_1 档油路图

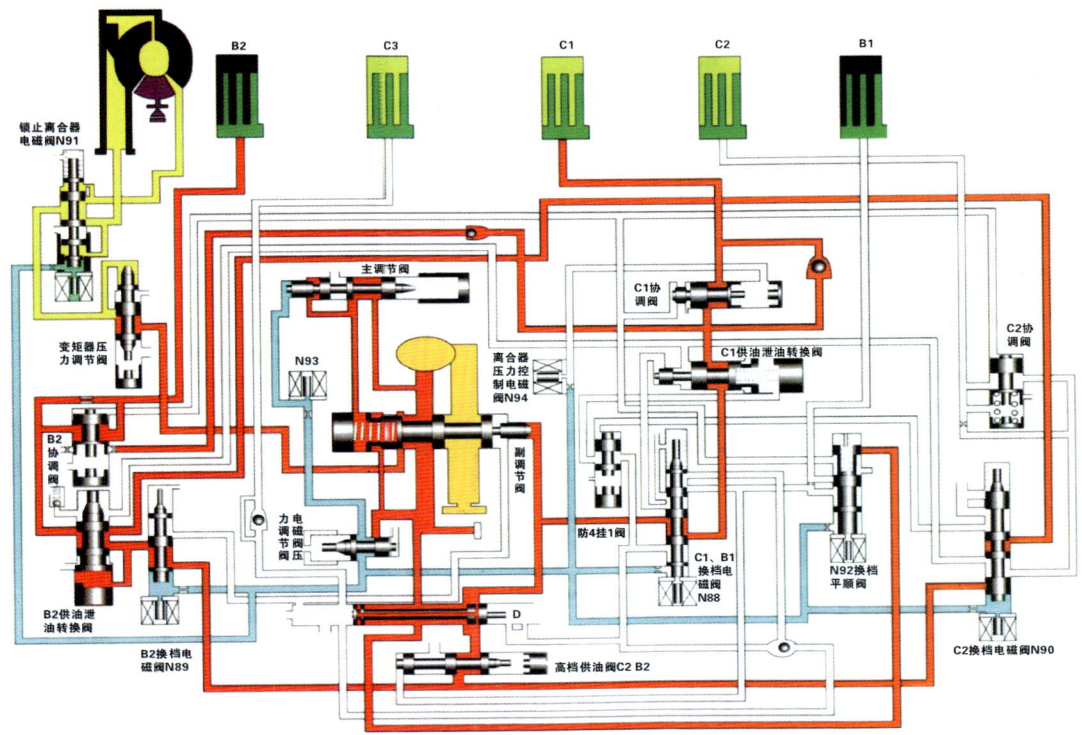

图 5-53 大众 01M 变速器 D_2 档油路图

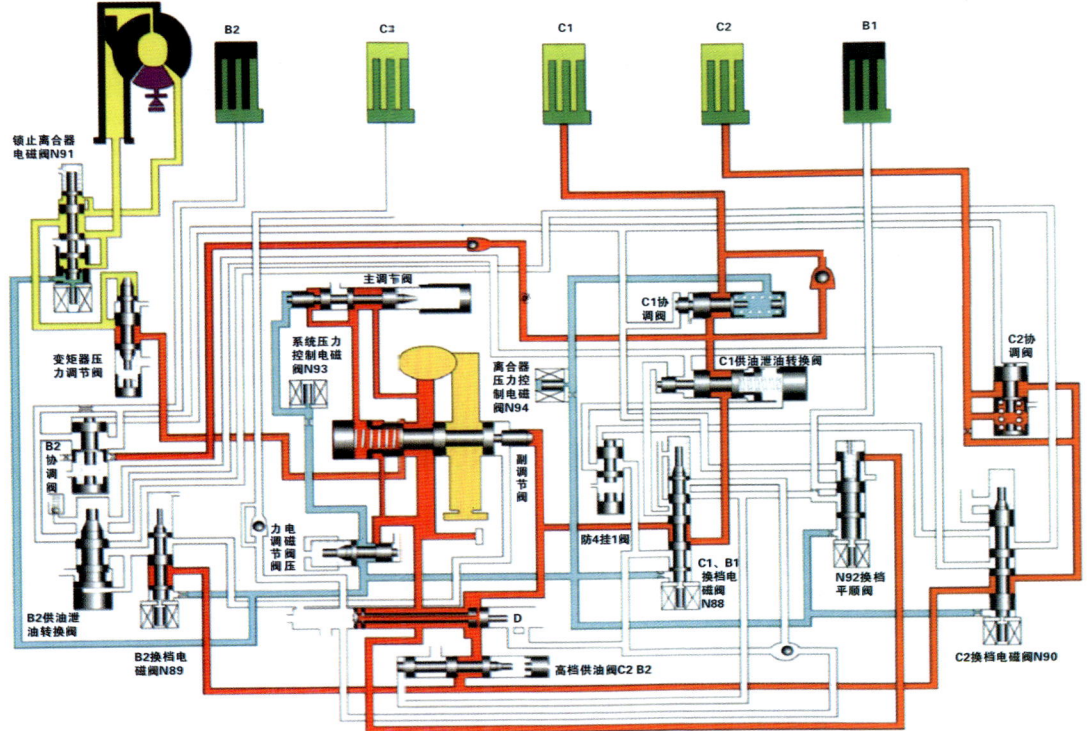

图 5-54 大众 01M 变速器 D_3 档油路图

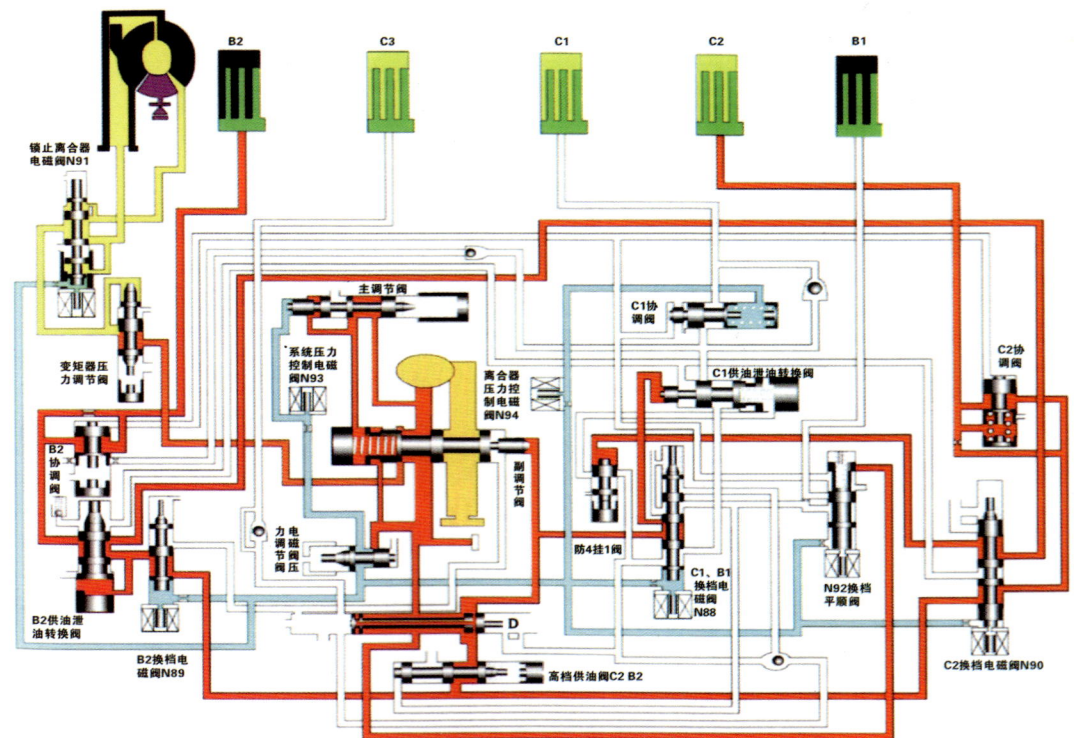

图 5-55　大众 01M 变速器 D_4 档油路图